現代の経済学入門

Introduction to Political Economy

松石勝彦 編著

同成社

はしがき

資本主義は二〇〇七―〇九年に危機に陥り、二〇一〇年になっても危機は去ってはいない。雇用は回復せず、デフレは進み、「二番底」の懸念もまだある（とくに欧州の金融機関）。二〇〇四年ごろから発生したアメリカの住宅バブルは、低所得者向けの高金利サブプライムローンによって加速したが、〇五年以降の住宅価格の下落によって破綻した。低所得者はサブプライムローンを返済できず、破産した。アメリカの投資銀行などの金融機関は、サブプライムローンと自動車ローンや商業ビルローンなどを組み合わせ、サブプライムローンのリスクを弱めた高利回りの証券化商品を大量につくり、世界の金融機関に販売して、巨額の利益をえた。しかし、サブプライムローンの土台が崩壊し、証券化商品は暴落した。〇七年七―八月にはヘッジファンドは次々に破産し、アメリカや世界の金融機関が深刻なサブプライムローン金融危機に陥った。〇八年三月一六日にアメリカ第五位の名門証券会社ベアースターンズが破綻し、九月一五日に一五八年の歴史をもつリーマンブラザーズが破綻した。〇七年一二月からアメリカは景気後退に入った。〇八年には日本も経済（GDP）成長率が、名目でマイナス二％実質でマイナス一・二％と落ち込み、〇九年には名目でマイナス六・一％、実質でマイナス五・二％と大きく落ち込んだ。

このようなアメリカや日本などの先進国や新興国の景気後退は、単に金融恐慌によるだけではない。自動車をはじめとして、工業生産もまた過剰生産恐慌に陥ったのである。〇一年のITバブル崩壊後の〇二年から急激に拡大しつつあった世界の工業生産は、〇七―〇八年ごろに過剰生産・過剰蓄積の局面に達しており、金融恐慌をきっかけとして、世界同時過剰生産恐慌に陥った。

かくて、世界同時的な金融恐慌・過剰生産恐慌の複合恐慌が発生した。世界は震撼し、人々は失業、貧困、生活不安、不安定雇用に突き落とされた。資本主義は、いったい自分たちを幸福にしてくれるシステムであるのか、という疑問を多くの人々が抱いた。アメリカの巨大金融機関は、繁栄期には強欲にもうけ、巨大利益を独占した。リーマンのリチャード・ファルド（Fuld）旧ＣＥＯ（最高経営責任者）は、年平均七〇億円弱の巨額報酬をえていた。しかし、いったん破綻すると、国民の税金で救済させる。

この世界同時金融恐慌・過剰生産恐慌は、資本主義の諸矛盾の爆発であり、資本主義の限界を示す。マルクス『資本論』は、資本主義の諸矛盾と限界を的確に解明する古典である。だから、最近、『資本論』への関心が内外で高まっているのである。本書は、『資本論』のエッセンスを正確にわかりやすく示し、このエッセンスに基づき現代日本経済の根本的な重要諸問題を図や表で分析している。だから、本書は、学生用のテキスト、一般の方々の現代の経済学入門に最適である。また、高度な内容を含んでおり、専門書でもある。最後になるが一年にわたって熱心に執筆依頼され、本書の完成に努力された同成社の編集者山田隆氏と、出版を推進して頂いた同成社社長山脇洋亮氏に心から感謝する。

二〇一〇年三月一六日

松石　勝彦

目　次

第2編　貨幣の資本への転化

現代の経済学入門

凡　例

1.『資本論』からの引用は（KⅠ五二ページ）のように略記した。Ⅰは第Ⅰ部を、ページは原書ページを表す。原書ページから該当個所がすぐわかる。

1. その他の引用書はその都度示してある。

第1編　商品と貨幣

第1章　商　品

I　商品の二要因（使用価値と価値）

1　使用価値

経済学は社会の富を研究する学問である。古典中の古典、アダム・スミス『国富論』または『諸国民の富』（*Wealth of Nations*, 1776）は、題名の示すように、国富または国民の富を研究する。資本主義的生産様式（資本主義的な生産の仕方）が支配している社会では、この富はまずは商品の巨大な集まりとして現象する。

富豪（wealthy man）は、大邸宅に住み、ベンツ、豪華な家具類、毛皮のコートや立派な衣裳、超大型地デジテレビ、おのおの数百万円もするアンプやCDプレーヤーや四台のスピーカーを組み合わせたオーディオ・システム、宝石などをもち、おいしい食べ物を食べる。これらの家、車、家具、電気製品、衣類、宝石、食料などは、商品である。資本主義的社会の富はこれらの商品の巨大な集合体である。これらの商品は、まずは、図1―1商品の分析の案内図の左端にみられるように、使用価値と交換価値として現

現　象		商品の二要因		労働の二重性格
商品	使用価値　……	使用価値	分析→ ←形成	具体的有用労働
	交換価値　分析→ ←現象	価　　値	分析→ ←形成	抽象的人間労働（価値の実体）

図１－１　商品の分析の案内図

象している。

商品は、第一に、使用価値である。使用価値（value in use）とは、使用における価値である。家は住めるという使用価値をもち、車は人を遠くまで速く運ぶという使用価値をもつ。テレビはニュースやドラマなどを映すという使用価値をもつ。だから、使用価値は人間のなんらかの種類の欲望を満たす物である。

そこで、メーカーは新しい欲望を刺激し、自分の商品を売ろうとし、新商品の開発競争を展開する。例えば、ＬＥＤ（Light Emitting Diode, 発光ダイオード）である。東京国立博物館の国宝阿修羅展で仏像の輪郭をくっきり浮かび上がらせたＬＥＤ照明や、クリスマスや新年を祝う色彩あざやかな街頭のＬＥＤイルミネーションで脚光を浴びている。ＬＥＤは、消費電力が少なく、寿命が長く、小型化しやすい。家庭用ＬＥＤ電球は、消費電力が真下の明るさが白熱電球の六〇ワットクラスで六・九ワットですみ、寿命が一〇年といわれる。いま、ＬＥＤ電球は一個四〇〇〇円ぐらいに下がった。ＬＥＤは、車のヘッドランプ、携帯電話、ノートパソコン、液晶テレビのバックライトに使われている。ＬＥＤは、大型液晶テレビでは約五〇〇個使い、コストの二割弱を占めるという。世界の液晶テレビのシェアで二四％を占める韓国サムスン電子は、ＬＥＤテレビの二〇一〇年の世界販売を、〇九年見込みの五倍となる一〇〇〇万台を目指すという（「日本経済新聞」二〇〇九年一〇月七日）。その他、大型ハイビジョン液晶テレビ、映像が立体的にみえる３Ｄ（３ dimension, 三次元）テレビ、ハイビジョン映像をブルーレイ・ディスク（ＢＤ）に録画できるブルーレイ・ディスク・レコーダー、電動アシスト自転車、ＨＶ（hybrid vehicle, ハイブリッドカー）、電気自動車（EV, electric vehicle）、電気自動車用大型リチウムイオン電池（現在は携帯電話とノート型パソコンで約八割、自動車は約一％だが、成長の可能性大）、風車の直径が一〇〇メートルもある発電用大型風車、太陽光発電システム、家庭用燃料電池のエネファーム、都市ガスやＬＰガスでエンジンを動かして発電し、また湯を沸かすエコウイル、空気中の熱を圧縮し冷媒CO_2によって高熱にして湯を沸かすエコキュートなどの家庭用エネルギーシステム（『日本経済新聞』〇九年一一月一日付参照）、床暖房、タンクレストイレ、ＩＨ調理器、家庭菜園用小型耕運機、消せるボールペン、タジン鍋、陶器やきいも鍋……など、メーカーの生き残りをかけた激しい新商品開発競争が日々くりひろげられている。

使用価値がなければ、商品ではない。動かない車、映らないテレビ、道端の草や石ころなどは、使用価値がなく、商品ではない。使用価値は商品の不可欠な要因である。逆に、空気は人間にとって不可欠な使用価値であるが、労働生産物でないから、商品ではない。

テレビといえば、人は映像を映す物とイメージする。だから、テレビは使用価値をもつだけではなく、テレビの、体《からだ》、商品体《たい》そのものが使用価値である。この使用価値は交換価値の担い手である。

2　交換価値

買い物では、最初に、自分の気に入ったもの、使用して価値のあるもの（使用価値）を選び、次いで、いくらかなと値札の価格をみて、納得できれば、お金《かね》を払って買う。「お金《かね》」というとおり、一九二九年恐慌後の管理通貨制度への移行以前の金《きん》本位制では、お金《かね》は金《きん》であり、金貨《きんか》が流通していた。各商品は一定量の金《きん》と交換されていたのである。ところが、金《きん》は銅や鉄や他の商品と同じく単なる一つの商品（金歯《きんば》や金《きん》のブローチを思い浮かべよ）でもある（貨幣としての金《きん》は後述）。各商品は一定量の他商品（金《きん》や銅や鉄やその他）と交換されている。交換価値は、ある種類の使用価値が他の種類の使用価値と交換される割合として現象している。たとえば、一台のテレビの交換価値は、三〇〇〇斤の食パン、一二着の背広、二〇枚の音楽CD、六〇〇〇本のボールペン、二〇〇グラムの金《きん》などである。一対三〇〇〇、一対一二、一対二〇、一対六〇〇〇、一対二〇〇……などの交換割合が一台のテレビの交換価値である。交換価値（value in exchange）は、文字どおり、交換（exchange）における価値（value）である。

3　価　値

それでは、この一対三〇〇〇、一対一二、一対二〇、一対六〇〇〇、一対二〇〇……などの交換割合を決めるものは何か？　この交換割合を決めるものは、それぞれの商品がもっている固有の内在的な価値である。図1―1の第二欄の下方に明らかなように、交換価値を分析すると、その根底に価値がある。

一台のテレビ、三〇〇〇斤の食パン、一二着の背広、二〇枚の音楽CD、六〇〇〇本のボールペン、二〇〇グラムの金《きん》などは、互いに等しい大きさの交換価値である。そこで、二商品だけ取り上げ、分析してみよう。

一台のテレビ＝三〇〇〇斤の食パン　………(1)

この交換方程式において、テレビと食パンとは、まったく異質の物である。テレビは映像を映す物であり、食パンは食べ物である。このように、使用価値はまったく異なるが、交換価値としてはイコールで結ばれている以上、二つの交換価値に何か等しいもの、一つの共通物があるにちがいない。それは使用価値ではありえない。使用価値を捨象すれば、テレビと食パンに残るものは、両方とも労働生産物という属性だけである。（1）式では、テレビや食パンは、単に労働の生産物、労働生産物一般に還元される。

それとともに、テレビをつくる組立労働と食パンをつくる製パン労働という互いにちがう異質労働もまた、「労働一般」（KI二二五ページ）に還元される。つまり、互いに区別のない同じ人間労働に還元される。労働から、テレビ組立労働や製パン労働という具体性や有用性を捨象した抽象的な人間労働に還元されるのである。テレビ組立労働は、数多くの部品を次々と取り付けて一台のテレビに組立てていくという意味では、特殊な具体的な有用な労働である。また、製パン労働は、小麦粉をこね、イースト菌を混ぜ発酵させふくらませて、オーヴンで焼き上げるという意味では、特殊な具体的な有用な労働である。右の「労働一般」とは、労働からこれらのそれぞれの特殊な具体性や有用性を捨象し、人間労働一般という属性を抽出しているから、抽象的人間労働である。抽象（独語 Abstraktion, 英語 abstraction）は、捨象と抽出を同時に含む用語である。抽出するということは、他のものを捨象（捨てる）ことである。同様にして、背広縫製労働、ボールペン製造労働などもまた、区別のない同じ人間労働、抽象的人間労働に還元される。

労働力（労働能力）	流動化 →	労働（働く）（流動状態）	固定化 →	価　値（凝固したもの）

図1－2　労働力と労働と価値との関係

図1―2に明らかなように、まず人間の労働力（労働能力）があり、その労働力を使って流動化させたものが労働である。労働は働いているという流動状態にある。この流動状態に

ある抽象的人間労働が、固まって固定化・凝固したものが価値である。価値は抽象的人間労働という社会的実体の結晶である。労働自体が社会的なのである。先の二つの交換価値に等しいもの、一つの共通物は商品の価値である。各商品の交換価値の背後にあるのは、抽象的人間労働の凝固・結晶である価値である。(1) 交換価値は価値の現象形態である。

テレビとか米という、ある使用価値、財が価値をもつのは、抽象的人間労働がその使用価値または財に対象化され、物質化され、凝固しているからである。だから、この価値の大きさは、価値を形成する労働の量で計られる。労働の量は、労働時間で計られる。

あるA商品の価値がその生産に支出される労働量によって決まるとすれば、怠け者や不熟練者や労働強度の弱い者、古い生産様式（つくり方）や古い機械を用いる者は、同じA商品を生産するのに、より多くの労働時間がかかる。だから、彼らの生産した商品の価値は大きいとすれば、不合理である。彼らのそれぞれの労働は、あるA商品を生産する社会的総労働の一つの環にすぎず、それゆえ社会的平均労働としてだけカウントされる。つまり、商品の価値は社会的平均労働時間、すなわち社会的必要労働時間によって決まる。社会的必要労働時間とは、社会的平均的な労働の熟練と労働強度、および現存の社会的に正常な生産諸条件（生産様式や機械など）でもって、ある商品を生産するために必要な労働時間である。社会的必要労働時間は、労働の生産力が上がれば、減少し、商品の価値は小さくなる。労働の生産力は、労働者の熟練、科学の発展段階、科学の技術への応用の発展段階、協業や分業などの生産過程の社会的結合、天候など自然関係によって規定される。同じ労働時間でも、豊作のときはより多くの米を生産できるし、凶作のときはより少ない米しか生産できない。

注

（1）以上の詳しいことは、松石勝彦『資本論の解明』青木書店、一九九三年、第二章、二九―四八ページ参照。

Ⅱ　商品に表される労働の二重性格

1　具体的有用労働

前節でみたように、最初、商品は使用価値と交換価値として、つまり、二面的なものとして現れた。次に、ある商品のいろいろな交換価値を分析して、その背後にある価値を析出し、交換価値は価値の現象形態であり、価値は、労働から、具体的有用労働の性格を捨象して、抽出した抽象的人間労働の凝固であることをみた。このように、商品を生産する労働は、具体的有用労働と抽象的人間労働という二重性格をもつ。商品が使用価値と価値という二面性をもつのだから、その商品を生産する労働もまた、使用価値をつくる具体的有用労働と価値をつくる抽象的人間労働の二面性をもつのは当然である。スミス、リカードのような古典派経済学の優れた経済学者でも、価値の実体が労働であることまではほぼ分析していたが、労働の二重性格までは分析できていなかった。この商品に含まれる労働の二面的性質は、経済学の理解にとって決定的に重要である。というのは、本節で述べることからも明らかなように、具体的有用労働と抽象的人間労働とは、それぞれ経済学における役割がちがうからである。

まず、具体的有用労働からみよう。

第一に、テレビは、ニュースやドラマなどをみたいという人間の一つの特殊な欲望を満たす一つの使用価値である。テレビを生産する活動は、ある特殊な種類の生産的活動である。この生産的活動は、テレビをつくるという目的、テレビをつくる作業様式（作業の仕方）、働きかける労働対象（ＩＣ、プリント基板、液晶など）、労働手段（工具、機械、ベルトコンヴェヤーなど）、できあがってくるテレビという結果によって規定される。この特殊な生産的活動によってつくられたテレビは、有用な（useful）物であり、使用価値（value in use）である。useful な物だから、使用価値（value in use）である。両単語に use が含まれていることに注意しよう。

米は、まず苗代《なえしろ》で稲《いね》の苗を育て、あらかじめ耕し水を満たした田んぼにその苗を手か田植え機で田植えし、生育させ、秋に穂が稔ったころに稲を鎌かコンバインで刈り取り、脱穀《だっこく》して米を収穫する。この意味では、米づくり労働は特殊な具体的な有用な労働である。金《きん》は、南アフリカの最大の産金会社の金鉱山では、鉱夫が地中数キロの深さまでエレベーターで降り、横に七・五キロほどトロッコで坑道に沿って進み、摂氏三八度の暑さとたたかいながら、金鉱脈を掘り、厚さ一メートルぐらいの金鉱石を掘り出し、それを地上に運び出し、精錬に回す。(1) この意味では、金採掘労働は、特殊な具体的な有用な労働である。このような有用な物、すなわち使用価値をつくる労働は、特殊な具体的有用労働である。

第二に、テレビ、パン、金《きん》、背広、ボールペン、車など、いろいろな種類の使用価値をつくるいろいろな種類の有用な労働の総体は、社会的分業（分業＝division of labour, 労働の分割のこと）を形成する。

この社会的分業は、大まかには五年に一度の『国勢調査』の「職業別就業人口」によってわかる。職業別小分類は細かく職業を分類する利点があるが、二九四もあるので、掲載不可能だから、職業別大分類でみよう。表１―１によれば、『二〇〇五年国勢調査』（二〇〇七年一二月二六日公表）においては、就業者

表1－1　職業別就業者

職業大分類	万人	%	職業小分類数
総数	6150,6	100.0	294
A　専門的・技術的職業	846.2	13.8	52
B　管理職業	147.2	2.4	5
C　事務職	1189.4	19.3	9
D　販売職	893.6	14.5	13
E　サービス職	614.6	10.0	21
F　保安職	105.1	1.7	6
G　農林漁業職	294.0	4.8	14
H　運輸・通信職	207.7	3.4	16
I　生産工程・労務職	1742.0	28.3	157

（出所）総務省統計局『2005年国勢調査』2007年12月26日公表（ホームページより作成）。

総数は六一五〇・六万人である。そのうち二八・三%の一七四二万人が生産工程・労務職である。これは職業別小分類では、さらにテレビ製造、自動車生産、鉄鋼生産……などに従事する一五七職業に細かく分かれる。次に多いのは事務職一一八九・四万人（一九・三%）であり、さらには九職業に分かれる。販売職八九三・六万人（一四・五%）は、一三職業に分かれる。専門職・技術職八四六・二万人（一三・八%）は、五二職業に分かれる。サービス職六一四・六万人（一〇%）は二一職業に分かれる、など……。

表1―1の職業は『国勢調査職業分類』によるが、これは、総務省統計局『日本標準職業分類』（一九九七年改訂）に準じたものである。後者の職業小分類数は三六四職業と多い。

総務省統計局『日本標準商品分類』（一九九〇年改訂）では、商品が、大分類、中分類、小分類、細分類、細細分類、六桁分類……などと分けられており、六桁分類では商品数は一万三七五七に上る。これだけ多くの商品種類をつくる具体的有用労働があり、社会的分業が行われているのである。

第三に、社会的分業は、商品生産の必要条件である。社会的分業がなければ、商品生産もない。しかし、社会的分業は、商品生産でなくとも存在する。古代インドの共同体では、労働は社会的に分割され、社会的分業が行われていたが、生産物は商品ではない。日本の原始社会では、Aさんは狩にでて鹿をとる。Bさんは川で魚をとる。Cさんは野原で栗を拾う。Dさんは山菜をとる。Eさんは着物を織る。Fさんは縄文式土器を焼く。Gさんは黒曜石を加工して、やじりをつくる。全員が社会的分業をしているが、各人の労働生産物は商品として売られず、プールされ、子供や老人、妊婦、宗教者、村長などを含めて、原始社会のメンバーの間に分配される。現代の工場でも、労働は生産システムに従って分割され分業をしているが、分業の各環でつくられた部分生産物どうしが交換されたり、売り買いされたりしない。商品生産では、社会的分業の各環をなす労働は、互いに独立しており、互いに依存しあっておらず、私的労働であって、この私的労働の生産物だけが、商品になる。この商品生産者の社会では、独立した生産者が、めいめい自由に私事として行う互いに独立した具体的有用労働が社会的分業を形成する。

労働は、使用価値をつくる有用な労働としては人間の歴史のどの時代でも存在する。そのような労働は、人間と自然とのあいだの物質代謝である。人間は自然から食料や衣服の原料などをえて、これらの自然的素材を人間の特殊な欲望にあうように有用な労働によって転換してきた。食料や上着や金《きん》などは、自然素材と労働との結合物である。ペティがいうように、労働は素材的富の父であり、土地はその母である。(2)

2　抽象的人間労働

すでに前節で簡単にみたように、テレビを生産する労働は、一面ではテレビという使用価値をつくる特殊な具体的有用労働であるが、他面ではテレビの価値を生産する抽象的人間労働である。（1）式にみられるように、テレビと食パンは、価値としては同じ実体（＝抽象的人間労働）をもつ物である。テレビ組立労働と製パン労働とはまったく質的に異なるが、資本主義社会では、昨日はテレビメーカーの組立労働から解雇された派遣労働者は、運がよければ、今日は食パン工場で製パン労働を行う。このように、テレビ組立労働や製パン労働というそれぞれの労働の有用的性格を度外視すれば、労働に残るのは、人間の労働力の支出であるということである。テレビ組立労働と製パン労働は質的に異なる生産的活動ではあるが、これら二つの労働は、人間の頭脳、筋肉、神経、手などの生産的支出であり、その意味ではともに人間の労働である。テレビ組立労働と製パン労働は、人間の労働力を支出する二つの異なる形態である。商品の価値は、人間の労働一般、人間の労働力一般の支出をその実体とする。その支出は、普通の人間の肉体がもつ単純な労働力の支出である。

精密な宝石加工をする労働は複雑労働であり、同じ労働時間でも、単純労働のx倍の価値を形成する。生産力が上昇すると、より多くの使用価値すなわち素材的富を生産するが、しかし、価値の大きさは変わらないか、低下することもある。この対立した運動は、本節冒頭で述べた労働の二面的性質から生じる。生産力は具体的有用労働の生産力であり、抽象的人間労働とは関係がない。生産力の変動は、価値に表される労働には影響しない。生産力が変動しても、同じ労働は、同じ時間につねに同じ価値の大きさを生み出す。

第Ⅱ節を要約しよう。すべての労働は、一面では、特殊な、目的を規定された形態での人間の労働力の支出であり、具体的有用労働というこの属性において、使用価値を生産する。すべての労働は、他面では、生理学的意味での人間の労働力の支出であり、同等な人間の労働または抽象的人間労働というこの属性において、商品価値を形成する。生理学的意味での人間の労働力の支出とは、前述の人間の頭脳、筋肉、神経、手などの生産的支出の言い換えである。

3　抽象的人間労働は、超歴史的か？

以上第2項でみた抽象的人間労働は、特定の歴史的段階である資本主義的な商品生産に限らず、どの非商品生産的社会でも超歴史的に存在する、という一部の人の見解がある。この人たちは、第2項の右の最後の要約にある「生理学的意味での人間の労働力の支出」（KⅠ六一ページ）つまり「人間の頭脳、筋肉、神経、手などの生産的支出」（KⅠ五八ページ）、あるいは商品物神性論における「人間の頭脳、神経、筋肉、感覚器官などの支出であるということは、一つの生理学的真理である」（KⅠ八五ページ）という文言を無限定的に拡大し、抽象的人間労働は「生理学的意味」「生理学的真理」であるから、どんな社会にも、どんな労働にも存在する、と主張する。しかし、この抽象的人間労働＝超歴史的存在説は、第Ⅱ節表題の「**商品に表される**労働の二重性格」と「**商品に含まれる**労働のこの二面的性格」の太字部分の限定を忘れた主張である。商品の交換価値を分析して初めて、抽象的人間労働を抽出できるのである。たとえば、労働生産物が商品化していない後掲図1―6のような原始共同体や未来共同社会では、商品生産は存在しないのに、商品抜きに「生理学的意味」での抽象的人間労働をどうやって抽出するのか。商品なしにどうやって論証するのか。単なる類推や拡張解釈は科学ではない。図1―3にみられるように、商品生産が一般化する資本主義的な商品生産社会においてのみ、商品を分析して、商品に表される労働の二重的性

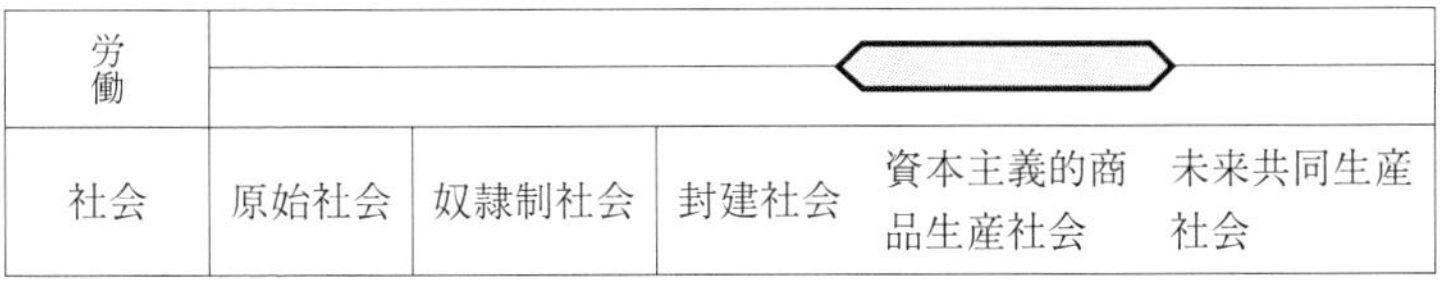

図1－3　社会形態と労働の二重性格

注　── 具体的有用労働（使用価値を生産する労働）
⊂⊃ 抽象的人間労働（価値を生産する労働）
ただし、資本主義社会以外の社会でも、部分的には商品生産があり、そのかぎりで労働の二重性格もある。

格、すなわち、使用価値を生産する超歴史的な具体的有用労働と、価値を生産する歴史的な抽象的人間労働とが、析出できるのである。(3)

注

(1) 松石勝彦『新版 現代経済学入門』青木書店、二〇〇二年、一〇七頁を参照。

(2) ウィリアム・ペティ『租税貢納論』大内兵衛・松川七郎訳、岩波文庫、一九五二年、第九章第九項。

(3) 以上の詳しいことは、松石前掲『資本論の解明』第四章を参照。

Ⅲ　価値形態または交換価値

この表題「価値形態または交換価値」からわかるように、価値形態と交換価値とは同じものである。すでに第Ⅰ節で述べたように、交換価値は価値の現象形態であり、もっと短くいえば、価値の形態、価値形態である。第Ⅰ節では、ある商品の交換価値は、他商品との交換割合として現象しているから、その現象しているままの交換価値を分析して、この交換価値（交換割合）を決めるものが内在的な価値であることをつきとめた。この価値は人間の労働という同じ社会的実体すなわち抽象的人間労働の凝固・対象化である。だから、商品の価値対象性は、商品と商品との社会的関係においてのみ現象する。

価値形態といえば、難しくきこえるが、一番簡単なのは二二ページに後掲の（4）式である。すべての商品が一つの共通の価値形態、つまり何ポンド、何円という貨幣形態をもっている。このことは誰でも知っている。本節の課題は、この貨幣形態の発生を明らかにすることである。いろいろな商品の価値形態つまり価値表現の発展を、最も簡単な形態（（1）式）から出発し、きらきら輝く貨幣形態（（4）式）まで追跡し、貨幣の謎を明らかにする。ここでは金《きん》本位制、したがって金貨《きんか》を想定する。

1　簡単な、個別的な、偶然的な価値形態

一台のテレビ＝三〇〇〇斤の食パン　または一台のテレビは三〇〇〇斤の食パンに値する　…（1）

x量の商品A＝y量の商品B　またはx量の商品Aはy量の商品Bに値する。

最も簡単な価値関係は、異なる二つの商品の価値関係である。この簡単な価値形態のうちにすべての価値形態の秘密がある。最高に発展した貨幣形態（（4）式）は、形態としてはこの（1）式と同じである。（1）式は貨幣形態の萌芽または「貨幣形態の細胞形態」である。

図1―4にみられるように、（1）式では、二つの商品はまったく異なった役割を演じている。「一台のテレビは三〇〇〇斤のパンに値する」において、一台のテレビの「値《あたい》」つまり価値が三〇〇〇斤のパンだということであり、ただテレビの「値《あたい》」つまり価値だけが表現されている。パンはテレビの価値を表現するための単なる材料として役立っているにすぎない。「一台のテレビは三〇〇〇斤のパンに値する」という一文においては、主語はテレビであり、述語はパンである。主語であるテレビは能動的な役割を演じ、

述語であるパンは受動的な役割を演じている。テレビは自分の価値をパンで相対的に表現しており、テレビの価値は相対的価値として表現されている。

かくて、テレビは相対的価値の形態、一語でいえば、相対的価値形態にある。他方、パンは等価（equivalent）として機能しているから、等価形態にある（図1—4参照）。

1台のテレビ＝3000斤の食パン
1台のテレビは3000斤の食パンに値《あたい》する。

⇩

1台の［テレビ］の値《あたい》（価値）は3000斤の［食パン］である。

‖　　‖

相対的価値形態（自分の価値を食パンで表現する側）

等価形態（自分の体でテレビの価値を表現するのに役立つ側）

図1－4　価値形態（価値表現）とその両極（相対的価値形態と等価形態）

相対的価値形態と等価形態は、同じ価値表現の両極であるから、相互依存の関係にあるが、同時に相互排除の関係にもある。つまり、自分の価値をパンで相対的に表現する相対的価値の位置にあるテレビは、同時に等価形態として機能してパンの価値を表現してやることはできない。等価形態にあるパンは、同時に自分の価値を表現する相対的価値形態にあることはできない。このような逆の役割を演じるためには、次のように、（1）式の左辺と右辺とを逆さにすればよい。

三〇〇〇斤のパン＝一台のテレビ　または三〇〇〇斤の食パンは一台のテレビに値する。

しかし、この場合はパンの価値がテレビで相対的に表現され、パンは相対的価値形態にあり、テレビは等価形態にある。一つの式で、一つの商品、たとえばテレビが相対的価値形態と等価形態にあることはできない。どちらの商品が相対的価値形態にあるか、等価形態にあるかは偶然である。

（1）式でテレビの価値だけが表現されるのは、テレビが等価としての食パンに対してもつ関連によってである。この関連においては、食パンは、ただ価値の存在形態、価値物（Wertding）として通用し、価値物としてだけテレビと同じである。食パンが価値物としてテレビに等置されることによって、製パン労働がテレビ組立労働に等置される。この等置によって製パン労働は、両方の労働のなかの等しい人間労働という両方に共通な性格に還元される。この回り道（Umweg）をして、テレビ組立労働も価値を組立てるかぎり、製パン労働と同じ抽象的人間労働つまり人間労働一般であることが、語られるのである。これが相対的価値形態の内実である。

食パンという自然形態が、価値関係のなかでは、テレビの価値形態になる。食パンの体がテレビの価値鏡になる。テレビは、食パンの使用価値を自分の価値表現の材料にする。テレビ商品の価値は、食パン商品の使用価値三〇〇〇斤で表現され、相対的価値形態をもつ。

（1）式において、テレビの交換関係に入る商品は食パンだけに限らない。いろいろな商品が価値関係に入り、いろいろな価値表現が可能である。かくて、（2）式が生じる。

2　全体的な、あるいは展開された価値形態

一台のテレビ＝三〇〇〇斤の食パン　または＝一二着の背広、または＝二〇枚の音楽ＣＤ　または＝六〇〇〇本のボールペン　または＝二〇〇グラムの金《きん》など　………(2)

この式では、一台のテレビの価値は、商品世界の全使用価値によって表現される。他の商品体はすべて

テレビの価値の鏡となる。かくて、価値が本当に無差別な人間労働の凝固として現れる。テレビの価値を形成する労働は、その他のどの人間労働とも等しい労働として表されているからである。テレビはその全体的な、展開された価値形態によって、（1）式のように、単にある個別的な商品に対してだけではなく、商品世界全体に対して社会的関係に立つ。また、（1）式では両商品の一定割合での交換は偶然的であるが、（2）式では偶然ではなくなる。

テレビの価値表現では、食パン、背広、音楽ＣＤ、ボールペン、金《きん》、などは、どれも特殊的等価である。

しかし、この全体的な、展開された価値形態（2）には欠陥がある。

第一に、テレビの価値表現は未完成である。現代日本経済では、第Ⅰ節第1項で前述したように、ＬＥＤ、ハイブリッド・カー、電気自動車、……など次から次へと新商品が登場する。だから、（2）式の「または＝」が無限に続く。

第二に、（2）式は、（1）式のような簡単な、個別的な、偶然的なばらばらの価値表現の寄せ集めにすぎない。

第三に、（2）式はテレビの相対的価値だけを表現するが、食パンの相対的価値を表現するためには、また、その一系列が必要になり、背広の相対的価値を表現するためには、また、その一系列が必要になる……などと、すべての商品の相対的価値をも表現するためには、無限の一系列が必要になる。

第四に、テレビの等価形態は、食パン、背広、ＣＤ……などと雑多であり、それぞれテレビの特殊な等価形態にすぎず、（3）式や（4）式のような統一的な一般的等価形態ではない。労働に即していえば、特殊的な等価商品に含まれる一定の具体的有用労働は、人間労働の特殊な現象形態にすぎず、統一的な現象形態ではない。

さて、（２）式は、前述のように、（１）式の総計である。

一台のテレビ＝三〇〇〇斤の食パン
一台のテレビ＝一二着の背広………など

これらの一つ一つの等式は、逆の関連を含んでいる。ある人が一台のテレビを三〇〇〇斤の食パン、一二着の背広、二〇枚のＣＤなどと交換し、テレビの価値を他の商品で表現する場合、当然、逆に他の商品食パン、背広、ＣＤなどの所有者も、また彼らの商品をテレビと交換するのであるから、彼らの商品の価値をテレビで表現する。かくて、（２）式を逆にすれば、次の（３）式がえられる。

3　一般的価値形態

三〇〇〇斤の食パン＝
一二着の上着＝
二〇枚の音楽ＣＤ＝
六〇〇〇本のボールペン＝　一台のテレビ　………（３）
二〇〇グラムの金《きん》＝
…………
x量の商品N＝

この（3）式において、左辺の商品世界のすべての商品、食パン、上着、CD……などは、それぞれの価値を右辺のたった一つの商品一台のテレビで表している。だから、この価値表現は簡単であり、統一的、共同的、一般的である。

この一般的価値形態は、商品世界の共同事業として成立する。この共同事業は、第2章でみる交換過程で行われる。

この商品世界の一般的価値形態は、それに対応して、商品世界から一つの等価商品（テレビ）を排除し、それを一般的等価とする。テレビの自然形態がこの商品世界の共通な価値の姿になる。テレビという身体がすべての人間労働の目にみえる化身《けしん》となる。テレビを組み立てる私的労働は、他のすべての労働と同じと置かれているのだから、一般的な社会的労働となる。

テレビが他商品の価値の現象形態になるのだから、テレビ製造労働は人間労働一般の一般的な現象形態になる。労働の社会的性格が明白になる。

いまや、テレビは貨幣の役割を果たしている。しかし、テレビが貨幣だと、財布にも入らず、持ち運びもできず、分割もできない。

（3）式において、右辺の一般的等価は、テレビである必要性はまったくない。どんな商品でもかまわない。この商品が最終的にある特定の商品に限定されると、初めて商品世界の統一的な一般的価値形態は、客観的に固定される。

この特殊な商品は貨幣商品である。（3）式は（4）式に変わる。

4　貨幣形態

一台のテレビ＝
三〇〇〇斤の食パン＝
一二着の上着＝
二〇枚の音楽ＣＤ＝
六〇〇〇本のボールペン＝
……………
x量の商品Ｎ＝
} 二〇〇グラムの金《きん》　………（4）

簡単な価値形態（1）から全体的な価値形態（2）、一般的な価値形態（3）への移行では、本質的な変化があったが、この貨幣形態（4）は、一般的な価値形態（3）の一台のテレビの代わりに金《きん》が一般的等価形態に入るという一点で、ちがうだけである。金《きん》は社会的慣習によって貨幣に選ばれた。金《きん》による一台のテレビなどの簡単な相対的価値表現

一台のテレビ＝二〇〇グラムの金《きん》

は、一台のテレビの価格形態である。一台のテレビの価格は二〇〇グラムの金《きん》である。かくて、貨幣金《きん》はほかのどんな商品でも買えるという特別の地位につく。ずっと以前に「一〇〇円でカルビーは買えますが、カルビーで一〇〇円は買えません」というスナック菓子のテレビコマーシャルがあった。これは、貨幣が一般的等価であって、どんな物でも買えるという貨幣の特殊な役割を見事にいいあてている。ことわざ「地獄の沙汰《さた》も金《かね》次第」も一般的等価としての金《かね》の威力をいいえて妙である。貨幣は、商品世界ではオ

ールマイティな特別な法王の地位につき、地獄の沙汰まで金《かね》で支配するのである。かくて、貨幣形態の謎は解けた。前述のように、（1）式の簡単な価値形態は、貨幣形態または価格形態の萌芽である。(1)

注

（1）　以上の詳しいことは、松石前掲『資本論の解明』第五―六章を参照。

Ⅳ　商品の物神的性格とその秘密

1　本節の課題

以上三つの節では、労働生産物が商品であることを前提として、その商品を分析した。しかし、労働生産物が全面的に商品になるのは、資本主義社会においてだけである。江戸時代の農民は、当時の主な労働生産物・米を生産し、五公五民《ごこうごみん》というように、米の収穫高の五割を藩主《はんしゅ》に年貢米《ねんぐまい》として納め、五割だけを自分の取り分にした。藩はこの年貢米の一部を藩士《はんし》に扶持米《ふちまい》として現物給付した。これらの米は労働生産物であるが、売買されず、商品ではない。原始社会、農奴制社会、封建社会、家父長制農村工業などでは、労働生産物は大部分が商品ではなく、それゆえ、これらの社会は商品経済ではなく、現物経済または自然経済である。図1―6の未来共同社会でも労働生産物は商品ではなく、この社会は商品経済でも自然経済でもなく、自由人が連合して自主的に生産計画をたて共同生産を行う民主的な計画経済である。それは、かつてのロシアのスターリンや中国の毛沢東のような独裁でないし、社会の構成員各個人の自由を奪ってもっぱら上からの指令だけで行う強制的な計画経済ではない。

資本主義社会は、すべてのものが商品となる社会であり、商品経済である。資本主義社会は商品生産社会であり、労働生産物を商品として生産する。労働力のような本来、商品でないものが商品として売買される。教員採用試験でカネを出して有利にはからってもらって教員になったり、またカネを出して校長になったりする場合などは、職や地位が売買され、商品化している。ポルノとか子供ポルノとか援助交際などは、性の商品化である。

本節の課題は、なぜ資本主義社会では労働生産物が全面的に商品になるのか？　その商品生産の仕組みはどのようなものなのか。商品を生産する労働の特徴は何か？　その労働の特有の社会的性格はどのようなものなのか？　などを明らかにすることにある。

2　物神とは何だろう？

本節の題名「商品の物神《ぶつしん》的性格」は聞きなれない文言であり、すぐには理解できない。しかも、最近のテレビでは、フェティシズムとかフェチとかいっているが、誤解と誤用が多い。たしかに下着泥棒は性的倒錯であり、心理学ではこれをフェティシズムという。フェティシズムは物神崇拝とか呪物《じゅぶつ》崇拝と訳されているが、倒錯や転倒が基本をなしている。

第一に、物神《ぶつしん》（または呪物）とは、もともとは物神《ものがみ》とも呼ばれ、単なる物《もの》でありながら、超能力をもち神《かみ》とみなされる物である。たとえば、成田不動さんや神社のお守りなどがそうである。成田不動さんのお守りは、紙、きれ、木からできている単なる物にすぎないが、その物が人々を自動車事故から救ってくれる神とみなされている。不動尊本体も、単なる木などに彫刻した物にすぎないが、その物が摩訶《まか》不思議な超能力をもっている神とみなされている。参拝客がお参りして、お祈りすれば、厄災から免れ、合格、安産、病気治癒など霊験《れいげん》あらたかなご利益《りやく》があると信じられている。また、奈良東大寺大仏殿の入り口にある小さな薬師像は、単なる木彫りの物にすぎないが、その物が神とされ、自分の病んでいる身体の部分と同じ仏像の部分を触ると、治ると信じられている。このような信仰は全国に多くある。釈迦如来は、三《さん》十二相八十種好《じゅうにそうはちじゅうしゅごう》、合計一一二の優れた特徴をもつスーパーマンとみなされている。観音菩薩は、三三の姿に変身して、大衆を救ってくれるスーパーウーマンであるとみなされている。このような仏像や神社のご本体の鏡、教会のキリストやマリヤ像などは、木や金属でつくられた単なる物にすぎないが、その物が神とあがめられ、信仰の対象となっている。人間のつくった物に人間がふれ伏し、拝んでいるのである。これらの物は、物神《ものがみ》または物神《ぶっしん》であり、人々のこれらの物の崇拝を物神崇拝《ぶっしんすうはい》という。

物神《ぶっしん》は、人々がふれ伏し、崇拝するとか、人々の錯誤、転倒、倒錯があるいう意味では、人々と関係を結んでいる。しかし、じつは物神《ぶっしん》相互の間でも一定の関係を結んでいる。仏像の世界では、①如来《にょらい》（釈迦如来、大日如来、阿弥陀如来、薬師如来など）、②菩薩《ぼさつ》（文殊菩薩〔釈迦の弟子〕、観音菩薩、千手《せんじゅ》観音菩薩、日光・月光《がっこう》菩薩など）、③不動明王《ふどうみょうおう》、④天部《てんぶ》（守護神のこと。毘沙門天《びしゃもんてん》、吉祥天、弁財天、帝釈天〔映画寅さんシリーズの柴又帝釈天が有名〕）などの序列があり、そのほか四天王、阿修羅（興福寺の国宝阿修羅展は二〇〇九年三〜九月に東京と福岡の国立博物館で開催され、一六五万人の人々を魅了したのは、記憶に新しい）、仁王などがある。これらの仏像は、相互の序列があり、一定の関係を取り結んでいる。だから、物神は、物神相互の間、物神と人間の間で関係をとり結んでいるのである。

3　商品の物神的性格とは何だろうか？

それでは、いったい商品の物神的性格とは何か？　商品の物神的性格とは、商品が物神とみなされること、商品が物神となることである。どういうことか。資本主義社会では、労働生産物はほとんどが商品になる。家庭菜園で野菜をつくる場合のように、労働生産物をつくっても自分の家庭で消費すれば、この労働生産物は商品にはならず、他商品とも交換されない。しかし、大部分の労働生産物は商品になり、お互いに交換される。商品は相互に交換される物である。商品は商《あきない》の品《しな》である。この商品交換は商品の社会的関係である。ところが、人々は、商品が相互に交換され、社会的関係に入るのは、おのおのの商品が生まれつきの自然属性として不思議な魔力をもっているからだと思う。たとえば、大阪でつくられた一〇五型の大型フルハイビジョン・プラズマテレビは、生まれつきの自然属性として、デジタルチューナーを二つ備え、地上デジタル放送を受信して、微妙な色合いまで高細密な映像を大画面いっぱいに映すという不思議な魔力をもっているから、遠く離れた北海道の毛ガニやチーズ、利尻島のコンブ、秋田のりんご、新潟のコシヒカリや日本酒、山梨のぶどう、和歌山や宇和島のみかん、徳島のすだちと鳴門《なると》金時《きんとき》（さつまいも）、鹿児島の焼酎、その他いろいろな商品と交換され、図1―5の上にみられるように、これらの商品と社会的関係を取り結ぶとみえる。また、このテレビは、その生まれつきの自然的属性によって、国境を越えて、南アフリカ原産の金《きん》やグレープフルーツ、ブラジルのコーヒー豆や鉄鉱石、カナダのソバ、アメリカのトウモロコシ、オーストラリアの牛肉、アイスランドの魚……などと交換され、グローバルな社会的関係を展開するとみえる。このテレビは、生まれつきの自然属性によって社会的関係を展開する摩訶《まか》不思議な魔力をもっている物である、と人々は錯覚し、この物を物神《ぶっしん》に祭りあげる。

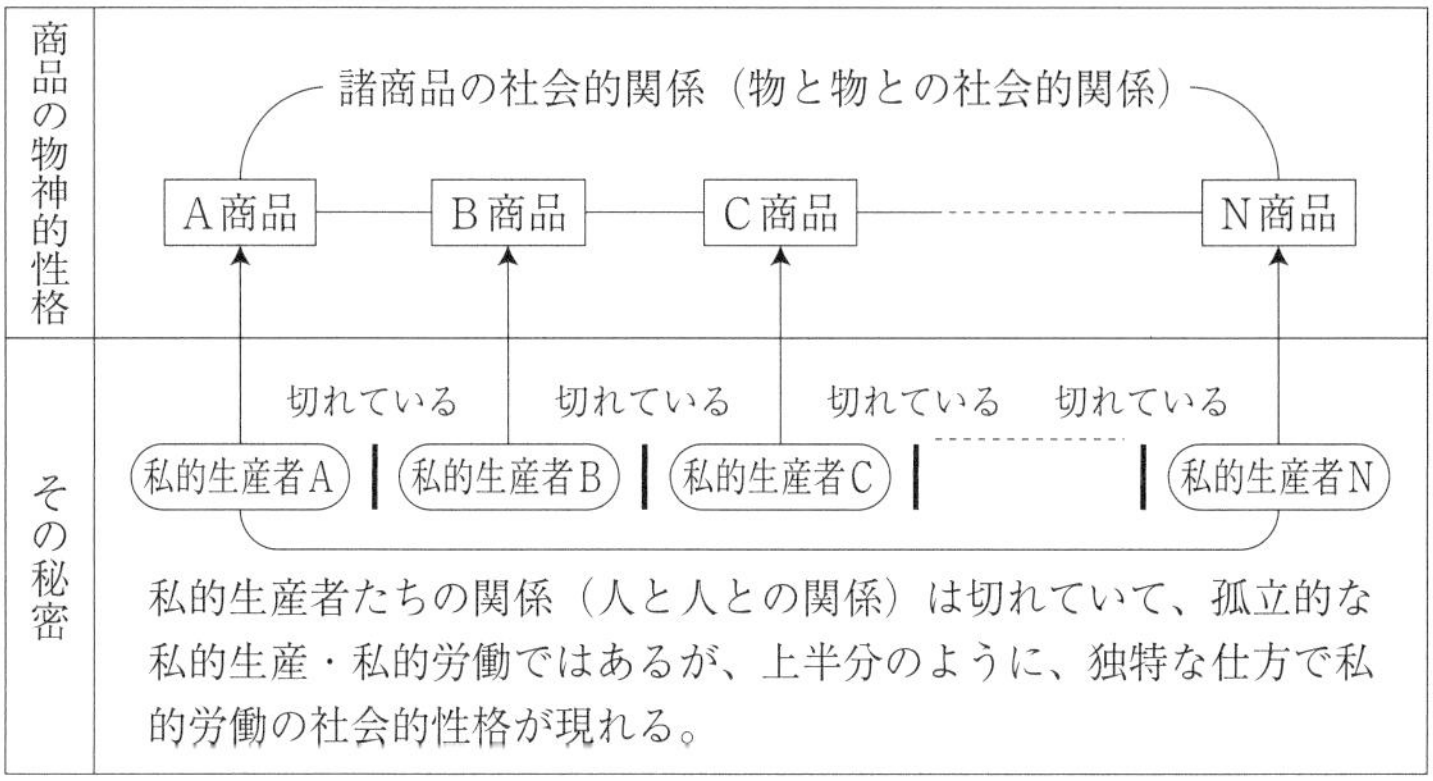

図1－5　商品生産社会（商品の物神的性格とその秘密）
―人と人との関係が物と物との関係として現れる社会―

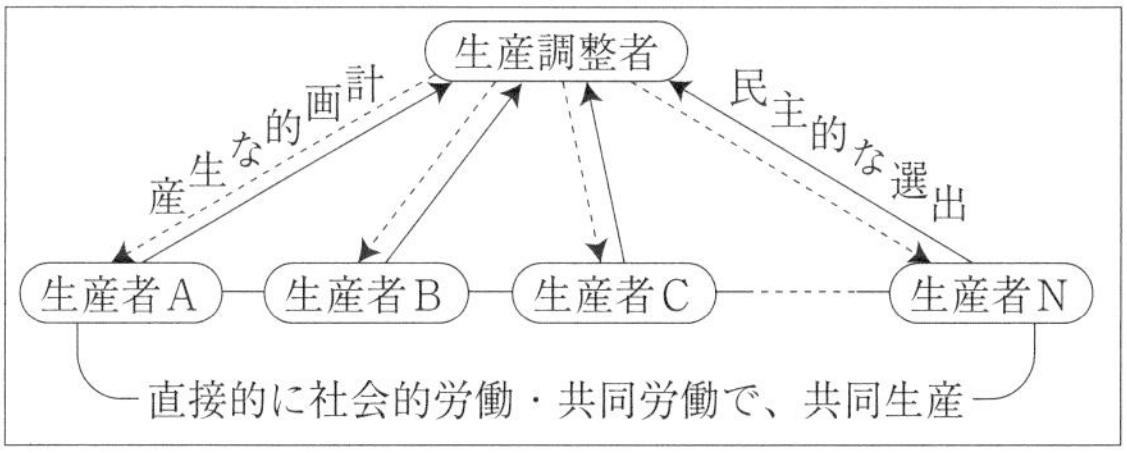

図1－6　商品生産でない共同生産社会（人と人との関係が直接的な社会）

外国の商品を例にとっても同じである。ベンツは、生まれつきの自然属性として、五〇〇〇ccの大排気量のエンジンをもち、余力をもって高速を走り、余裕のある車内スペースがあり、がたつかず、乗り心地がきわめてよいから、他のさまざまな商品と交換され、これらの商品と社会的関係に入ると人々にはみえ、この単なる物を物神に祭りあげる。

このように、図1―5からわかるように、資本主義的な商品生産社会においては、単なる労働生産物にすぎない商品という物が、自らの生まれつきの自然的属性によって、他の商品と交換関係をとり結び、社会的関係に入ると人間にはみえ、あたかも物神のようにみえる。単なる労働生産物にすぎない商品という物が、その生まれつきの自然的属性によって、独立の生命を与えられ、お互いに全面的な社会的関係をとり結ぶとみえること、これが商品の物神的性格である。このような謎めいた神秘的性格は、労働生産物が商品という形態をとることから生じる。

４　商品の物神的性格の秘密

第Ⅳ節の表題「商品の物神的性格とその秘密」の前半の「商品の物神的性格」は、以上で明らかになったが、後半の「その秘密」とは何か。この「秘密」は、労働生産物の商品形態そのものから生じる。労働生産物が商品となる商品生産的な資本主義社会では、労働生産物は商品形態をとる。この商品形態では、人間自身の労働の社会的性格が、労働生産物の自然的属性の社会的性格である、と倒錯して人間にはみえる。だから、総労働に対して生産者たちがもつ社会的関係が、彼らの外にあるいろいろな物の社会的関係である、と倒錯して人間にはみえる。これは「取り違え」（ＫⅠ八六ページ）であり、倒錯である。この取り違えによって、労働生産物は、感覚的で超感覚的な物になる。感覚的なものというのは商品の使用価値をさし、超感覚的なものというのは商品の価値対象性（商品に価値が対象化されていること）をさす。だから、労働生産物は感覚的で超感覚的な物、すなわち社会的な物になる。

このように、商品の物神的性格は、商品を生産する労働に固有な社会的性格から生じる。その商品を生産する労働に固有な社会的性格とは、何だろうか？

第一に、商品を生産する労働は、他人の労働とまったく無関係に営まれる私的労働である。だからこそ労働生産物が商品になるのである。資本主義社会は、私有財産の社会であり、資本や生産手段の私的所有の社会であるから、生産者は私的生産者であり、労働もまた私的労働である。図1—5の下段からわかるように、私的商品生産者A、B、C、……Nの間はばらばらに切れており、相互に何の関係もなく、社会的関係はない。資本主義的な商品生産においては、私的生産者たちは何を生産しても自由である。金もうけにさえなれば、武器でもポルノでも、なんでも生産する。私的生産者たちは、だれからもこれを生産しろとか、あれを生産しろとか、と指示を受けない。図1—6の商品生産でない社会＝未来共同生産社会のように、社会全体の生産の調整はない。

第二に、しかし、このように、私的商品生産者たちは、私的所有に基づき他の私的商品生産者とはまったく無関係に孤立的に私的生産を営んでいるとはいえ、やはり私的商品生産者たちは、総体としては、資本主義的な商品生産社会、資本主義社会を形成している。また、私的労働といっても、私的労働の複合体は社会的総労働を形成し、この社会的総労働は社会的労働である。

第三に、それでは、どのようにして、私的労働が社会的労働になるのか？　商品交換によってである。私的生産者Aの私的労働の生産物テレビと、私的生産者Bの私的労働の生産物食パンとの商品交換によって、はじめて私的生産者Aと私的生産者Bとは、社会的接触に入る。そして、この商品交換の内部における社会的接触によって、はじめてAとBの私的労働の独特な社会的性格もまた現れる。図1—5の上の段にあるA商品、B商品、C商品……N商品などの商品交換を通して、私的労働の生産物が出会い結ばれることによって、また私的生産者たちも出会い結ばれ、私的生産者たちの私的労働は、はじめて社会的な総労働の一環であることを証明する。私的労働の社会的関係は、図1—5のように、物と物との社会的関係として現れるのである。これに反して、自由人の連合社会では、生産者Aと生産者Bと生産者C……と生産者Nたちの労働が、図１—６の横線—が示すように、そのままで直接的な社会的関係である。

しかし、商品生産社会では、私的生産者AとBとC……とNの私的労働は、私的労働であるがゆえに、図１—５の縦線┃で示したように、本質的に「切れている」のであって、だからこそ、労働生産物は商品になり、図１—５の上の図が示すように、私的労働の特殊な社会的性格は、商品交換を通して、物と物との社会的関係として現れるのである。

以上でみた私的労働の社会的性格は、「第二に」でみたように、単に私的労働の複合体が「社会的総労働」を形成するという点にあった。しかし、さらにこの「社会的総労働」を分析すれば、私的労働は、二重の社会的性格を受け取る。項を改めて、説明しよう。

5　私的労働の二重の社会的性格

私的労働は、一面では、すでに第Ⅱ節「労働の二重性格」でみたように、他人にとって有用な具体的労働であり、一定の社会的欲望を満たすことによって、総労働の自然発生的な社会的分業体制の一環でなければならない。つまり、私的労働は具体的有用労働として社会的性格をもつ。他面では、私的労働は抽象的人間労働でもある。すでに第Ⅱ節でみたように、テレビと食パンの商品交換によって、私的生産者Aのテレビを生産する特殊な具体的有用労働と、私的生産者Bの食パンを生産する特殊な具体的有用労働とが交換され、異種労働が等しいものとして等置され、同じ抽象的人間労働に還元される。この意味では、Aの私的労働も、Bの私的労働も、Cの私的労働も、……Nの私的労働も、同じ「抽象的な、一般的な、同等な労働」「抽象的一般労働」（『経済学批判』、マルクスエンゲルス全集第一三巻、二三、二四ページ）であり、みな同じであって、「労働の一つの独自な社会的形態」（同二四ページ）である。私的労働は、交換価値をつくるかぎり、「同等性という社会的性格」（同一九ページ）をもつ。私的労働は社会的性格を受け取る。第I節第3項ですでにみたように、抽象的人間労働は、価値の「社会的実体」（KI五二ページ）であるから、社会的労働である。

6　商品を生産しない社会における生産者たちの社会的関係の透明性

以上みた商品を生産する労働の特殊な社会的性格は、商品を生産しない他の生産形態では存在せず、それゆえ商品の物神的性格も消え去る。

(1) ロビンソン・クルーソの生産形態　船が難破し、無人島にただ一人流れ着いたロビンソン・クルーソは、いろいろ工夫して、生活に必要な物を生産した。彼の労働はさまざまな物を生産する有用労働である。これらの労働の関連は透明であり、また彼の労働と手製の富との間の関連も透明である。ここでは商品はなく、商品の物神的性格も、労働の二重的性格もない。

(2) ヨーロッパ中世や江戸時代の封建社会の生産形態　西欧中世や本節冒頭で触れたわが国の江戸時代の封建制度は、独立したロビンソン・クルーソとは異なり、領主と農奴、大名と農民など、人格的な依存関係が支配し、それに従って生産の社会的関係が直接的に規定される社会である。この人格的な依存関係が生産の社会的関係を規定しているのである。本節冒頭で述べたように、わが国の江戸時代には、被支配者である農民は、支配者である藩主に自分の生産物の半分を年貢米として貢納《こうのう》した。ここでは農民と藩主との社会的関係は透明である。農民同士の社会的関係も透明である。また、農民の労働と労働生産物との関係も透明である。西洋中世の場合も同様に透明である。領主が人格的隷属関係を利用して農奴を自分の直営農場で労働させる夫役《ぶやく》においても、領主と農奴との社会的関係は透明である。だから、封建的生産関係のもとでは、労働が直接的に社会的な形態である。江戸時代でも、西欧中世でも、農民・農奴と支配者との人格的関係が、そのまま直接的に人と人との社会的関係であり、物と物との社会的関係として現れない。商品を生産する労働のように、人と人との社会的関係が物と物との社会的関係、あるいは労働生産物と労働生産物との社会的関係として現れない。

(3)　家父長制の生産形態　家父長制のもとでは、家族が家父の指揮に従って自分たちの必要とする穀物、家畜、糸、リンネル、衣服などを生産する。これらのいろいろな労働生産物は商品にはならず、商品として家族に相対《あいたい》しない。単に家族労働のいろいろな労働生産物として家族に相対するだけである。農耕労働、牧畜労働、紡績労働、織布労働、裁縫労働などは、その自然形態のままで社会的労働である。家族も一つの社会であり、社会的分業をしているから、家族の労働は社会的労働である。この場合は図1―6が妥当する。

(4)　自由人の連合の生産形態　この生産形態は、資本主義的な商品生産社会のあとにつづく来たるべき未来社会の像である。この自由人の「連合」（Verein, KⅠ九二ページ）の生産形態においては、自由人は、それぞれ私的な生産手段をもたず、共同的生産手段を共有する。自由人は、その共同的生産手段でもって労働し、全体で協議した計画に従って、自分たちの個人的労働力を意識的に一つの社会的労働力として支出し、共同労働し、共同生産する。だから、この自由人の連合の総生産物は、一つの共同生産物であり、社会的生産物である。自由人は、協議して、総労働時間を社会的計画的に配分し、連合社会の欲求を満たすいろいろな労働生産物を生産する。次いで、自由人は総生産物を共同労働に対する各生産者の個人的関与を労働時間で計り、それに応じて共同生産物を個人に分配する。かくて、この自由人の連合社会の生産と分配における人々の社会的関係は透明である。自由人が彼らの労働に対してもつ社会的関係は透明であり、彼らの労働生産物に対してもつ社会的関係も透明である。このように、社会的生産が、自由な社会的な人間の意識的計画的なコントロールのもとに置かれると、商品の物神的性格、商品物神が消え失せる。

図1—6は、このような共同的な直接に社会化された労働による共同的生産を図示したものである。ここでは人と人との社会的関係がそのままの姿で現れ、図1—5のように、物と物との社会的関係としては現れない。

7　商品物神論の意義

第一に、商品物神は、次章で述べる貨幣物神の萌芽である。黄金《おうごん》は、さらきら輝き人々を幻惑するという生まれつきの自然属性をもっているから、一般的等価としてどんな物とも交換できる、と人々は錯覚し、貨幣物神とする。商品物神はさらに資本物神、利子生み資本物神へと発展する。商品物神はそのオリジナルな物神として意義が大きい。

第二に、商品物神論によって、商品を生産する労働は、どういうものかが浮き彫りにされ、長い人間の歴史過程のなかで、単に一つの特殊段階にすぎないことがわかる。商品を生産する労働は、人間社会の発生以来、今日までずっとつづいてきたものではなく、単に人類の歴史のひとこまにすぎない。また、これからも未来にかけて永遠につづくものではありえない。第6項の（1）～（4）でみたように、商品を生産する労働ではない別の社会生産形態がありうるのである。とくに（4）の未来社会は、商品を生産する労働の終焉《しゅうえん》を告げる。別の社会では、労働の社会的性格は、人と人との社会的関係が物と物との社会的関係として現れる、という神秘的な物神的性格をとらず、人と人の労働の社会的関係は直接的にそのままで社会的関係であり、透明である。

第三に、したがってまた、労働生産物が全面的に商品となるのは、長い人間の歴史のなかで、単に一特殊段階にすぎないことがわかる。労働生産物が全面的に商品化するのは、歴史上、資本主義的な商品生産社会だけである。他の社会では、労働生産物は一部を除いて商品化しない。前項の（1）から（4）の生産形態がそうである。

第四に、以上の「第二に」と「第三に」の総結果として、商品生産的な資本主義社会のそのものの特殊歴史性が明らかになっている。この社会は、長い人間の歴史において単に一特殊段階にすぎない。この社会は人間社会の誕生からずっと長くつづいてきたものでもなければ、これからも未来永劫《えいごう》につづくものではない。永遠につづかず、前項でみた（4）「自由人の連合」＝共同生産・共同労働に取って代わられる運命のものである。二〇〇七年以降の金融危機・過剰生産恐慌は、資本主義の限界を示す。マルクス物神論の最大の功績は、商品生産的な資本主義社会の特殊歴史性と限界を明らかにしたことである。

Ⅴ　日本の商品生産の産業構造と輸出構造

1　日本の商品生産の産業構造

現代資本主義は、以上みた商品生産が最高に発展した資本主義である。この商品生産の急激な発展に伴い、価値、労働の二重的性格、価値形態、商品の物神的性格なども発展、進化している。そこで、第1章「商品」の最後に現代日本経済の商品生産の特徴をみておこう。

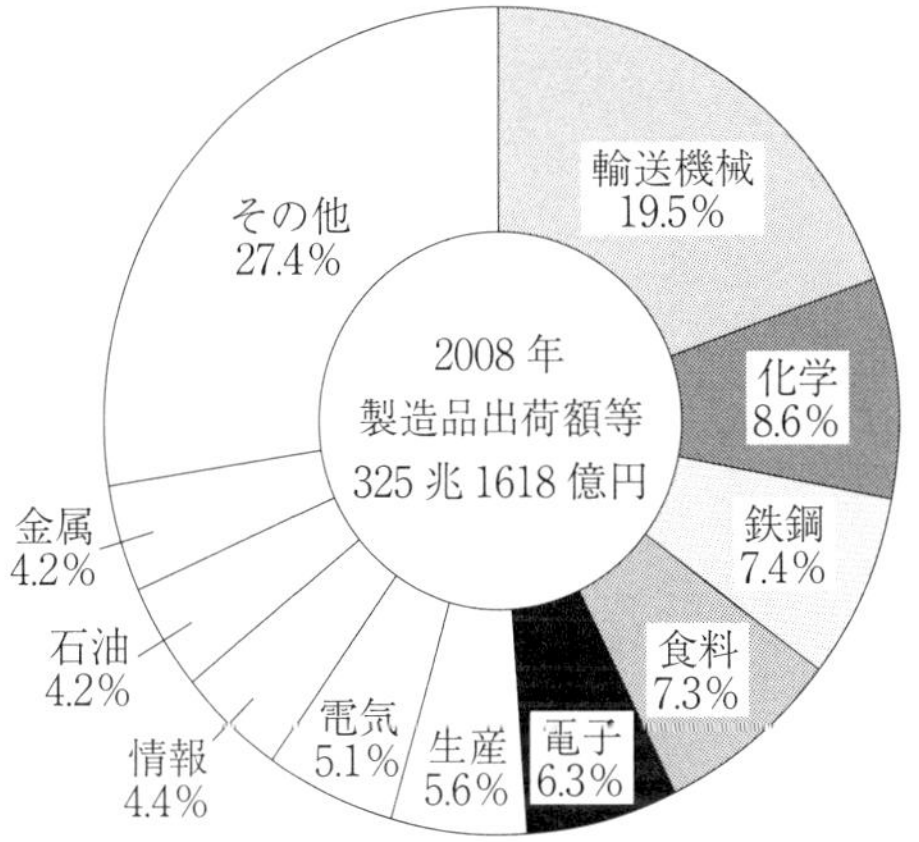

図1－7　日本の商品生産の構造（従業者10人以上の事務所）

（出所）経済産業省「2008年工業統計速報」2008年12月31日調査、2009年10月２日公表（ホームページ）。

第一に、図1―7に明らかなように、最も新しい「工業統計速報」によれば、二〇〇八年一二月三一日の商品生産は、出荷額でみて、総計三二五兆一六一八億円である。二〇〇〇年の商品生産は、出荷額でみて、二七九兆二五五五億円[1]だったから、過去八年間に四五兆九〇六三億円、一六・四%増えたことになる。二〇〇八年の最大の商品生産は、自動車などの輸送用機械器具であり、六三兆三七四二億円の商品生産をなし、全体に占めるシェアは二割弱（一九・五%）である。次に大きい産業は化学工業であり、二七兆八八八五億円の商品生産をなし、シェアは八・六％である。第三番目に大きい産業は鉄鋼業であり、二三兆九〇七八億円の商品生産をなし、シェアは七・四％である。第四番目に大きい産業は食料品製造業であり、二三兆八五一八億円の商品生産をなし、シェアは七・三％である。第五番目に大きい産業は半導体などの電子部品・デバイス・電子回路製造業であり、二〇兆三五九三億円の商品生産をなし、シェアは六・三％である。これら五つの産業だけで全体の五割弱を占める。第六番目に大きい産業は生産用機械器具製造業であり、一八兆一六三七億円の商品生産をなし、シェアは五・六％である。第七番目に大きい産業は家電などの電気機械器具製造業であり、一六兆四七一五億円の商品生産をなし、シェアは五・一％である。第八番目に大きい産業は液晶テレビやパソコンや携帯電話などの情報通信機械器具製造業であり、一四兆四三九三億円の商品生産をなし、シェアは四・四％である。第九番目に大きい産業は石油製品・石炭製品製造業であり、一三兆七五六五億円の商品生産をなし、シェアは四・二％である。第一〇番目に大きい産業は金属製品製造業であり、一三兆七五四〇億円の商品生産をなし、シェアは同じく四・二％である。

その他の産業は八九兆九四三億円の商品生産をなし、シェアは二七・四％である。

以上みたように、日本の製造工業の特徴は重化学工業、ハイテク産業中心である。

2　日本の商品生産の輸出構造

日本で生産された商品の輸出構造をみよう。図1―8に明らかなように、輸出総額は、F.O.Bベースで約八一兆円である。F.O.Bは、Free on Board の略であり、商品を船や貨車や飛行機に積み込むまでは商品の売主の費用負担であるが、積み込み終了後以降は商品の買主の負担となる。積み込み終了後の引渡し価格がF.O.Bベースである。

最大の輸出商品は、図1―7と同じく、ここでも輸送用機器であり、輸出額は二〇兆円、シェアは約二五%である。うち自動車（四輪車、二輪車、部品）は約一七・五兆円、約二二%である。この自動車輸出は、重要なので、次項以降詳しく述べる。

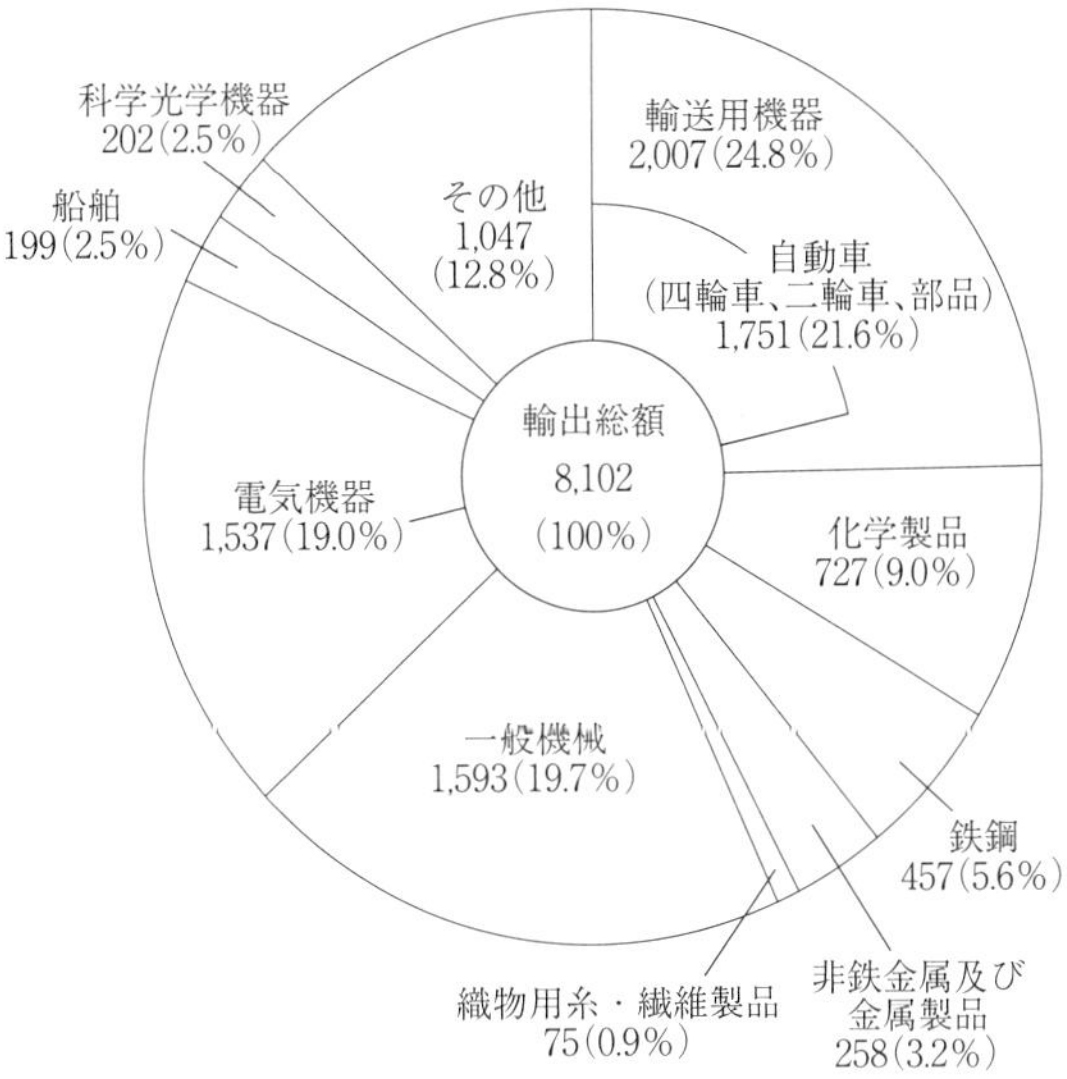

図1－8　2008年の主要商品別輸出額（F. O. B. ベース）
（単位：百億円）

（出所）日本自動車工業会ホームページより。

次に大きな輸出商品は一般機械であり、一五・九兆円で、約二〇%を占める。第三に大きいのは、電気機器であり、約一五・四兆円で、一九%を占める。そのあとは、化学製品（七・三兆円、九%）、科学光学機器（二・〇兆円、二・五%）、船舶（二・〇兆円、二・五%）、その他（一兆円、一二・八%）となる。

結局、日本の商品の輸出構造は、自動車と機械に大きく依存しているのである。内需主導型の経済構造ではなく、輸出主導型、輸出依存型の経済構造を示している。

注

（1）松石前掲『新版　現代経済学入門』三一ページの図1―6を参照。

Ⅵ　商品生産と国内総生産（GDP）

1　商品生産と国内総生産GDPとの関連

以上、第Ⅰ―Ⅳ節までは、商品や商品生産について明らかにし、第Ⅴ節の第1項では、日本の商品生産の産業構造を明らかにした。図1―7でみたように、二〇〇八年の工業製造品の出荷額は三二五兆一六一八億円であった。この工業製造品の出荷額は、工業の総商品生産額プラス消費税や内国消費税（酒税、タバコ税、揮発油税〔ガソリン税〕、地方道路税）である。だから、次のようになる。

総商品生産額＝製造品出荷額－（消費税＋内国消費税）　………①

総商品生産額の価値構成は、次のような簡単な式で表わせる。

総商品生産額＝減価償却費cf＋原材料費cz＋労働賃金v＋剰余価値m　………②

のちに第5章でみるように、cfとczは、不変資本の二つの部分であり、不変資本（constant capital）の頭文字cがついている。fは固定資本（fixed capital）の減価償却分を表す。この不変資本部分は生産過程において価値が増えず、投下された価値がそのまま商品に移転するだけであるから、不変資本である。ところが、労働力に投下された資本部分は、生産過程において価値増殖する。だから、この資本部分は可変資本（variable capital, 略称してv）である。可変資本が価値増殖した部分は、資本家の剰余価値mとなる。

スミスは、『国富論』（一七七六年）第1編第6章「商品の価格の構成部分」の第五パラグラフにおいて、②式に関連して次のように述べている。

「労働者たちが原材料に付加する（add to）価値は、二つの部分に分解され、その一つの部分は彼らの賃金を支払い、他の部分は、彼らの雇い主が前貸しした原材料と賃金との資本（stock）全部に対して雇い主に利潤を支払う。」

みられるように、労働者たちによって原材料に付加された価値は、付加価値（value added）であり、この付加価値が賃金ｖと利潤（剰余価値ｍと同じ）に分解するのである。スミスは、ここでは、労働者たちが労働によって原材料czに新しく付け加え創造した付加価値（ｖ＋ｍ）から、資本家が剰余価値ｍを横取りする、と明言しているのである。労働価値説、剰余価値説が説かれているのである。かくて、付加価値は次のように定式化できる。

付加価値＝賃金ｖ＋剰余価値ｍ　………③

この付加価値（ｖ＋ｍ）は、②式の総商品生産額から原材料費czと固定資本の減価償却費cfを引いたものである。

この③式の付加価値（ｖ＋ｍ）に、減価償却費（資本損耗）cfを足すと、国内総生産ＧＤＰ（Gross Domestic Product）となる。それが次の④式である。

国内総生産ＧＤＰ＝減価償却費（資本減耗）cf＋付加価値（ｖ＋ｍ）　………④

この④式のように、資本減耗cfを含んでいても、国内総生産ＧＤＰでは、「付加価値」と呼ばれている。

表1－2　名目国内総生産GDP

（参考）国内総生産1999年	
	兆円
産出額	933.3
－中間投入	424.5
付加価値（国内計）	508.8
＋統計上の不突合	3.8
国内総生産	512.5
＋海外からの所得（純）	6.4
国民総所得	518.9
（注）定義により、国内における付加価値の合計＝国内総生産	

（出所）内閣府経済社会総合研究所編『国民経済計算年報』2001年版、85ページ。

表1－3　付加価値

兆円

付加価値 508.8	営業余剰・混合所得 96.9
	雇用者報酬 277.3
	生産・輸入品に課される税－補助金(A) 38.9
	固定資本減耗 95.6

〈出所〉表1―2に同じ。

たとえば、内閣府経済社会総合研究所編『国民経済計算年報』各年版の最初にある「国民経済計算のポイント」のなかの「Ⅲ・日本経済の循環」の「(参考)国内総生産」には、表1―2のようにかかれている。一〇年前の一九九九年の数字でみよう。

表1―2にみられるように、国内産出額九三三・三兆円から中間投入(＝原材料費czのこと)四二四・五兆円を引くと、付加価値(国内計)五〇八・八兆円がえられる。これに「統計上の不突合」(不一致)を加えると、一九九九年の名目国内総生産GDP五一二・五兆円がえられる。内閣府経済社会総合研究所二〇一〇年三月一一日発表の二次速報値によると、二〇〇九年の名目GDPは、四七・四兆円(支出側)であるから、名目GDPは一〇年後に減っていることになる。二〇〇九年は〇八年九月一五日のリーマンショ

ック後の世界同時恐慌の翌年であるから、名目ＧＤＰは前年比マイナス八・一％も落ち込み、収縮したのである（ただし、同ホームページでは一九九九年の名目ＧＤＰ（支出側）は四九七・六兆円に訂正されている）。

元に戻って、「統計上の不突合」は、統計を取る場合の技術的な不一致であるから、これを無視すると、表の末尾に「定義により、国内における付加価値の合計＝国内総生産」とあるように、付加価値が国内総生産ＧＤＰである。かくて、

産出額（cf＋cz＋v＋m）－中間投入cz＝付加価値（cf＋v＋m）＝国内総生産ＧＤＰ（cf＋v＋m）
……⑤

となる。この⑤式は、先の④式と同じである。産出額には、資本減耗cfが含まれているから、付加価値にもcfが含まれており、また国内総生産ＧＤＰにも含まれている。だから、⑤式は④式に等しくなるのである。

表1—2の下のほうにあるように、国内総生産五一二・五兆円に海外からの純所得をプラスすると、国民総所得（＝国民総生産）五一八・九兆円がえられる。次の式が成立する。

国民総生産ＧＮＰ＝国内総生産ＧＤＰ＋海外からの所得の純受取（海外からの収入－海外に対する所得）

要するに、国内総生産ＧＤＰは、国内で生産された商品とサーヴィスの総計であり、国民総生産ＧＮＰ（Gross National Product）は、ＧＤＰに、海外から受け取る配当や利子や在外従業者の送金の純受取を加えたものである。

以前は、もっぱら国民総生産GNPが使われていたが、後述するように、最近は、経済のグローバリゼーションが進んでおり、それゆえ、海外からの所得が大きくなり、GNPでは正確に一国の経済の規模を示さなくなった。それで、いまでは、海外からの所得と関係のない国内総生産GDPが使われている。

表1―3の付加価値は、構成項目からして、国内総生産GDPと同じであり、付加価値に固定資本減耗cfが含まれていることがよくわかる。

付加価値＝雇用者報酬v＋営業余剰・混合所得m＋固定資本減耗cf＋生産・輸入品に課される税－補助金＝国内総生産GDP

また、同研究所のホームページの「統計の概要」の「Q&A」でも、国内総生産は「付加価値」であるとしている。

じつは、cfを入れた付加価値は、「粗付加価値」といえば、正確になる。国内総生産GDP（Gross Domestic Product）は、原語のとおり、「粗国内生産」または「国内粗生産」の意味であり、この「粗」がcfを意味している。国内総生産の「総」につられて、国内全部の総生産とだけとると、誤解が生じる。③式は純付加価値であり、表1―2と表1―3と⑤式の付加価値は、cfを含む粗付加価値である。

国内総生産GDPが「付加価値」であるから、③式と④式と⑤式では、当然ながら、原材料費cz（「中間財[(1)]」、「中間投入」）は、入っていない。たとえば、鉄鋼生産で生産された自動車用鋼板の価値または価格は、②式のように計算すると、今度は自動車に原材料費czとして入り込み、自動車の生産額に再現される。だから、二重計算になる。それで、GDPは、原材料費czを抜いて計算する。

先に、国内総生産GDP（Gross Domestic Product）のグロスgrossが「粗」という意味であるといったが、これに対して国民純生産（Net National Product, NNP）もある。これはcfを抜いており、国民所得（National Income）と同じであり、③式の付加価値と同じである。だから、次の式によようになる。

国民所得＝国民純生産NNP＝国民総生産GNP－資本減耗

2　物的商品の生産とサーヴィスの生産

国内総生産GDPでは、物的な商品生産ばかりでなく、サーヴィスの生産も入っている。⑤式の産出額は、サーヴィスの産出額をも含む。しかし、②式と③式の総商品生産額と③式の付加価値には、サーヴィスの生産は入っておらず、物質的商品の生産だけが入っている。物質的商品の生産額は、『国民経済計算年報』の第一部の〔付表〕の「2．経済活動別の国内総生産・要素所得」にある「（3）製造業」の「産出額（生産者価格表示）」に相当する。物質的商品の生産額は、広い意味では、「（3）製造業」だけでなく、「（1）農林水産業」や「（2）鉱業」や「（4）建設業」や「（5）電気・ガス・水道業」の産出額までをも含む。これ以外のサーヴィス生産を製造業の国内総生産GDPに加えると、生産者価格表示の国内総生産GDPがえられる。

マルクスも、サーヴィスの生産を当然としている。第1章の商品論、とくに価値論、労働価値説を説く論理の抽象段階においては、さしあたり、物的商品の生産だけを扱い、のちにサーヴィスの生産まで拡張すればいいのである。

事実、マルクスは、『資本論』第Ⅰ部第五篇「絶対的剰余価値と相対的剰余価値の生産」の第一四章「絶対的剰余価値と相対的剰余価値」のところで、「資本主義的生産はただ商品の生産であるだけでなく、本質的に剰余価値の生産である」と述べ、だから、生産的労働とは剰余価値を生産する労働であると、スミス以来長く論争されてきた生産的労働を明確にし、次いで「物質的生産の部面の外から一例」をあげる。この一例こそ有名な「教育工場」である。

「学校教師は、子供の頭脳を加工するだけではなく、企業家を富ませるための労働に自ら苦役する場合に、生産的労働者である。企業家は彼の資本を、ソーセージ工場の代わりに、教育工場に投下したということは、少しもこの関係を変えない。」（ＫＩ五三二ページ）

企業家つまり資本家に雇われた学校教師は、子供の頭脳を加工するだけでなく、企業家または資本家のために自分の苦役労働によって剰余価値を生産するから、生産的労働者である。企業家または資本家は、彼の資本を「ソーセージ工場」に投下しても、「教育工場」に投下しても、資本家と労働者との関係、剰余価値の生産の関係は少しも変わらないのである。

このマルクスのサーヴィス労働＝生産的労働説は、明快で当然の説である。しかし、長期間、旧ソ連邦やわが国のマルクス経済学界では、率直に受け入れられず、サーヴィス労働＝不生産的労働説が今日まで多数説である。この多数説の立場の人々は、なぜか右のマルクスの引用文言を無視する。言及しても、説得的でない。今日、このサーヴィス労働＝生産的労働説は、きわめて重要である。一〇〇〇社ある人材・労働者派遣会社、介護サーヴィス会社、吉本興業、ホリプロなどのいろいろないわゆるプロダクション、等々のサーヴィス産業が増大しているからである。大手の派遣会社、パソナグループ（ヘラクルス上場会社、会長竹中平蔵氏）の第二期（二〇〇八年六月一日〜二〇〇九年五月三一日）の売上高は、二一八六億九九〇〇万円、経常利益三三億六一〇〇万円である。東証第一部上場の介護最大手ニチイ学館の二〇〇九年三月期決算の売上高は、約二一三六億一〇〇万円、経常利益約八億円である。東証第一部上場会社の漫才などお笑いで有名な吉本興業の二〇〇九年三月期決算の売上高は、四八八億七一〇〇万円、営業利益三二億一三〇〇万円、純利益六億一三〇〇万円である。大手の派遣会社グッドウィルの違法派遣、大手の介護会社コムスンの介護費不正請求も話題になった。

一応②と③式は、物質的な商品生産の論理段階に属するが、これを拡張して、サーヴィス商品の生産を入れると、GDPにずっと近づく。

3　商品生産と国内総生産（GDP）

第1項でみたように、国内総生産GDPは、cfがあるにかかわらず、実質的に付加価値であり、国民所得でもある。だから、新聞などが、四半期（一年を四つに分けて、三カ月単位にしたもの）、たとえば一〇—一二月期のGDPを「国民所得統計」という見出しのもとで報道したりした。

国民所得は三つの面がある。スミスが最初に「労働者たちが原料に労働者たちが原材料に付加する(add to) 価値」という場合は、生産国民所得である。次に、この生産国民所得が「賃金を支払い」、「雇い主に利潤を支払う」という場合は、分配国民所得である。最後に、この分配国民所得つまり賃金と剰余価値は、労働者と資本家によって、それぞれ消費財や住宅、工場や機械などに支出され、支出国民所得になる。つまり、生産した国民所得を分配し、支出するのである。

かくて、国民所得について、次の三面等価の式が成立する。

生産国民所得＝分配国民所得＝支出国民所得

（支出側＝GDE、2000年暦年連鎖価格）

（単位：兆円、対前年比％）

政府			財貨・サービスの輸出入			開差	GDP
最終消費支出	固定資本形成	在庫品増加	純輸出	輸出	輸入		
98.5 (18.8)	19.7 (3.8)	0.2 (0)	16.3 (3.1)	67.6	51.3	2.1 (0.4)	525.2 (100.0)
1.6	6.0	—	—	−24.0	−17.0	—	−5.2%

GDP 速報 時系列表 2009年10～12月期（２次速報値）」2010年３月１日発表。

しかし、じつは、ＧＤＰや国民所得の考え方には、労働者の労働が原料に付加価値を追加し、その付加価値が賃金ｖと剰余価値ｍに分解する、という労働価値説の考え方がない。だから、表１―３の、生産国民所得とそれに対する分配国民所得は概念的には成立していない。表１―３では、生産国民所得（付加価値）は、単に営業余剰・混合所得（混合所得とは、個人業主の所得で、家計と混じっているもの）ｍと雇用者報酬ｖと固定資本減耗cfを足したものにすぎない。だから、生産国民所得と分配国民所得はじつは概念的には成立していない。生産と分配はスミスやリカード以来の経済学の永遠のテーマである。支出側からみた国内総生産ＧＤＰは国内総支出ＧＤＥ（Gross Domestic Expenditure）である。

表１―４は支出アプローチ（Expenditure Approach）つまり支出側からみた国内総生産ＧＤＰであり、国内総支出である。

支出主体は、家計、民間企業、政府、財貨とサーヴィスの輸出入の四つである。最大の支出は、家計の最終消費支出である。労働者たちは、労働して賃金をもらい、衣食住に支出し、労働力を再生産して、また労働する。この最終消費支出は、実質ＧＤＰの五八％を占める。だから、賃金が下がったり、派遣切りや正社員の解雇、賃下げなどがあると、こ

表1－4　2009年の実質国内総生産GDP

家　計		民間企業	
最終消費支出	住宅	企業設備	在庫品増加
304.7 (58.0)	13.2 (2.5)	70.5 (13.4)	0 (0)
－1.0	－14.2	－19.3	—

（出所）内閣府経済社会総合研究所「四半期別

の部分が前年比でマイナス一%収縮して、内需（国内需要）が減る。企業の設備投資も重要な支出であり、経済成長のエンジンである。家計の最終消費支出と企業の設備投資は、成長と発展の両輪である。しかし、民間企業設備は、前年と比べると、マイナス一九・三%と大きく落ち込んでいる。現在の不況の深刻さがわかる。輸出は外需（外国需要）である。日本は外需依存型経済である。だから、外国の景気に振り回されるのである。その輸出はマイナス二四%と大きく落ち込んだ。日本経済の外需依存型経済または外需依存型経済成長から、内需依存型経済または内需依存型経済成長に切り換えていかなければならない、といわれて久しい。医療、介護、新エネルギー、農業、教育などに人とカネを振り向けなければならない。

『国民経済計算年表』では、国内総生産ＧＤＰは、フローであり、「第一部　フロー編」にある。普通、一国の経済の規模は、ＧＤＰが国民所得であるから、このフローのＧＤＰで示されている。ストックは別途「第二部　ストック編」にある。アメリカがＧＤＰで一位であり、日本は二位であるが、一〇年には中国が二位に上がる可能性がある。中国は〇三年から年率一〇%以上の高率で経済成長をとげ、〇八年は落ちたが、中国国家統計局の一〇年一月二一日の発表によれば、〇九年の実質経済成長率は八・九%であり、〇八年比でマイナス〇・九ポイントである。また、一〇～一二月の第4四半期の実質成長率は前年同期比で一〇・七%である（速報値）。

$$\frac{\text{2009年の名目GDP474兆2188億円}-\text{2008年の名目GDP505兆1139億円}}{\text{2008年の名目GDP505兆1139億円}}=-6.1\%$$

$$\frac{\text{2009年の実質GDP525兆1707億円}-\text{2008年の実質GDP553兆9607億円}}{\text{2008年の実質GDP553兆9607億円}}=-5.2\%$$

経済成長率は、国内総生産ＧＤＰの増加率である。名目国内総生産（名目ＧＤＰ）は、その時々の市場価格（current price）で表示している国内総生産ＧＤＰである。これに対して実質国内総生産（実質ＧＤＰ）は、物価変動の影響を除いた国内総生産ＧＤＰのことである。名目国内総生産（名目ＧＤＰ）の成長率が名目経済成長率であり、実質国内総生産（実質ＧＤＰ）の成長率が実質経済成長率である。二〇〇九年の名目経済成長率と実質経済成長率は、上のように求める。

世界同時不況のさなか、二〇〇九年の日本のＧＤＰは、名目ＧＤＰはマイナス六・一％、実質ＧＤＰもマイナス五・二％になったのである。また、二〇〇九年の実質ＧＤＰ五二五・一兆円は、名目ＧＤＰ四七四・二兆円より大きいのは、デフレだからである。二〇〇九年のＧＤＰデフレーターは九〇・三であった。このＧＤＰデフレーターは、前年比でマイナス一％であり、国内需要デフレーターは、前年比でマイナス二・四％であった。デフレがさらに進んでいるのである。

注

（1）第Ⅳ節の価値形態論の最後が貨幣形態であり、すべての商品の価値が一定量の金《きん》で表されるから、価値といっても、一定量の金《きん》で表された価格である。

Ⅶ　商品生産のグローバリゼーション

1　マルクスの経済学体系のプランの世界市場と商品生産のグローバリゼーション

現代日本経済における商品生産の一大特徴は、図1―7の最大の輸送機械（自動車）産業に典型的にみられるような、商品生産のグローバリゼーションである。

マルクスは、一八五九年の『経済学批判』の序文やその他において、いろいろな経済学体系のプランをたてていた。これらのいろいろなプランを簡単に総合すると、次のようになる。

一　資本、二　土地所有、三　賃金労働、四　国家、五　外国貿易、六　世界市場と恐慌[1]

このプランの最後の項目が、「六　世界市場と恐慌」となっているのに注目しよう。一八世紀中頃のイギリスは、「世界の工場（workshop of the world）」として君臨し、綿製品をはじめとして、鉄道用鉄、土木機械、金属製品、その他の技術製品を輸出した。一八四二年から一八七三年までの時期には、貿易額は五〇〇〇万ポンドから二億四〇〇〇万ポンドへと急増した。年率にすると一四％も増大した。イギリスの輸出入市場は北ヨーロッパ、南ヨーロッパ、アフリカ、アジア、アメリカ合衆国、英領西インド諸島・北アメリカに広がり[2]、まさに世界市場である。マンチェスターは一八五〇年までに旋盤、平削り盤、形削り盤、ボール盤（ドリル）、中繰り盤、歯車切り盤などで、「世界の工作機械製造の中心地」（Rolt p. 114. 訳一四〇ページ[3]）となった。「ホイットワースの工作機械は世界の工場を支配した」（同 p. 121. 訳一四六ページ）。フォックスは「彼の工作機械をフランス、ドイツ、ポーランド、ロシア、モーリシャス島に輸出した」（同 p. 105. 訳一二四ページ）。ナズミスは有名な蒸気ハンマーを頭の重いものから軽いものまで見込み生産をし、カタログ販売をした。一八四三―一八五六年に四九三台生産し、そのうち一四八台をヨーロッパ、ロシア、インド、オーストラリア、北アメリカなどに輸出した（Cantrell, p. 165）[4]。工作機械も世界市場目当ての生産だったのである[5]。だから、恐慌も一国だけにとどまらず、同時に他国をも巻き込み、同時世界恐慌となった。プランの「六　世界市場と恐慌」は、的確な表現であり、経済学体系プランの最後を飾るのにふさわしい。

しかし、一九世紀末から二〇世紀はじめにかけて、資本主義は、一九世紀の産業資本主義段階から新しい帝国主義段階に入った。帝国主義とは、レーニン『帝国主義論』（一九一七年）[6]によれば、国内ではカルテル、トラストなどの産業独占、銀行独占、両者の癒着である金融資本が成立し、支配し、対外的には資本輸出が大きな意義をもち、列強による世界の分割が完了している段階のことである。それで、前掲プランの「六　世界市場と恐慌」だけでは、十分カヴァーできない資本輸出という新しい問題が発生した。たとえば、後述するように、日本の巨大自動車メーカーは、国内で生産した台数の六割近くを世界市場で販売しており、その限りでは依然として世界市場の問題領域にとどまるが、しかし、同時に自動車メーカーは、世界のいろいろな地域に海外直接投資を行い、多くの海外自動車生産工場をつくり、グローバルな生産をしていて、いまや、海外生産台数は国内生産台数を上回る。この海外投資は、資本輸出という新しい問題領域に属する。「世界市場と恐慌」は、いまや「グローバリゼーションと恐慌」に発展する。自動車メーカーは、二〇〇五年以降のアメリカの住宅バブルの崩壊に端を発する〇七年にすでに始まったサブプライム世界金融恐慌と同時に海外需要を失い、国内生産と同時に海外生産も、世界過剰生産恐慌に陥った。日本の自動車メーカーは、大きな打撃を受け、トヨタ自動車や日産自動車ですら大幅な赤字決算に陥った。

2 海外投資のグローバリゼーション

グローバリゼーションは商品生産のグローバリゼーションにとどまらない。さらには、資本輸出のグローバリゼーションがある。先進国では、工業の過剰資本と同時に過剰金融資本が発生する。過剰金融資本は、グローバリゼーションによって自由化された途上国の資本市場になだれこむ。投機的なヘッジファンドは、途上国になだれこみ、途上国をさんざんくいものにしたあげく、巨額の利益を手にして、そうそうに立ち去る。ヒット・アンド・アウェイ戦法である。たとえば、一九九七年のアジア通貨危機の前に、アメリカはタイ国に資本の自由化を要求し、成功した。それで、ヘッジファンドをはじめとし、多額のアメリカの投機資本が流れ込んだ。この投機資本は、ビル、マンション、土地を買い漁り、バブルを引き起こした。しかし、タイの貿易収支の悪化をきっかけに、これらの投機資本は、引き潮のごとく、多額の利益とともに逃げ去った。それで、通貨バーツは暴落し、タイ経済は大混乱に陥った。タイ経済の混乱は、「大洪水よ、わが亡きあとに来たれ」(KⅠ二八五ページ)、「あとは野となれ山となれ」を実証している。

3 グローバリゼーションの本質―アメリカによる未発展国の経済的収奪―

第1項でみた二〇世紀はじめの古典的な帝国主義の現代版が、グローバリゼーションである。グローバリゼーションは新帝国主義、新植民地主義である。

グローバリゼーションの語源の元は、名詞globe（地球）である。その形容詞はglobal（グローバル地球的）であり、そのグローバル（global）の動詞は、globalize（地球化する、世界化する）である。この動詞globalizeを名詞化したものが、globalizationであり、地球化、世界化、地球的規模化または世界的規模化という意味である。普通、グローバリゼーションという場合は、資本やビジネスを地球的規模、世界的規模で展開する、というような意味で用いられている。

一見して、このようなグローバリゼーションの意味からすれば、別に問題はないとみえる。しかし、この語には裏がある。この語は、一九九〇年代から二〇〇〇年にかけて広まったが、世界各国、とくに世界の発展途上国や、未発展弱小国から提唱された語ではけっしてない。グローバリゼーションは、世界一の経済大国アメリカが、発展途上国やまだ発展途上にもついていない弱小諸国に対して要求してきた市場開放である。もちろん、他のイギリス、ドイツ、フランス、日本などの先進資本主義諸国は、自分たちの利益になるから、アメリカに従う。

アメリカは、高い資本蓄積によって工業化を十分に達成し、ハイテク産業をも十分に発展させてきた。アメリカの商品生産は、すでに過剰蓄積の域に達し、過剰生産能力を抱え、過剰生産に陥っている。金融資本も過剰蓄積されている。もはや、国内市場だけでは不十分である。だから、アメリカは、これらの過剰な工業製品、過剰なハイテク製品、過剰な金融貨幣資本のはけ口を求めて、グローバリゼーションを未発達国に要求する。アメリカやその他の先進国は、自動車、精密機器、電器製品、発電用大型風車、石油化学製品、化学肥料、鉄鋼、太陽電池発電システム、原子力発電所、航空機、ロボット、ＣＮＣ工作機械、コンピュータ、コンピュータの心臓部をなすインテル社のＣＰＵ（central processing unit, 中央演算処理装置）またはMPU（micro processing unit）、マイクロソフト社のウインドウズやインターネット・エクスプローラーなどのソフトウェア、マラリア・エイズなどの特効薬、バイオ製品、映画・音楽のCDやDVDなどを、グローバリゼーションによって開かれた途上国に投下労働価値以上の価格をつけて販売する。他方、途上国は、バナナ、パイナップル、ピーナッツ、オレンジ、グレープフルーツ、コーヒー豆、ココア、エビ、トマト、野菜などの食料品、おもちゃ、ラワン材、鉱物、民芸品などを、投下労働価値以下の価格で先進国に販売する。この価格差は、シェーレ（はさみ）状価格と呼ばれ、国際的な不等価交換である。アメリカの小麦、トウモロコシ、米などの農産物も、機械化された大規模農業の大量生産であり、しかも安い移民労働者を使い、政府補助金つきであるから、価格が安く、途上国の市場を食い荒らす。途上国の伝統的な家族農業は壊滅的打撃をうけ、荒廃し、棄民化する。メキシコへの安いアメリカ産トウモロコシの「輸入の洪水（flood）」は、メキシコ南部の農業地帯で家族経営が生産するトウモロコシを駆逐して、農民を困窮させ、農地から追放する。「農村人口の約八一％が貧困の中で生活」しており、全国の貧民の二五％以上が農村に住む。マテロやメキシコ南部農村出身のサバダなどがもたらした一八一〇―二〇年のメキシコ革命のときのメキシコ憲法で施行された土地の再分配プログラムは、貿易、金融、投資の自由化と知的財産の保護を内容とする一九九四年発効のナフタ（NAFTA, 北米自由貿易協定）の外国の投資家保護条項によって八〇年ぶりに放棄された。小農民は債務のために土地を追われ、一五〇〇万人が都市などに移住した。他方、アメリカ資本の農業ビジネス（agribusiness）の利潤は、二倍、三倍に急増している(7)。

また、アメリカの余剰貨幣金融資本は、途上国に外国直接投資（FDI, foreign direct investment）をなし、現地生産工場を買収するか、現地工場を建設して、現地労働力を安い低賃金で搾取する。余剰金融資本は、途上国のビルやマンションや土地を買占め、また銀行などの金融機関を支配する。アジア通貨危機のとき、韓国はＩＭＦ（international monetary fund 国際通貨基金）からドルを借り、それがためにＩＭＦの要求する金融自由化を受け入れ、その結果、韓国の銀行はアメリカの銀行に乗っ取られ、支配されている。

グローバリゼーションは、大国の論理である。弱い者を犠牲にして、もっともっともうけようという大国の発想である。グローバリゼーションは、強者アメリカが、発展途上国や弱小国家などの弱者に対して、自分たちの前述のＣＰＵやソフトウェアなどの知的所有権、マラリヤの特効薬やエイズ治療薬など製薬会社の製薬特許、音楽や映画そのもの、音楽ＣＤや映画ＤＶＤなどのソフトの知的所有権を遵守《じゅんしゅ》せよ、カネを払って使え、自由な資本投資、資本移動、ハイテク商品の輸出を認めよ、門戸解放せよ、という要求である。特許そのものが、発明者の利益保護をうたいながらも、結局は、特許独占である。産業革命時にも、一七六九年から一八〇〇年まで三一年の長きにわたってつづいたワットの蒸気機関特許が、蒸気機関の独占を許し、独占価格が設定され、産業の発展にとって大きなマイナスとなった。(8) キュリー夫妻は、ウラン鉱石からラジウムを精製分離するのに成功したときに、アメリカ人の特許買取りの申し出を断り、特許をとらなかった。そのためにレントゲンや今日のガン放射線治療が急速に広がった。

ＵＮＡＩＤＳ（国連エイズ合同計画）の「AIDS Epidemic Update 2009」によれば、二〇〇九年の世界のエイズ感染者は三三四〇万人であり、同年の新規感染者は二七〇万人、死亡者は一七〇万人である。これらの推定の七割近くが、サハラ砂漠以南のアフリカ人である。貧しい人々は、エイズ治療薬が高価であるため、手に入らない。そこで、ブラジル、南アフリカ、インドなどが、大手製薬会社の独占価格の一〇分の一ほどの安い価格の複製薬《コピー》を生産したが、大手の製薬資本、アメリカのファイザーやスイスのロッシュは、特許侵害だと訴訟をおこした。その後、ＷＴＯ中心に三年ほど議論が行われた。特許による独占利潤が、貧困者を苦しめる。

グローバリゼーションは、弱肉強食のジャングルである。強い者が弱い者の肉を食うのが、グローバリゼーションである。グローバリゼーションはアメリカの覇権主義であり、新自由主義[9]、市場原理主義のグローバル版である。その証拠が『二〇〇一アメリカ経済白書』にある。

4 『二〇〇一アメリカ経済白書』

アメリカの当時の大統領クリントン氏は、二〇〇一年一月、アメリカ議会への「大統領経済報告」において、「われわれの経済戦略は、世界中の市場を開放することに重点を置いてきた」と述べている。アメリカの経済戦略は、グローバリゼーション、すなわち世界中の市場開放である。この市場開放は、もちろん商品市場の開放だけではなく、資本市場の開放、自由な資本移動まで含んでいる。クリントン氏は露骨に、中国市場の開放は「小麦から自動車、コンサルタント・サーヴィスまで……アメリカの会社が財をよりうまく売ることができる」（pp. 4-5. 訳『二〇〇一アメリカ経済白書』二七―二八ページ）と述べている。このように、グローバリゼーションは、世界一の経済大国アメリカが発展途上国に市場開放を迫り、余剰農産物の米やとうもろこし、ハイテク商品の自動車、コンサルタント・サーヴィス、水道サーヴィス、保険サーヴィスなどのサーヴィスまで広範囲にわたる販売を可能にする。グローバリゼーションは、大国が小国に対して、一方的な利益の吸い上げ、一人勝ちを狙ったものである。

同白書の主要部分をなす『二〇〇一年経済諮問委員会年次報告』でも、「グローバリゼーションが技術革新と投資を促進することにおいて……決定的な役割を果たしてきた」と述べている。グローバリゼーションは「拡大された市場を利用できるようにする。それは、あらかじめ大規模な研究開発投資支出を要する活動にとって非常に重要な規模の経済を支える。」「より低い価格でより多様な種類の枢要な輸入部品によってアメリカの企業は、「自分たちの知識と技能を最も上手に利用できる活動に集中できる」(p. 145. 訳一二二―一二三ページ)。「グローバリゼーションは、競争を強めることによってイノベーションだけでなく、新しいテクノロジーの採用に駆り立てる。これはこれで、革新的な財に対していっそう大きな市場を、そうして革新を行う人々に対してより大きな報酬を創出する。」「多国籍企業は地球的規模で自らの活動を調整し、サプライ・チェインを管理できる。……グローバリゼーションはまた、高い投資率を支えるのを助け、それが現在の経済拡大において重要な役割を果たしている。」(p. 146. 訳一二三ページ)。

みられるように、グローバリゼーションは、「市場」の「拡大」であり、それによる「技術革新と投資」の促進、「大規模な研究開発投資支出」に見合う「規模の経済」の実現である。「新しいテクノロジー」を採用し、インテルのパソコンの心臓部をなすマイクロ・プロセッサー（CPU＝MPUと同じ）やマラリヤやエイズや新型インフルエンザの特効薬などの「革新的な財」の新市場を創造し、「大きな報酬」がえられるのである。また、グローバリゼーションは、「多国籍企業」が「世界的規模で自らの活動を調整」し、途上国や後進国を原材料供給の「サプライ・チェイン」として、それを「管理」する。最後に、グローバリゼーションは、アメリカの「高い投資率を支え」、「現在の経済拡大」をもたらしているのである。

このように、グローバリゼーションは、アメリカにとって、いいことづくめであり、大きな利益になる。

5　反グローバリゼーション

このようなアメリカにとってのおいしい大きな利益を裏返せば、グローバリゼーションは、発展途上国や後進国にとっては、自国の市場をアメリカに食い荒らされて、利益を吸い取られ、貧しくなる、ということである。自分たちの利益にならないならば、アメリカはグローバリゼーションを強力に推進する意味がない。グローバリゼーションによって、富める国はますます富み、貧しい国はますます貧しくなる。

グローバリゼーションは、鉄鋼、自動車、石油化学、コンピュータ、ソフトウエア、薬品、金融、その他のハイテク製品などのアメリカの独占を可能にし、発展途上国や弱小国にはせいぜい部品生産、農産物生産を許すだけとなる。これでは、いつまでたっても、発展途上国や未発展国は、先進工業資本主義諸国のような工業国にはなれない。グローバリゼーションは、先進的な工業と技術、豊かなマネー、投資源泉をもつ経済大国とこれらをもたない経済貧国を固定化する。

グローバリゼーションは、豊かな国アメリカなどが貧しい国を搾取・収奪することを意味する。グローバリゼーションは、アメリカの覇権主義であり、新自由主義、市場原理主義のグローバル化である。グローバリゼーションは、先進国と途上国との間の富の不平等、所得の不平等の解消にならない。むしろこれらの不平等を拡大する。グローバリゼーションは、貧富の格差をなくすのではなく、拡大再生産する。

だから、大国のグローバリゼーション要求に対して、弱小国は反グローバリゼーションを唱える。その象徴的な出来事が、一九九九年一一月三〇日から一二月三日にかけてシアトルで開かれたＷＴＯ（世界貿易機関）第三回閣僚会議のときの反グローバリゼーションである。アメリカなどの先進国はグローバリゼーションを求め、多数の発展途上国などは、グローバリゼーションに反対し、結局、何も決められずに会議は終わった。各国からのＮＧＯ（グリーンピースなど）、農業団体、消費者団体、労働組合（ＡＦＬ－ＣＩＯ〔アメリカ労働総同盟産業別会議〕）などの五万―一〇万人の人々も、シアトルに集結し、大企業の利益だけになる貿易や投資のグローバリゼーションに反対した。(10)グローバリゼーションは、アメリカナイゼーションである。

アメリカに対する反グローバリゼーションは、南米や中米でも渦巻いている。アメリカは、過去において、南米や中米を「アメリカの裏庭」とみなし、欲しいままに侵略し、支配し、搾取し、収奪してきた。一九九〇年代にはアメリカは、南米や中米の各国に対してアメリカにとって都合のいい新自由主義や米・カナダ・メキシコ間のＮＡＦＴＡを拡大採用するように圧力をかけた。新自由主義やＦＴＡ（自由貿易協定）は、グローバリゼーションそのものである。これまで、さんざんアメリカの食い物にされてきた南米諸国はこれに反対した。グローバリゼーションがアメリカの利益になっても、自分たちの利益にならないからである。南米では次から次へと反米左派・中道政権が誕生した。いまや南米一二か国中、アルゼンチン、ブラジル、チリ、ペルー、ベネズエラ、エクアドル、ボリビア、ウルグアイ、パラグアイなどの九カ国が反米である。中米でもニカラグア、グアマテラ、ホンジュラス、エルサルバドルで反米政権が誕生した。選挙で選ばれたベネズエラのチャベス大統領は、アメリカが支配し利益をあげてきた埋蔵量世界第六位の油田を国有化した。チャベスは、石油の利益を原住民や貧困層の援助に回し、教育や医療を無料にしている。

注

（1）松石勝彦『資本論の基本性格』大月書店、一九八五年、三―一七ページを参照。

（2）J. D. チェンバーズ『世界の工場―イギリス経済史　一八二〇―一八八〇―』、宮崎犀一、米川伸一訳、岩波書店、一九六六年、一一〇、一一二ページを参照。

（3）L. T. C. Rolt, *Tools for the Job*, 1965. 磯田浩訳『工作機械の歴史』平凡社、一九八九年。

（4）J. A. Cantrell, *James Nasmyth and the Bridgewater Foundry*, 1984.

（5）以上述べたことについては、松石勝彦『資本論と産業革命』青木書店、二〇〇七年、二六六―二七七ページを参照。

（6）ヴェ・イ・レーニン『資本主義の最高の発展段階としての帝国主義』一九一七年、『レーニン全集』第二二巻所収、大月書店、一九五七年。その他、文庫本でも訳書がある。

（7）Public Citizen, *Down on the Farm: NAFTA'S Seven -Years WAR on Farmers and Ranchers in the U.S., Canada and Mexico*, June 2001, pp. 8, 29（ＰＤＦのページ）。所康弘「北米地域統合（NAFTA）と域内国へのその諸影響―米国とメキシコを中心に―」一橋大学経済研究会、二〇一〇年一月九日の報告でも言及があった。

（8）松石前掲『資本論と産業革命』二二六―二二七ページ、二四一―二四二ページを参照。

（9）スーザン・ジョージは「新自由主義的グローバリゼーション」と的確に述べている（『オルター・グローバリゼーション』杉村昌昭・真田満訳、作品社、二〇〇四年、二二頁）。その実例は、デヴィッド・ハーヴェイ『新自由主義』渡辺治監訳、森田成也ほか訳、作品社、二〇〇七年に豊富にある。

（10）たとえば、佐久間智子「包囲されるグローバリズム」『世界』二〇〇〇年二月号を参照。

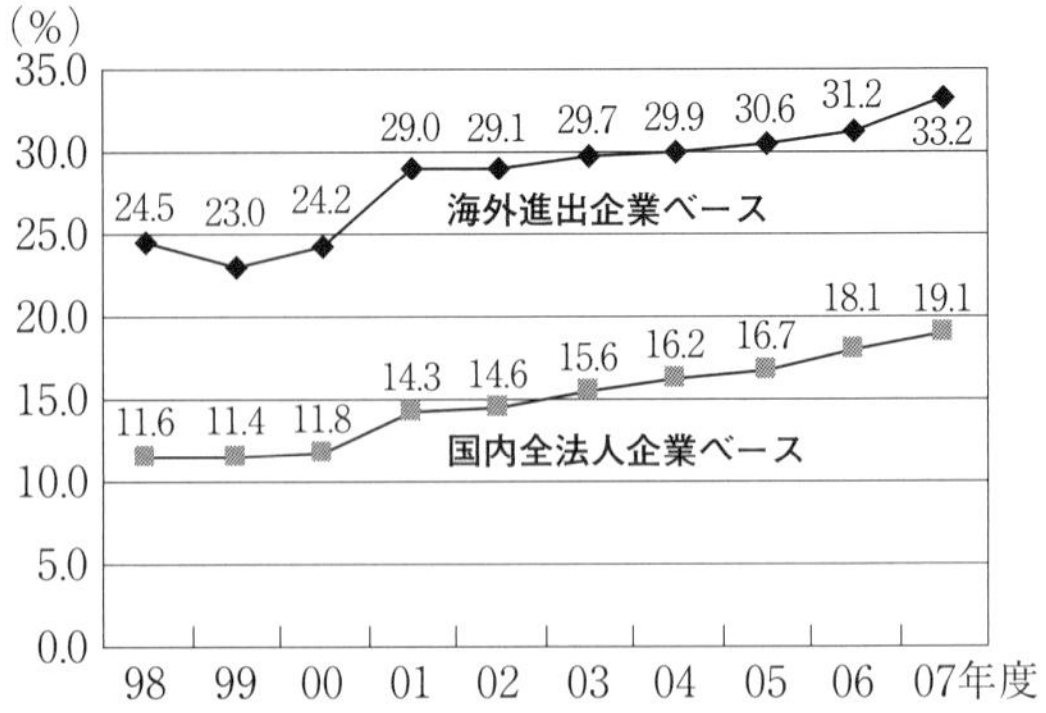

図1－9　海外商品生産比率の上昇

注　国内全法人企業ベースの海外生産比率＝現地法人売上高／(現地法人売上高＋国内法人売上高)×100.0
海外進出企業ベースの海外生産比率＝現地法人売上高／(現地法人売上高＋本社企業売上高)×100.0
(出所) 経済産業省「第38回海外事業活動基本調査」2009年5月25日公表（ホームページより）。

Ⅷ　日本製造業企業のグローバリゼーション

最も新しい経済産業省「海外事業活動の基本調査」によると、図1―9からわかるように、日本の製造業の海外生産比率は、国内全法人企業ベース（現地法人製造業売上高÷現地法人製造業売上高＋国内法人製造業売上高）でみると、一九九九年度の一一・四％から一貫して上昇しており、二〇〇七年度（二〇〇七年四月一日～二〇〇八年三月三一日）には過去最高の一九・一％に達している。現地と国内を足した売上高の二割弱が海外生産である。また、海外進出企業ベース（現地法人製造業売上高÷現地法人製造業売上高＋本社企業製造業売上高）でみても、海外生産比率は、一九九九年度の二三・〇％から一貫して上昇しており、二〇〇七年度にはこちらも過去最高の三三・二％に達している。

製造業の業種別の海外生産比率は、二〇〇七年度には、やはり自動車などの輸送機械が四一・〇％と最も高い。その次がテレビ、パソコンなどの情報通信機械で三二・二％である。化学も最近現地生産が増え

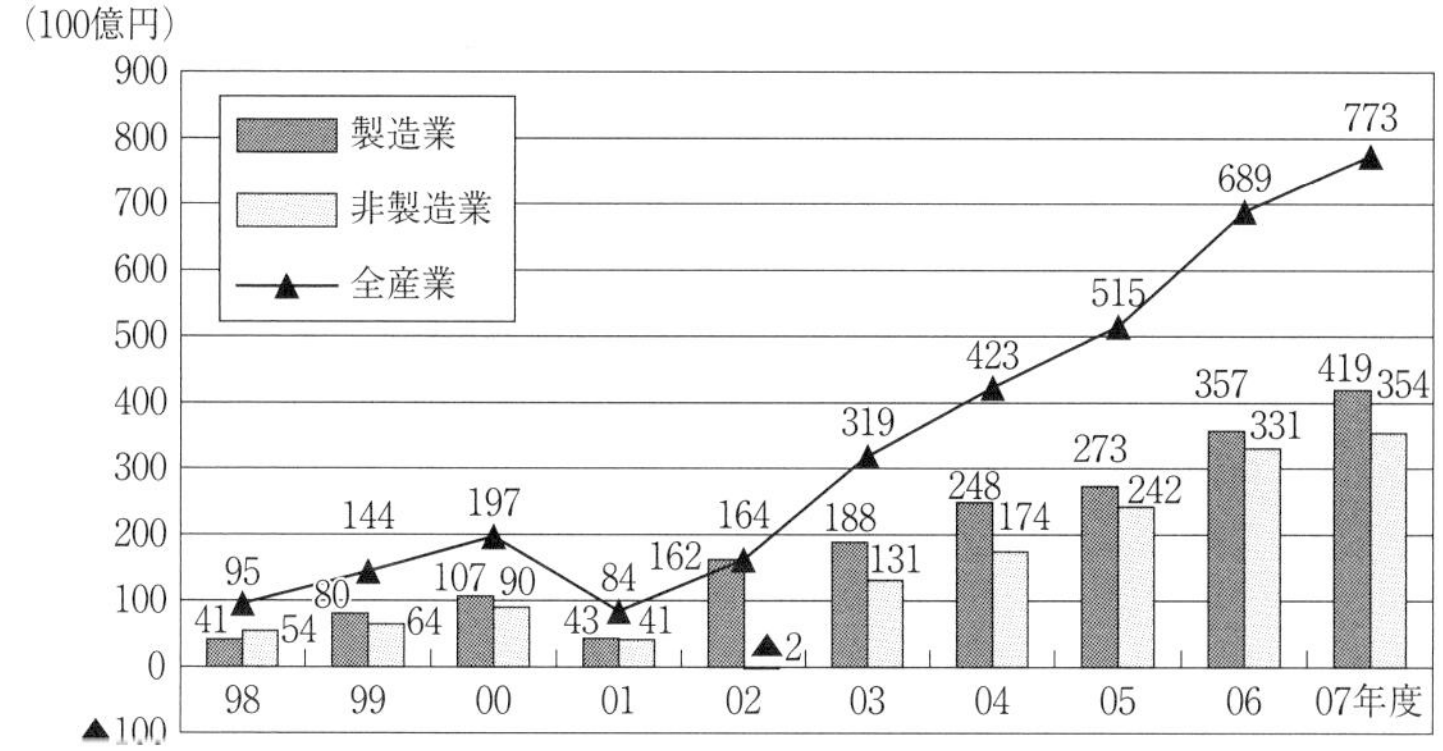

図1-10　当期純利益の推移

（出所）図1-9に同じ。

表1-5　製造業の現地法人と国内法人の売上高経常利益率

	01	02	03	04	05	06	07年度	平均
現地法人	2.2	4.1	4.5	4.9	4.8	5.0	5.2	4.4
国内法人	2.8	3.2	3.9	4.8	5.0	5.3	5.1	4.3

（出所）図1-8に同じ。

てきており、一六・六％である。一般機械の現地生産は一四・四％である。

製造業企業が現地生産するのは、現地で販売するためである。現地・域内販売比率は、アジアで七三・〇％、北米で九三・九％、ヨーロッパで九三・二％と増えている。だから、日本への販売比率はアジア一九・一％、北米二・二％、ヨーロッパ一・七％と低下しており、低い。

他方、製造業企業の原材料・部品などの現地調達比率は、アジア二八・〇％、北米二八・八％と減っており、少ない。日本からの調達比率は、アジア二八・〇％、北米二八・八％と低下するも、けっこう多い。

現地法人は、中国、ベトナム、インド、その他のアジアで増加している。金融恐慌・過剰生産恐慌からなかなか立ち直れないアメリカ、ヨーロッパ、日本などの先進資本主義国を尻目に、いまやアジアが世界経済のエンジンであり、成長センターなのである。中国の実質経済成長率（実質GDP成長率）は二〇〇四年から二〇〇七年まで一〇％以上であり、〇八年は九・八％であり、〇九年でも八・九％を上回る見込みである。他方、アメリカや日本はマイナス五％成長と予想されている。ドイツは、二〇〇九年の実質国内総生産GDP（速報値）が前年と比べて五・〇％減少し、戦後最悪となったが、日本同様、経済成長の牽引車だった輸出や民間設備投資が大きく落ち込んだからである。

図1―10は、現地法人の当期純利益の推移を示す。みられるように、製造業の純利益は、ITバブルの崩壊後の二〇〇二年からの景気回復を反映して、急上昇している。二〇〇七年度の当期純利益は、約四・二兆円であり、前年度と比べると一七・三％増加である。当然ながら、この高利益の結果、内部留保が増大し、内部留保残高もまた増大している。

表1―5によれば、製造業の現地法人の売上高経常利益率は、国内製造業法人と比べても、劣らない。平均をとると、現地法人と国内法人では、ほとんど差がない。

IX　日本の自動車生産のグローバリゼーション

1　日本の自動車生産のグローバリゼーション

図1―7にみられるように、日本の最大の商品生産は、自動車生産である。自動車生産は、製造工業商品の出荷総額の二割弱を占める。しかし、日本の自動車生産台数は、いまや、国内生産台数（二〇〇九

年、一一五六万三六二九台）よりも海外生産台数（同年、一一六五万台）のほうが大きくなっている。自動車生産のグローバリゼーションである。もちろん、グローバリゼーションといっても、自動車生産の場合は、自動車大国アメリカにおける生産台数は二〇〇八年に二八九万台と多い（比率約二五％）。二〇〇九年、アメリカ自体の自動車販売台数は前年と比べて二〇％以上減少し、約一〇四三万台に減ったが、中国の自動車販売台数は、前年と比べて四六％も増加し、一三六四万台に達し、アメリカを抜いて、自動車販売台数で世界一になった。また、二〇〇九年の中国の自動車生産台数は、前年と比べて四八％も増加し、一三七九万台に達した。日本は二〇〇八年の生産台数が一一五六万台で世界トップであったが、二〇〇九年の生産台数は七九三万四五一六台であるから、中国の二〇〇九年の生産台数は世界一である。

日本の自動車海外生産台数は、二〇〇五年まではアメリカにおける海外生産台数が第一位であった。しかし、二〇〇五年以降は日本の海外自動車生産は、アジアにおける日本の海外生産台数が、アメリカにおける海外生産台数を追い抜いた。アジアの急成長とそれを反映した空前の自動車ブームの結果である。二〇〇九年七―九月期、アジアのシェアは五〇％に達した（表1―6）。とりわけ、中国とインドの経済成長と自動車需要の成長が著しい。

一九七〇年代、日本の自動車の海外輸出、とりわけアメリカへの輸出は激増した。一九七〇年の全体の輸出台数は一〇八万六七七六台であったのが、一九七五年に二・五倍の二六七万七六一二台に激増し、一九八〇年には一九七五年と比べて一・二倍の五九六万六九六一台に急増した。そのなかでアメリカへの輸出台数のシェアは高い。それで、アメリカの自動車産業が痛手を受け、自動車労働者が失業した。かくて、貿易摩擦となった。アメリカの強力な圧力があり、ついに一九八一年に日本の乗用車の輸出自主規制が始まった。その後も半導体などを加えて、日米貿易摩擦はもっと深刻になり、乗用車の自主規制は一九九三年度までつづいた。このような日米貿易摩擦を避けるべく、日本の自動車メーカーは、海外生産の道を余儀なくされ、海外進出にかじを切った。一九八二年一一月にホンダがトップを切って、アコードやアキューラなど乗用車のアメリカ現地生産を開始した。日産が一九八三年六月に生産開始した。トヨタは出遅れていたが、日本で利益をあげるのも、アメリカで利益をあげるのも同じことと割り切り、一九八四年一二月にカローラなどを生産開始した。その後、ぞくぞくと日本自動車メーカーのアメリカ現地生産がつづいた。いまや、ホンダ、日産、トヨタだけでなく、いすゞ、日野、富士重工、マツダ、三菱なども、アメリカで現地生産をしている。部品生産や二輪車生産も含めてアメリカに一九の生産工場がある。

カナダでも、スズキ、トヨタ、日野、ホンダなどの日本の自動車企業は、五工場で現地生産している。

中国でも、トヨタ、日産、日産ディーゼル、ホンダ、マツダ、三菱、ヤマハ（二輪車生産）などの日本の自動車会社は、計三六工場において現地生産を展開している[1]。しかし、一九八〇年代に日本の自動車会社は、中国進出に出遅れた。アメリカ市場を重視し、アメリカに重点投資をしていたからである。また、日本の自動車会社は、中国でのビジネスの不安定をいやがったからである。ところが、ドイツのフォルクスワーゲン（ＶＷ）社が敢然と一九八一年に上海汽車と合弁会社を設立した。一九八八年、私が中国南開大学で教えて、その後北京、上海、広州、南京、杭州、開封、西安と講演旅行したときには、街には上海フォルクスワーゲンの小型乗用車「サンタナ」のタクシーやマイカーがあふれていた。それがために現在でも、図１―11のように、上海汽車（汽車は自動車の意味）ＶＷと第一汽車ＶＷは、販売シェアで第一位を占め、一六・九％である。ＶＷが先に乗り込んだメリットが大きい。第二位は韓国の現代自動車九・八％

である。第三位は上海GM八・七%である。GMもはやくから中国進出をはたしていた。これにトヨタ七・八%、ホンダ（広州汽車との合弁）六・八%、ルノー・日産（日産は東風との合弁）六・四%、奇端汽車（中国）五・六%、吉利三・七%がつづく。その他は中国の多くの小さなメーカーであろう。トヨタは、長春市の第一汽車集団との合弁会社でプリウス一万台、天津市の一汽トヨタでヴィオス、カローラ、クラウン、レイツなど四二万台、広州市の広州トヨタでカムリ、ハイランダーなど三六万台、四川省成都市でコースター、ランドクルーザー、プリウスなど一・三万台の生産能力をもっている。トヨタは、長春の二〇〇八年に中断していた年産能力一〇万台の新工場建設を再開し、二〇一〇年秋に生産開始する見込みである。[2] 日本の有名メーカーの立ち遅れが目立つ。トヨタは二〇一〇年に江蘇省常熱市にテストコースまで備えた現地車開発拠点をつくる予定である（『日本経済新聞』二〇〇九年一一月五日）。ホンダも武漢市にある東風本田汽車の工場の隣接地に乗用車の新しい第二工場をつくり、二〇一一年に生産開始する。急速に成長する中国自動車市場を目指して、今後日本のメーカーも中国市場で生産と販売を増やすであろう。乗用車八社の二〇〇九年一〇月の海外生産台数は、約二割が中国での海外生産台数である（『日本経済新聞』二〇〇九年一一月二八日）。

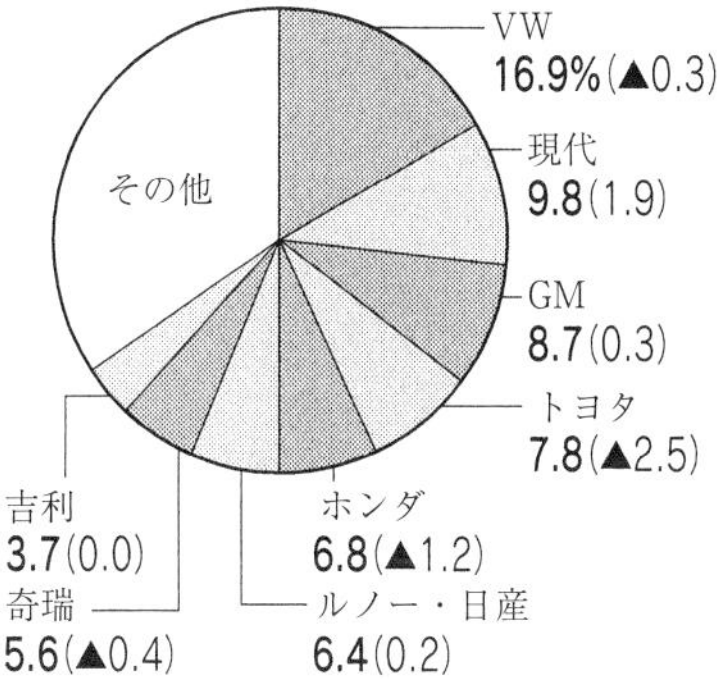

図1－11　中国の乗用車販売のブランド別シェア（2009年1―10月、カッコ内は2008年通年比増減ポイント）

注　米調査会社J・D・パワー・アンド・アソシエイツの資料をもとに作成。グループ内ブランドも含む。台数ベース。▲はマイナス。

（出所）『日本経済新聞』2009年11月26日。

南アジアのインドとパキスタンでも、日本の自動車メーカーが現地生産を行っている。インドでは、スズキが一九八二年に合弁会社 Maruti Suzuki India Ltd（マルチ・スズキ・インディア、スズキ出資五四・二％）を設立し、翌年一二月に小型車生産を開始した。前述のように、日本の自動車会社は、ホンダが最初に一九八二年一一月にアメリカで現地生産を開始し、他社も検討中のころに、スズキはインドで一九八三年一二月に生産を開始したのである。それで、いまではシェア約五〇％を占めている。一二億人の人口のインドは、中国同様に、自動車市場が急激に成長しており、スズキは現在新工場を予定している。スズキは、一九八六年にGMと合弁会社CAMIをカナダで設立し、一九八九年一〇月に生産開始していたが、二〇〇九年一二月四日に解消した。そして二〇一〇年一月九日にスズキとドイツのフォルクスワーゲン社が資本と業務提携で合意した。一五日にフォルクスワーゲンが二二〇〇億円を投じて、スズキの発行済み株式の一九・九％（スズキが前述のCAMIから買い戻した自社株分）を取得し、筆頭株主になった。スズキも最大限二・五％のVW株を取得する。このスズキ―VW連合は、二〇〇九年一―九月で世界販売台数が六五〇・七万台であり、トヨタの五六四・六万台を上回る。世界最大の自動車連合が誕生したのである。〇九年四―九月期のトヨタは最終損益が五六〇億円の赤字であったが、スズキは一二五億円の黒字であり、VWは〇九年一―六月期に六・六兆円の黒字である（『日本経済新聞』二〇〇九年一二月一〇日）。前述のように、VWは中国市場では約一四％の販売シェアを占めるが、インドでは弱く、スズキのインドにおける販売シェア五〇％が魅力であるし、スズキは環境車の開発で出遅れており、VWの環境技術が魅力である。スズキの四輪車生産台数は、二〇〇八年に国内一一三万九〇八五台、海外一三五万四五七二台であり、海外生産の方が多い。海外販売台数は西アジアが七九万九四四三台で、全体一六四万一一七六台

表1-6　日本自動車メーカーによる海外生産台数の地域別シェア（2009年第3四半期〔7～9月〕）

%

アジア	欧　州	北米	うちアメリカ	中南米	アフリカ	大洋州	計
50.4	12.2	27.0	21.5	7.8	1.6	0.9	100.0

の約四九％を占める。[3] インドではスズキのほかにもトヨタ、ホンダ、三菱、ヤマハが海外生産をしており、スズキを含めて、計一〇生産工場がある。インドは成長が著しい新興国であり、今後、日本メーカーのインド進出が加速するだろう。トヨタは二〇一〇年に現地向けの低価格車の組立新工場を建設する予定である（『日本経済新聞二〇〇九年一一月五日』）。

インドでトヨタや日産が新工場建設を計画しているのに合わせて、日本の鉄鋼メーカーも、合弁会社を設立し、現地生産をする。ＪＦＥは、インドの大手の鉄鋼会社ＪＳＷスチールと包括提携し、大型製鉄所二つを建設して、三二〇〇万トンの生産を二〇二〇年までに確立する（『日本経済新聞』二〇〇九年一一月二〇日）。新日本製鉄、住友金属工業も合弁会社を検討している。神戸製鋼はすでに現地会社と技術提携している。

東南アジアでは、日本の自動車メーカーのほとんど各社が、海外生産を行っている。インドネシア（一二社、一九工場）、タイ（一一社、二二工場）、フィリピン（一二社、一七工場）、ベトナム（八社、九工場）、マレーシア（八社、一〇工場）、ミャンマー（スズキのみ）、カンボジア（スズキのみ）で海外生産を展開している。

日本メーカーは欧州、ロシアでも海外生産を行っている。イギリス（トヨタ、日産、ホンダ、三工場）、イタリア（ホンダ、ヤマハ、三工場）、オランダ（三菱）、スペイン（スズキ、日産、ホンダ、ヤマハ、五工場）、チェコ（トヨタ）、ハンガリー

（スズキ）、フランス（トヨタ、ヤマハ）、ポーランド（いすゞ、トヨタ、三工場）、ポルトガル（トヨタ、三菱ふそう）、ロシア（いすゞ、トヨタ）で海外生産を展開している。

日本自動車メーカーによる海外生産台数の地域別シェアは、表１―６のとおりである。みられるように、圧倒的にアジアが多く、約五〇％を占める。次に多いのが北米で約二七％であり、アメリカは約二二％を占める。海外生産はアジアと北米で約七二％を占める。

以上みたように、日本の自動車メーカーは、世界二二カ国において、一七八工場で海外生産を行っているのである。これは、自動車生産のグローバリゼーションである。

2　日本の自動車のグローバリゼーション―輸出と海外生産とアメリカ依存の体質―

図１―12は、日本の自動車生産全体のグローバリゼーションを示している。自動車の国内生産は、一九九九年の九八九万台からピークの年の二〇〇七年の一一六〇万台に増えた。国内生産のうち輸出に回ったのが、一九九九年には四四一万台である。輸出比率は四四・六％であった。〇八年には輸出は六七三万台であり、輸出比率は五八・二％である。〇九年の輸出は三六二万台であり、〇八年と比べると、五三・八％も大幅に落ち込んだ。輸出比率は四五・六％であり、輸出依存体質は変わっていない。この一〇年の輸出比率は、四二・六％から五八・二％の間である。二〇〇六年から輸出比率が五〇％を超えた。つまり、日本の自動車メーカーは、日本で生産した自動車の約半分以上を、アメリカをはじめとする世界各国に輸出しているのである。自動車産業は輸出依存、対米依存の体質である。

全輸出台数に占めるアメリカへの輸出台数の比率をみよう（表１―７）。二〇〇二年の三九・二％から金

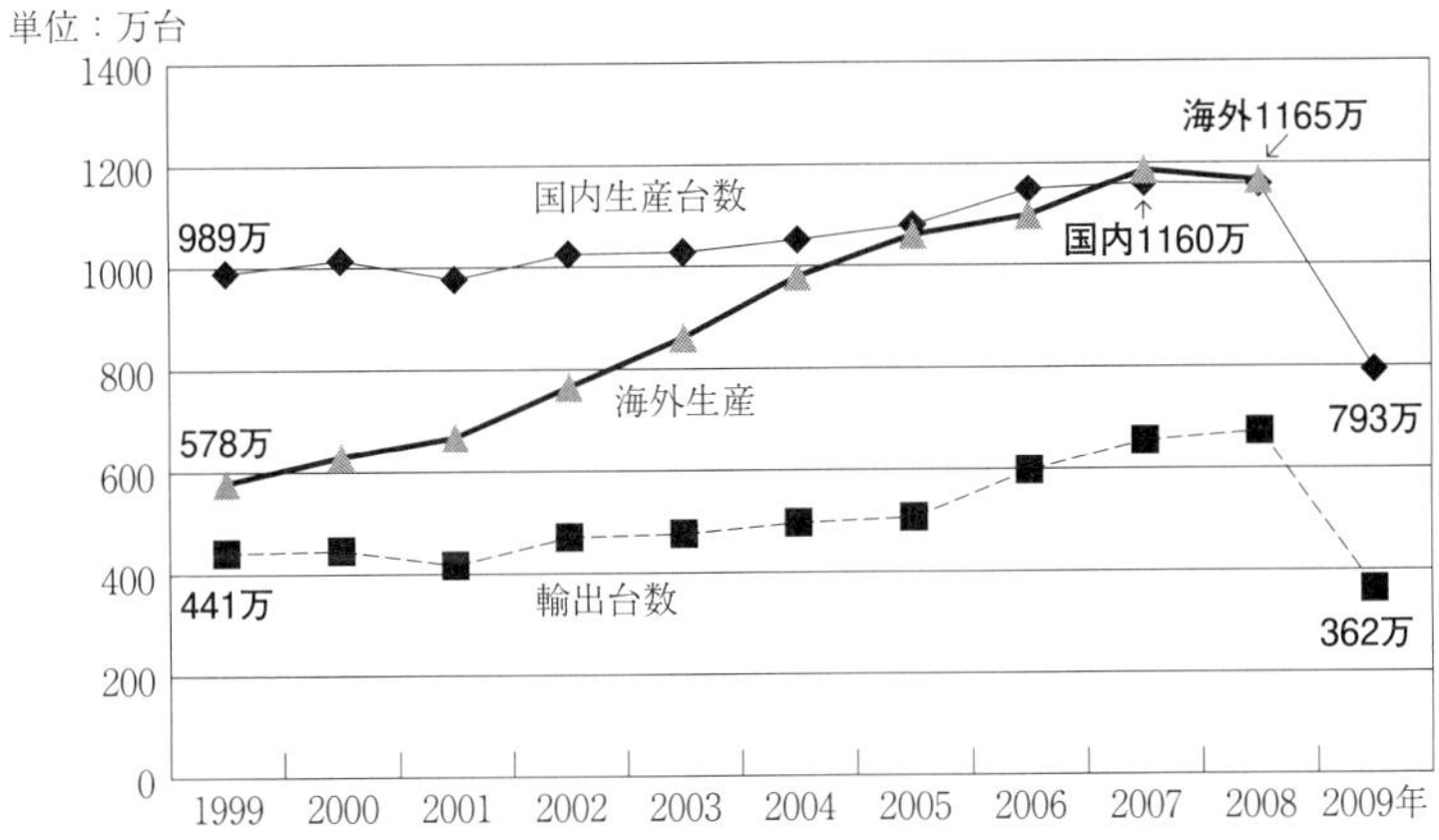

図1-12　自動車生産のグローバリゼーション

（出所）日本自動車工業会『2009日本の自動車工業』およびホームページより作成。

表1-7　四輪車のアメリカへの輸出台数比率

1999	2000	2001	2002	2003	2004	2005	2006	2007	2008	2009年
35.3	37.5	38.6	39.2	33.5	31.5	32.9	37.9	33.8	30.7	33.3

（出所）図1-12に同じ。

融恐慌・過剰生産恐慌のために対米輸出が落ち込んだ二〇〇八年の三〇・七％まで、だいたい三〇％以上である。つまり、全輸出台数の三割から四割近くまでが、アメリカ向けの輸出である。アメリカ依存は大きい。二〇〇九年の三三・三％は、ここでもアメリカ頼みがよくでている。だから、アメリカが不況になれば、対米輸出が減って、日本自動車メーカーは赤字になる。

図1―12のように、海外生産台数は、国内生産台数や輸出台数の伸びより、はるかに急カーブを描いて伸びている。海外生産台数は、一九九九年にわずか五七八万台であったが、二〇〇八年には一一六五万台に増えた。一〇年間に二倍に増えたのである。前述のように、とくにアジアを中心とした海外生産の拡大を反映

表1－8　自動車輸出の市場別動向

	台数	構成比%	(前年)%	前年比
アジア	378,840	10.5	7.8	−27.9
中近東	428,042	11.8	14.2	−55.1
欧　州	685,026	18.9	23.6	−56.9
北　米	1,379,150	38.1	34.5	−40.5
内 U.S.A	1,202,732	33.3	30.7	−41.8
中　米	127,400	3.5	3.8	−50.8
南　米	116,796	3.2	3.8	−54.9
アフリカ	145,131	4.0	5.2	−58.7
大洋州	347,394	9.6	6.8	−24.6
その他	8,389	0.2	0.2	−28.5
計	3,616,168	100.0	100.0	−46.2

（出所）2010年1月29日発表の日本自動車工業会のホームページより。

したものである。

表1―8にみられるように、輸出のアメリカ依存は明らかである。輸出台数は、一二〇万二七三二台に上り、全体の三分の一を占める。二位の欧州は一八・九%を占めるにすぎない。また、前年比で見た輸出の落ち込みは、全体でマイナス四六・二%にも上るが、対米輸出の落ち込みはマイナス四一・八%と大きい。

3　自動車生産のグローバリゼーションと派遣労働

前項でみたような自動車メーカーの輸出志向の体質からして、自動車メーカーは、派遣労働者を必要とする。第一に、派遣労働者は低賃金である。メーカーにとっては、昇給もいらない、ボーナスもいらない、社会保障費（健康保険、介護保険、失業保険、労災保険、年金の掛け金など）の五〇%の会社負担もいらない。なぜなら、派遣労働者は自動車メーカーと雇用契約を結び、自動車メーカーに雇われているのではないからである。派遣労働者は、派遣元会社と雇用契約を結び、派遣元会社に雇用されていて、派遣元会社が派遣労働者を派遣先の自動車メーカーに派遣し、メーカーは派遣元会社の労働者を自分の工場で自分たちの指揮命令のもとに使うという、非常に奇妙な関係になっている。だから、派遣切りはいとも簡単である。メーカーは派遣元会社にもう派遣はいらない、といえばいいのである。労働者にも直接にいう必要もない。派遣元会社が解雇すればいい。メーカーは気が楽である。解雇手当もメーカーは払う必要がない。それは派遣元会社の問題である。派遣元会社は、メーカーから一時間たとえば二五〇〇円もらえば、そのうち一二〇〇円をピンハネして、残りの一三〇〇円だけを派遣労働者に支払う。この一二〇〇円は派遣会社の経費や利益になる。このような、安くて使い捨ての派遣労働者を使って、できるだけ賃金コストを抑え、車を安く生産して、大量輸出する。そして、史上最高の利益をだし、その利益を株主配当と経営者報酬に重点的に回し、内部留保（とくに利益留保）をも増やして、がっぽりと貯めこむ。史上最高の利益になっても、派遣労働者にはまったく回ってはこない。これが輸出志向の自動車メーカーのポリシーである。これでは内需拡大は不可能である。労働賃金は表1―4のGDPのうち最終消費支出となり、需要となって、製品を買う。メーカーや日本経団連会長は、国際競争力のために派遣労働は絶対に必要だという。国際競争力というのは、派遣の低賃金で自動車を安く生産して、もうける、ということである。貯めこんだ何兆円という内部留保は、国際競争力とどういう関係にあるのか。

第二に、自動車輸出はアメリカの景気動向に左右される。だから、景気の調節弁として、派遣労働を使う。アメリカの景気がいいときは、派遣労働者を増やして、増産して、どんどん輸出する。二〇〇八―〇九年のように、アメリカの景気が悪いときは、派遣労働者を解雇して、減産する。派遣労働者は、メーカーにとって、きわめて使いがってのいいクッションである。二〇〇八年の年末から二〇〇九年の年始にかけて大きな社会的関心を呼んだ「年越し派遣村」は、派遣労働者の使い捨ての矛盾を白日のもとに暴露《ばくろ》した。派遣労働は、請負労働やパートやアルバイトと同様に、不安定雇用であるが、まさに「不安定」を世に知らしめた。

しかし、自動車メーカーは、自分たちの勝手で自由に労働者を派遣として使用しているのではない。法律で国や政府が認めているからである。労働者派遣法は一九八六年に法律となり、専門的・技術的な二六業種に限定された。しかし、一九九九年一一月に改正労働者派遣法が施行され、港湾輸送、建設、警備、医療、製造工程を除いて自由化された。そして、ついに小泉首相がひきいる自公政権が、二〇〇四年に国会で労働者派遣法を改正（改悪）し、製造業派遣を認めた。いまや労働者三人に一人が派遣労働者である。厚生労働省の「二〇〇八年派遣労働者実態調査」によれば、派遣労働者の四一・六％が製造業派遣である（八ページの表６）。二〇〇八年秋ごろから急に増えた派遣切りは多くが製造業派遣である。とくに自動車の派遣切りが多い。派遣労働を解決するためには、労働者派遣法を改正するほかない。自動車メーカーの巨額の埋蔵金（内部留保）のごく一部を使えば、派遣労働者を正社員にできる。たとえば、トヨタ自動車の「有価証券報告書」（ホームページ）によれば、〇九年三月三一日現在の連結利益剰余金（内部留保の大部分を占める）残高は一一兆五三一六億円に達する。〇八年三月三一日には一二兆四〇八六億円もあった。

4　自動車生産のグローバリゼーションと産業の空洞化・失業

日本自動車工業会『一九九九年日本の自動車工業』のなかの「グローバル展開　海外生産　進展する現地生産」という見出しの下に、次の文章がある。

「わが国の自動車メーカーは米国、東南アジア、近年では中国など世界各国での現地生産に活発に取り組んでいます。こうした現地生産は、メーカー単独あるいは合弁という形で工場を建設し、現地従業員を雇用し、また現地部品を調達したり、一部の車種は第三国や日本へ輸出することで現地の経済活性化に寄与しています。」（五四ページ）

第2項ですでにみたように、たしかにわが国の自動車メーカーは「現地生産に活発に取り組んで」おり、現地生産は、工場の建設、従業員の雇用、現地部品調達、輸出などで「現地の活性化」に寄与している。しかし、これを裏返せば、自動車メーカーが「現地生産に活発に取り組んで」いればいるほど、それだけ国内生産は空洞化し、国内従業員の雇用や国内部品調達が減り、「経済活性化」どころか経済不活性化になる、ということである。

前掲『日本の自動車工業』によれば、現地生産工場で雇用される現地従業員数は、アメリカで六万三一人、カナダで一万三〇三三人、中国一六万四八五〇人、南アジアで四万六一八六人（うちインドで三万八七九八人、パキスタンで七三八八人）、東南アジアで一四万九六六二人（うちインドネシアで六万三三八三人、タイで四万八九一七人、フィリピンで九二四七人、ベトナムで一万二五六五人、マレーシアで一万五四七七人、ほか）、欧州・ロシアで三万六三七二人（うちイギリスで一万二八二三人、ほか）、総計四七万一三四人である（五五―六三ページ）。アジアが合計三六万人で圧倒的に多いが、これは現地の低賃金労働（チープレイバー）を利用する側面もある。

たしかに、日本の自動車メーカーは、現地生産に「活発に取り組み」、二二カ国に一七八の日系自動車生産工場を建設し、四七万人の現地従業員を雇用し、「現地の活性化」に貢献しているが、この四七万人の雇用が日本では失われていることになる。

日本自動車工業会（ホームページ、図1自動車関連産業と就業人口）によれば、日本の自動車製造部門は八九万五〇〇〇人を雇用している。自動車製造業（二輪自動車を含む）で一八万三〇〇〇人、自動車部分品・付属品製造業で六九万三〇〇〇人、自動車車体・付随車製造業で一万九〇〇〇人、計八九万五〇〇〇人である。先にみた現地従業員雇用四七万人は八九・五万人の五二・五％に相当し、海外生産に日本の雇用の半分が流出しており、産業の空洞化と雇用の喪失になっている。

また、自動車は二万点から三万点の部品を組み立ててつくるから、「資材部門」（電気機械器具、非鉄金属、鉄鋼、金属製品などの製造業、化学工業、繊維工業、石油精製業、プラスチック・ゴム・ガラス、電子部品・デバイス製造業、一般産業機械）が必要である。この雇用が一九・九万人である。「自動車製造部門」は八九・五万人である。これに対する「資材部門」一九・九万人の比率は、二二・二％であるから、現地従業員四七万人の二二・二％は約一〇万人となる。この一〇万人の雇用も海外生産によって失われたことになる。もちろん、一部部品は日本からもっていくが、数字は不明である（日本製造業企業の日本からの調達比率については、本書六一ページ参照）。また、日本のガソリンスタンド、金融・保険、自動車リサイクルなどの「関連部門」の従業員三一・七万人、「販売・整備部門」の従業員一〇一・一万人、計一三二・八万人がいる。自動車製造部門八九・五万人に対する一〇一・一万人の比率は一一三・〇％であるから、海外現地生産従業員四七万人の一一三％は約五三万人になるが、この五三万人の雇用も失われたことになろう。結局、四七＋一〇＋五三＝一一〇万人の雇用が日本自動車メーカーの海外生産によって、日本で失われたことになろう。

「日本メーカーは近年、グローバルな事業展開を進め……現地生産国も世界各国広範に及んでいます。海外生産活動は各国における産業育成、雇用創出、さらには工業技術の移転など、幅広い経済効果をもたらしています。」（前掲『日本の自動車工業』六四ページ。ホームページの「海外生産台数」の冒頭にもある）
この裏側が、日本における「産業衰退」、「雇用喪失」、マイナスの「幅広い経済効果」である。産業の空洞化と雇用の減退・失業である。これが自動車生産のグローバリゼーションの必然的帰結である。

5　トヨタ自動車のグローバリゼーション

図1―7にみられたように、日本の製造業の最大の産業は自動車などの輸送機械であり、そのなかでも最大の自動車メーカーはトヨタ自動車である。トヨタの二〇〇九年の自動車の生産台数をみよう（表1―9）。

日本自動車工業会の二〇一〇年一月二九日の速報によれば、二〇〇九年の総国内生産台数は、七九三万四五一六台であり、〇八年の一一五六万三六二九台から三六二万九一一三台も激減し、マイナス三一・四%と大きく落ち込んだ。トヨタの二〇〇九年の国内生産は二七九万二二七四台であり、同じく前年比でマイナス三〇・四%と大きく落ち込んだ。この国内生産二七九万二二七四台は、総国内生産七九三万四五一六台の三五・二%を占める。トヨタの国内生産のうち国内販売は、一三七万五五〇九台であり、前年比でマイナス幅は六・四%と比較的に小さい。エコカー減税でHV（ハイブリッドカー）プリウスがよく売れたからである。二〇〇九年六月から二〇一〇年二月まで毎月の販売台数でトップであった。他方、トヨタの輸出は一一四万四七二〇万台であり、前年比でマイナス四四・一%と急激に落ち込んだ。自動車会社全体で全世界への輸出の三三・二%を占めるアメリカへの輸出が、前年比マイナス四一・八%と大きく落ち込

表１－９　トヨタ自動車の自動車生産（2009年）

国内生産	279万2274台
国内販売	137万5509台
輸　　出	114万4720台
海外生産	357万9017台
グローバル生産	637万1291台

注　国内生産＋海外生産＝グローバル生産
（出所）トヨタ自動車、ホームページより（2010年１月25日発表）。

んだから（表１―８）、トヨタも落ち込んだのである。輸出比率（輸出台数÷国内生産台数）は四一％である。輸出が減ったので輸出比率も落ち込んだのである。トヨタは、国内生産であっても、その国内生産台数の四割以上を輸出し、世界市場で販売しているのである。

トヨタの海外生産は三五七万九〇一七台に上り、国内生産より七八万六七四三台も多い。しかし、海外生産はマイナス一四・八％と落ち込んだ。海外生産は、世界二七カ国に及び、完成車生産や部品生産や委託生産（ケニヤ、バングラデシュ、アメリカのスバル・インディアナ工場）を含めて、合計五四生産工場に上る。もちろん、トヨタ資本一〇〇％の現地生産工場もあれば、合弁生産工場もある。さらに二〇一〇年稼働予定のミシシッピー新工場もある。そのほか、生産事業統括、渉外、広報、調査、研究開発、部品供給、マーケティング、販売サポート、現地生産車の開発などを行う統括管理会社がアメリカに二社、ベルギー、シンガポール、タイに各一社、計五社がある。

国内生産と海外生産との合計が「グローバル生産」であり、六三七万一二九一台である。前年比でマイナス二二・四％も落ち込んだ。トヨタは海外生産する車をほとんど海外で売り、日本の国内生産の四一％を海外に売って、グローバルに利益をあげている。トヨタは、文字通り、全体として「グローバル生産」をしているのである。

しかし、現地生産は、部品の品質管理のリスクをともなう。今回のトヨタの自動車リコール（正式の回収・無償修理）は、衝撃的なニュースである。アメリカの部品メーカーＣＴＳが生産し供給したアクセルに不具合があったのである。リコール車種は、カローラ、カムリ、RAV4など八車種に上り、台数は八〇〇万台と言われている。カナダでも中国でも欧州でもリコールが行われ、一〇〇〇万台にも上る。八車種の現地生産も中止した。ハイブリッド車プリウスのリコールも始まった。ホンダも欧米アジアなどで、フィットやシティ六四万台のリコールをする。パワー・ウインドウのスイッチの不具合で、雨水が入ると、配線の基盤が腐食し、ショートし、発火する可能性があるという。

日本の自動車会社の海外生産は、前述のように、一九八〇年代の貿易摩擦をさけるために、始まった。しかし、最近では、円高ドル安のような為替変動のリスクをさけるために行われている。部品の現地調達も、最初は、アメリカなど現地から要求されたローカル・コンテンツ（現地部品調達）が行われたが、最近ではそのほうがコストが安いから、現地調達する意味のほうが大きい。しかし、これは品質管理のリスクを伴う。日本では、系列部品下請け業者は、親自動車会社の意向に忠実に部品を設計し、生産し、厳しい検査を受け、視察も簡単に受け入れる。ところが、外国の部品サプライヤーは、独立系であるから、日本のように、品質管理がうまくいかない。海外生産に警鐘《けいしょう》を鳴らす出来事である。

（松石勝彦）

注

（1）以上、日本自動車工業会『二〇〇九日本の自動車工業』を参照した。
（2）トヨタ自動車のホームページ「海外生産会社」および「日本経済新聞」二〇〇九年一一月五日による。
（3）スズキ「営業報告書」（ホームページ）による。

第2章　商品の交換過程と貨幣の発生

Ⅰ　アダム・スミスの欲望不一致による貨幣発生説

1　商品の交換過程の拡大と深化

すでに第1章でみたように、現代資本主義、現代日本経済では、生きるか死ぬかをかけたメーカーの激しい新商品開発競争によって、商品の数と多様性が増大する。交換の歴史的な拡大と深化は必然的である。だから、商品の交換過程は量的に拡大し、深化する。大量生産された商品やそのすきまをねらったニッチ商品など、無数の商品が交換過程に入りこみ、交換過程は網の目のように、複雑にからみあう。このような多様化し複雑化した交換過程は、貨幣がなければ、すぐに行きづまる。貨幣は交換過程の必然的産物である。

2　アダム・スミスの欲望不一致による貨幣発生説

アダム・スミスは、『国富論』第1編第4章「貨幣の起源」において、分業の確立後の社会において、

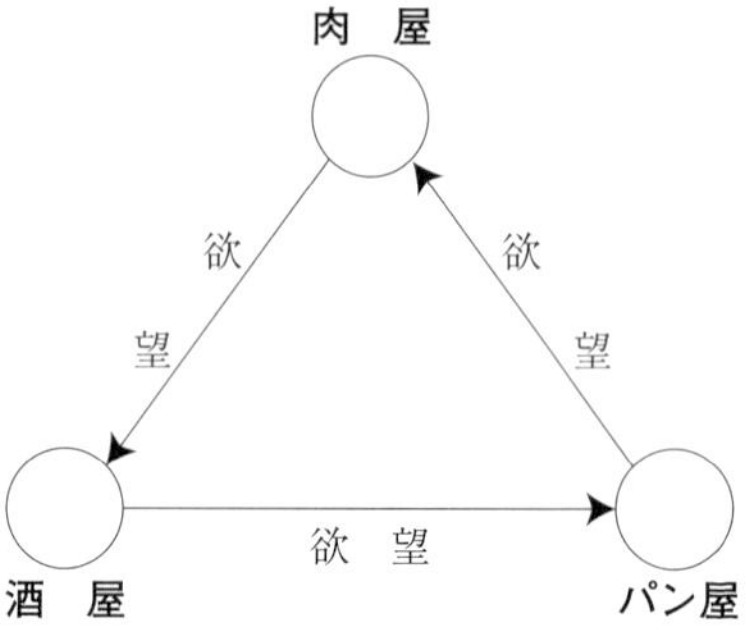

図2－1　欲望不一致による貨幣発生説

交換過程における物々交換の行きづまりから、貨幣の発生をといている。図2—1は、スミス以来の伝統的な貨幣発生説をわかりやすく簡単化して、図式化したものである。商品の交換過程において、パン屋は肉が欲しい。しかし、肉屋はパンが欲しくなく、酒が欲しい。ところが、酒屋は肉が欲しくなく、パンが欲しい。かくて、交換当事者どうしの欲望の不一致から、交換過程は行《ゆ》きづまってしまう。社会全体では三人の商品所有者の欲望を満たす物、すなわちパンと肉と酒とがすべて生産され、商品の交換過程に入りこんでいて、需要と供給とが一致しているが、それでも貨幣がなければ、交換は行きづまる。

　この交換過程の行きづまりを打開するのが、貨幣である。パン屋は、自分で生産したパン以外に貨幣をもっているとしよう。パン屋はその貨幣でもって肉を買う。肉屋は、パン屋から受けとった貨幣でもって、酒屋から酒を買う。酒屋は、肉屋から受けとった貨幣でもって、パン屋からパンを買う。かくて、交換当事者の三人全員が自分の欲しい物を手にいれることができる。これで、めでたし、めでたし、解決、一件落着とみえる。

　しかし、そうは問屋が卸さない。ここで、欲望の不一致からとかれている交換過程の必然的産物としての貨幣は、他人の欲望を満たす使用価値の視点からとかれているにすぎず、どこにも価値視点がない。それでは、貨幣にならない。スミスは「何かある商品」（前掲『国富論』第4章第二パラグラフ末）というが、実際は商品ではない。商品は、第1章でみたように、使用価値と価値との統一である。金貨《きんか》や銀貨《ぎんか》のように、貨幣自身が価値をもっているからこそ、だれもが一定の価値をもっている自分の商品と交換する。右の例では、パン屋がそれ自身価値をもたない物をカッコつきの「貨幣」として使用して、その「貨幣」と肉屋の肉と交換しようとしても、つまり買おうとしても、肉屋はそんな無価値なカッコつきの「貨幣」を受け取り拒否し、自分の肉を売らないだろう。貨幣である金貨《きんか》は、第1章で前述のように、地底深くから掘り出した金鉱石《きんこうせき》を精錬して、そして金貨に鋳込んだ物であり、それ自身労働の生産物である。だから、金貨には一定の労働が投下されており、価値物であり、それゆえ第1章第Ⅲ節で述べたように、他商品に対して等しい価値のもの、すなわち等価になりうるのである。ところが、パン屋のカッコつきの「貨幣」は、それ自身価値をもたず、「商業や交換の用具」（同第三パラグラフ）にもならない。貨幣は、次章でみるように、交換手段であるだけでなく、まず何よりも、価値尺度である。それ自身価値でない物は、他のすべての商品の価値を計る価値尺度になりえず、貨幣にならない。

以上の考察からわかるとおり、この図2―1の貨幣発生説の欠陥は、商品の交換過程の行きづまりを欲望の不一致からとらえただけであり、いいかえれば、欲望を満たす使用価値の観点からとらえただけである、という点にある。これを逆にいえば、商品の交換過程に価値視点を投入し、商品の使用価値としての実現だけでなく、商品の価値としての実現をもみて、貨幣の発生をとけばよい、ということになる。以下、くわしくみよう。

Ⅱ　商品の内在的矛盾の展開としての商品の交換過程の矛盾

1　商品に内在的な使用価値と価値との矛盾

第1章第Ⅲ節の価値形態論でみた貨幣は、（4）式のように、他のどんな商品に対しても等しい価値（等価）をもち、しかも他のすべての商品の価値を一般的に表現してやる一般的等価形態の役割を演じている。貨幣は他のどんな商品に対しても一般的に等価であり、一般的等価である。貨幣は、すべての商品に対してそれらの価値を一ポンド、二ポンドという風に表現する。もともとこの一ポンドは金《きん》の重さ一ポンドという意味であった。のちに貨幣改鋳などにより、貨幣の一ポンドは一重量ポンドよりも軽くなった。価値形態論では、価値表現の展開から貨幣の発生がとかれており、その意味では価値視点から貨幣の発生がとかれている。そこでは、商品所有者の欲望は問題にならない。しかし、商品の交換過程においては、生身《なまみ》の商品所有者たちが、それぞれ自分の商品をひっさげて、登場しているのだから、当然、商品所有者たちの欲望も問題になる。この欲望は、商品に内在する使用価値と価値のうちの使用価値、すなわち他人のための使用価値にかかわるものである。この点は、図2―1のスミスでみたとおりである。しかも、商品の交換は、商品に内在する使用価値と価値のうち価値をも問題にもち込む。交換過程では、相異なる種類の労働の生産物が相互に等しいものとして等置され交換されるのであるが、社会的労働の凝固したものとしての価値を表に引っ張り出す。

かくて、商品に内在的な使用価値と価値とが、交換過程で現実のものとして問題になる。しかも、それだけでなく、また商品に内在する使用価値と価値との矛盾が、商品の交換過程における矛盾として現実のものとなり、この矛盾の解決が貨幣の発生になる。商品に内在する使用価値と価値との内在的矛盾が、商品の交換過程において外在化し、交換過程の矛盾として現れ、この交換過程の矛盾の解決が、交換過程の必然的産物としての貨幣の発生である。

2　商品の交換過程における第一の矛盾（商品の使用価値としての実現と価値としての実現との矛盾）

商品は使用価値と価値との統一であるが、その使用価値は、その商品をもっている所有者自身にとっては何の意味もない。意味がないからこそ、商品所有者は、自分の商品を交換過程に持ち込み、他商品と交換する。商品の使用価値は他人のための使用価値である。だから、商品は全面的な持ち手変換、つまり商品交換をしなければならない。ところが、この商品交換はいろいろな商品を価値として相互に関連させ、そのいろいろな商品を価値として実現する。それゆえ、いろいろな商品は使用価値として実現しうる前に、価値として実現しなければならない。

他方、いろいろな商品は、自らを価値として実現しうる前に、自らが使用価値であることを実証しなければならない。なぜなら、いろいろな商品の生産に投下された人間の労働が一般的労働、つまり抽象的人間労働として認められ、いろいろな商品が価値をもつと認められるのは、これらの商品生産のための投下労働が他人にとって有用であって、この商品の使用価値が他人のために有用な使用価値である場合に限られるからである。だが、この投下労働が他人にとって有用であるかどうか、つまりその労働生産物が他人の欲望を満足させるかどうかは、ただ商品交換だけが証明できるだけである。

第2の矛盾（各商品所有者は）		第3の矛盾（各商品所有者にとって）
自分の欲望をみたす商品となら自分の商品を交換	＝個人的過程 →	他人の商品＝自分の商品の特殊的等価
どんな商品とでも交換	＝一般的社会的過程 →	自分の商品＝すべての他の商品の一般的等価

交換過程の矛盾と貨幣の発生

商品の交換過程において、商品は価値として実現されなければならないこと、商品は使用価値として実現されなければならないこと、この二つの実現は相互に前提しあっており、矛盾である。商品交換においては、この二つの実現は、同時に達成されなければならない。この矛盾は、商品に内在する使用価値と価値の矛盾が、商品の交換過程において外に現れたものである。この矛盾は、交換過程の必然的産物としての貨幣の発生をまって初めて解決される。

3　商品の交換過程における第二の矛盾（商品所有者たちの個人的過程と社会的一般的過程との矛盾）

第一の矛盾は、まだ抽象的であり、単に商品視点だけから、商品に内在する使用価値と価値との矛盾を交換過程の矛盾として定式化したものである。これに商品所有者の欲望を積極的にもち込むと、より現実的な第二矛盾になる。図2―2にみられるように、第一矛盾の最初の「商品Aは自らを使用価値として実現しなければならない」ということは、商品に即しての視点であり、単にその商品Aの他人にとっての使用価値を実現するという意味にすぎない。つまり、他人の欲望を満たす物としてそのAの使用価値を実現する、という意味である。たしかに、商品Aの所有者は、自分の商品Aの他人のための使用価値を実現しなければならない。さもないと、商品Aの所有者は、そもそも自分の商品を交換過程に出せな

商品の内在的矛盾	第1の矛盾	
使用価値 →	商品を諸使用価値として実現 →	
価値 →	商品を価値として実現 →	

図2－2 商品の

い。交換が成立しない。売れない。しかし、これだけでは十分ではない。これにさらに、その商品Aの所有者自身の欲望が加わる。それでなければ、彼は自分の商品を交換に出さないし、商品の交換など起こらない。彼は、自分の商品が他人のための使用価値であることを実証しなければならないが、同時に自分の欲望を満たす必要があり、自分の欲望を満たす他の商品、たとえば商品Bとなら交換しようとする。商品Aの所有者は、自分の商品が他人のための使用価値であることを実証し、他人の欲望を満たすだけでは不満足であって、同時に自分の欲望を満たしてくれる他の商品Bとなら交換しようとする。各商品所有者は、自分の欲望を満たしてくれる他の商品と引き換えでなければ、自分の商品を交換相手に引き渡しはしない。

このように、商品の交換過程において、各商品の所有者が、それぞれ自分の欲望を満たしてくれる他の商品となら自分の商品を交換するという交換過程は、それぞれの個人的欲望の充足の過程であり、個人的過程である。商品の全面的持ち手変換の場である交換過程は、一見社会的過程とみえる。しかし、全面的持ち手変換といえども、その内実は、個人の欲望の充足という個人的過程である。

他方、各商品所有者は、商品は価値でもあるから、商品を価値として実現しようとする。自分の商品が他の商品所有者にとって、使用価値をもつかもたないかにまったく関係なく、自分が気に入った同じ価値をもつ他のどの商品とでも価値を実現しようとする。その限りでは、交換は彼にとって一般的社会的過程である。商品の価値は、第1章でみたように、その価値の社会的実体をなす社会的労働の凝固であるから、社会的である。それゆえ、各商品所有者がおのおのの商品を価値として実現することは、一般的社会的過程である。

ここで交換過程の第二の矛盾が生じる。同じ交換過程が、同時にすべての商品所有者にとって、ただ個人的であり、しかも同時に一般的社会的である、ということはありえない。

個人的と一般的社会的とは、矛盾する概念である。個人的とは、あくまで個々の個人の問題である。これに反して、一般的社会的とは、社会全体の一般的問題である。個人と社会とは次元がちがう。商品の交換過程において、各商品所有者は、自分の欲望を満たしてくれる商品となら自分の商品を交換するが、これは自分の欲望の充足という個人の問題であり、個人的過程にすぎない。他方、商品所有者が商品を価値として実現するのは、彼の個人的過程ではなく、社会的過程である。この実現は無限定的であり、なんら制限がない。ところが、おのおのの商品所有者の個人的な欲望充足は、すでに図2―1の欲望不一致による貨幣発生説にみられるように、限定的であり、制限つきである。価値実現は、なんら限定がなく、一般的社会的であり、他方、各商品所有者の欲望充足は、限定的であり、個人的である。

この同時成立は、困難であり、貨幣の発生でもって、解決される。

4　商品の交換過程における第三の矛盾（特殊的等価と一般的等価との矛盾）

前項でみた第二の矛盾を、さらに立ち入ってみると、第三の矛盾となる。

前項でみたように、各商品所有者は、自分の商品を価値として実現しようとするが、その価値はもともと社会的価値であるから、商品の交換過程は一般的社会的過程である。ということは、各商品所有者は、自分の商品が他の商品所有者にとって有用な使用価値をもち、彼らの欲望を満たすかどうかと無関係に、価値としては他のどの商品所有者の商品とも一般的に交換できるということである。すなわち、どの商品所有者にとっても、自分の商品は価値としては他のすべての商品の一般的等価として意義をもつ、ということである。各商品所有者にとっては、自分の商品は、価値として無限定的であるから、自分の商品が他の商品所有者にとって使用価値をもつかどうかにかかわりなく、同じ価値をもつ他の任意のどの商品とも交換しようとして、商品交換を一般的社会的過程に変えるのであるから、これをいいかえれば、自分の商品を一般的等価とみなす、ということである。

他方、前項でみたように、各商品所有者は、自分の欲望を満たす商品となら、自分の商品を交換しようとし、その限りでは、交換は個人的過程である。ということは、各商品所有者にとって、他人の商品は、価値としては自分の商品と等価であるとしても、自分の欲望を満たす商品ではなく、とても一般的等価ではありえず、単に特殊な等価として意義をもつにすぎない。個人的過程は一般的過程になりえないから、等価も一般的等価でありえない。等価は特殊的等価にとどまる。前述のように、おのおのの商品所有者は、自分の欲望を満たす商品となら、自分の商品を交換しようとするのであるから、各商品所有者の欲望の充足という個人的過程が、交換過程の制約条件になる。だから、各商品所有者にとっては、他人の商品は一般的等価ではありえず、制限的な特殊的等価として意義をもつにすぎない。

しかし、すべての商品所有者が同じことを行うのだから、どの商品も一般的等価ではありえない。どの商品も前章第Ⅲ節でみた（３）式のような一般的相対的価値形態をもってはいない。結局、どの商品も

（2）式の全体的な、あるいは展開された価値形態の段階にある。そこでは、一般的等価はなく、特殊的等価だけがある。一般的相対的価値形態も成立していない。

Ⅲ　商品の交換過程の矛盾を解決する貨幣の発生

1　商品所有者たちの共同行為による貨幣の選出

以上みた商品の交換過程の矛盾によって、商品の交換過程は行きづまる。商品所有者たちは困り、頭をかかえこむ。しかし、「下手な考え、休むににたり」である。だが、「案ずるより生むがやすし」ともいうではないか。商品所有者たちよ、団結して、立ち上がれ。行動をおこせ。第1章の第Ⅲ節の価値形態論の（3）式の「一般的価値形態」や（4）式の「貨幣形態」ですでにみたように、商品所有者たちは一般的等価としての特定商品に対して自分たちの商品を関連させて、自分たちの商品を価値としても商品としても互いに関連させる。そこで、商品所有者たちは、共同行為に出て、全商品のなかから特定の商品を選び出し、それを排除して、それによって他のすべての商品の価値を表す。この選び抜かれ排除された商品こそ、（3）式の一般的等価であり、（4）式の貨幣である。この貨幣結晶は、交換過程の必然的産物である。種類のちがう労働生産物が、実際に互いに等しいものとして等置され、実際に商品になる交換過程の必然的産物なのである。いまや、商品のなかに眠っている使用価値と価値の内的な対立は、商品と貨幣との外的対立となって現れる。

2　金貨などの貴金属貨幣の誕生

スミス『国富論』第4章の貨幣論によると、貨幣は、最初、牛、塩、貝がら、乾燥たら、タバコ、砂糖、生皮またはなめし皮、釘などであった（第三パラグラフ）。一時コマーシャルでは、ヤップ島の直径三メートルぐらいあり、真ん中が五円玉のようにくり抜かれている大きな石の貨幣が登場していたが、いまでも部分的に使われているという。この石の貨幣は日銀の貨幣博物店にある。私はカリフォルニア大学バークレィに留学中にサンフランシスコの近くのオークランド博物館でインディアンの貝がら貨幣をみて、こんな無価値な貝がらがなぜ貨幣になりうるのか、と考え込んだことがある。ある日バークレィのテレグラフ通りで、きれいな貝がらの首飾りがいい価格で売られているのをみて、はたと気がついた。つまり、金銀も昔は重要な装飾品であり、それがために金貨・銀貨になったのである。美しい貝がらは貴金属と同じである。中国の故宮博物館でも貝がら貨幣をみた。紀元前一六世紀の殷《いん》の時代に子安貝のような宝貝が貨幣として使われていたのである。だから、貨幣の貨という字は、貝が化けるとかく。貨幣と関係のある字、購入、資本、財務、贈与、賄賂、貯蓄などは、貝貨幣と関係がある。

しかし、商品交換がローカルな束縛を打ち破り、広がっていくにつれ、商品の価値が真に人間労働一般の物質化にまで拡大していくにつれて、貨幣は一般的等価という社会機能に生まれつき適している商品、すなわち貴金属に移っていく。スミスは、人々があらゆる他の商品に優先して、必然的な理由によって金属を選ぶことを決めたという（第四パラグラフ）。金属は保存可能で、腐敗しにくく、分割可能で、熔解による再結合も可能であるから、生まれつきの自然的属性によって貨幣に適しているのである[1]。

注

（１）以上の詳しいことは、松石前掲『資本論の解明』第八章を参照。

Ⅳ　貨幣物神

すでに第1章第Ⅳ節では、商品物神を考察した。同節の第7項では、商品物神は貨幣物神の萌芽であることを明らかにした。貨幣物神は商品物神の展開である。第1章第Ⅲ節の価値形態（４）式ですでにみたように、一般的等価形態が、ある種類の商品の自然形態、たとえば金《きん》のような自然形態となるとき、貨幣形態が成立する。金《きん》はこの一般的等価形態の地位を占めるから、他のすべての商品の価値を金《きん》一ポンド、金《きん》一〇ポンドなどというように表現してやることができる。日本の領収書には、いまだにテレビ一台金《きん》六〇万円也《なり》とかかれている。円は一八九七年（明治三〇年）の貨幣法第二条で「純金《じゅんきん》ノ量目《りょうめ》二分《ぶん》（七五〇ミリグラム）ヲ以テ価格ノ単位ト為《な》シ之ヲ円ト称ス」と定められたから、金《きん》五〇万円也とかくのである。金《きん》は一般的等価であり、それゆえ他のすべての商品の価値を自分の一定量で表現してやるのであるが、この関係がすっぽりと消えてしまって、この関係から独立して金《きん》は生まれついたときから社会的な自然属性として一般的等価形態をもっているかのようにみえる。他のすべての商品がその価値を一商品によって全面的に金《きん》xポンドと表示するから、その商品金《きん》は貨幣になるのだとはみえないで、逆に転倒して、その商品が貨幣金《きん》であるからこそ、他のすべての商品はその商品金《きん》で一般的に自分たちの価値を表示するかのようにみえる。金《きん》や銀は、地中からでてきたときから、すべての人間労働の直接的な化身《けしん》、すなわち貨幣であるとみえる。ここから貨幣の魔術が生じる。貨幣物神は、きらきら輝き人の目をくらます金《きん》の魔力から生じる。貨幣物神は商品物神の展開である。

（松石勝彦）

第3章　貨幣の機能

前章までで、われわれは、商品に内在する使用価値と価値との対立から、貨幣が発生する必然性を明らかにした。市場経済は、商品と貨幣から成り立っている。本章では、貨幣が、市場経済でどのような役割をはたしているのかを考える。まず、第Ⅰ—Ⅲ節では、金《きん》を貨幣商品として、つまり金貨として、貨幣の機能を明らかにする。ついで、第Ⅳ節では、第二次世界大戦後、基軸通貨として、世界貨幣の役割をはたしているドルを支えている構造を解明する。最後に、第Ⅴ節では、われわれが使っている「お札」（日本銀行券）とは何かを説明し、あわせて、金融政策について検討する。

Ⅰ　価値尺度機能

1　価値尺度と度量標準

商品の価値とは抽象的人間労働が凝固したものであるが、それ自体を実際にみたり触ったりすることはできない。そこで、第1章第Ⅲ節の（3）（4）式や第2章でみたように、商品はすべての商品のなかから、価値の代表として一つの商品＝金を選び出し、一定量の金によって自分の価値を目にみえるようにした。貨幣＝金は、商品の価値を表現するために存在し、価値尺度機能をはたす。「価値を尺度する」とはどういう意味だろうか。尺度とは「物差し」のことである。金が物差し（基準）となって、他の商品の価値をはかり、数字で（量として）表すことによって、価値の比較や計算が可能になる。このように、金は、商品価値を、質的に等しく量的に比較可能な同名の大きさ（単位）として表す機能を有するからこそ、貨幣となるのである。

物差しである以上、なんらかの単位が必要である。長さにはメートルやフィートなどの単位があるように、貨幣にもポンドやドル、円といった単位がある。本来これらは、金の重さを量る単位だった。

ポンド（pound）は、ボクシングの選手の体重や、一ポンドステーキ、ハンバーガーのクォーターパウンダーなど、重さの単位として、日本でもよく耳にする。イギリスでは、銀貨が流通していて、銀地金一ポンドをそのまま貨幣単位一ポンドとした。銀に替わって、より高価な金貨が流通するようになっても、同じポンドが貨幣単位として用いられた。そのため、「金の重量であるポンド」と「貨幣単位であるポンド」との間に違いが生じた。一八一六年に金本位制が正式に採用され、二一年に兌換が再開（ナポレオン戦争により、イングランド銀行は一七九七年から兌換を停止していた）されたあとは、「重さ一オンス（一ポンドの一／一二）の金」が「三ポンド一七シリング一〇ペンス一／二の金貨」に鋳造された。

円は一八九七年の「貨幣法」によって、「純金ノ量目二分《ふん》（七五〇ミリグラム）ヲ以テ《もって》価格ノ単位ト為《な》シ之《これ》ヲ円ト称ス」（第二条）と定められ、「一円ノ百分ノ一ヲ銭ト称シ銭ノ十分ノ一ヲ厘ト」（第四条）された。円を単位として表現された商品の価値が価格である。円・銭・厘からなる単位（ポンド・シリング・ペンスやドル・セントなど）は、価格を表示する基準、すなわち価格の度量標準（単位）なのである。

すべての商品は価格で表示され、比較や計算が可能になる。「リンゴ一個＝二〇〇円、ミカン五個＝一〇〇円」であれば、リンゴ三個はミカン五個の二倍であり、足せば三〇〇円になる。こうして、すべての商品の価値が価格で表現されると、貨幣が価値の実体であるかのようにみえてしまう。あたかも、リンゴやミカンは、『××＝〇〇円』と貨幣と等置されることによって、はじめて価値を獲得し比較が可能になる、かのように。しかし、これは錯覚である。すでにみたように、商品は労働の生産物だという共通の性質をもっているからこそ、質的に同等で比較が可能なのである。「価値尺度としての貨幣は、諸商品の内在的価値尺度である労働時間の必然的な現象形態である」（ＫⅠ一〇九ページ）。

表３－１　商品価値・貨幣価値・価格

商品の価値	16	24	12	16	16	↑	↓	→	→
貨幣の価値	4	4	4	8	2	→	→	↑	↓
価　格	4	6	3	2	8	↑	↓	↓	↑

注　貨幣価値が一定（→）の場合、商品価値が大きくなれば（↑）、価格は上昇（↑）する。
　　商品価値が一定（→）の場合、貨幣価値が大きくなれば（↑）、価格は低下（↓）する。

２　価値と価格の関係

(1)　商品価値と貨幣価値

商品も、その代表である金も、人間の労働生産物であるからこそ価値をもつのであり、その大きさが労働時間によってきまることに違いはない。商品の価値と金の価値との関係（相対比率）を数字で表したものが価格である。価値が変動すれば、価格も変化する。それぞれの関係をまとめれば、表３―１のようになる。このような金価値の可変性は、価値尺度機能の妨げとなるだろうか。

第一に、金の価値変動は、価格の度量標準に影響を与えない。どんなに金の価値が変動しても、一〇円の金は一円の金の一〇倍の価値をもつ。第二に、金の価値変動は、すべての商品価格に同じように作用する。諸商品相互の相対的価値関係は変わらない。たとえば、金の価値が二倍（同じ量の金を生産するのに必要な労働が二倍）になったとしよう。「リンゴ三個＝二〇〇円、ミカン五個＝一〇〇円」だった価格は、「リンゴ三個＝一〇〇円、ミカン五個＝五〇円」とそれぞれ半分になるが、「リンゴ三個：ミカン五個＝二：一」という比率は、変わらない。逆に、金の価値が半分になれば、「リンゴ三個＝四〇〇円、ミカン五個＝二〇〇円」とそれぞれ二倍になるが、比率は二：一のままである。

したがって、金の価値の可変性は、価値尺度機能の妨げとはならない。

それでは、貨幣の価値はどのようにして表現されるのだろうか。これは、第1章第Ⅲ節（4）式でみた「貨幣形態」を逆から読めばよい。いろいろな商品の価格リスト（物価表）を逆さまにすれば、貨幣の価値がさまざまな商品によって表されていることがわかる。

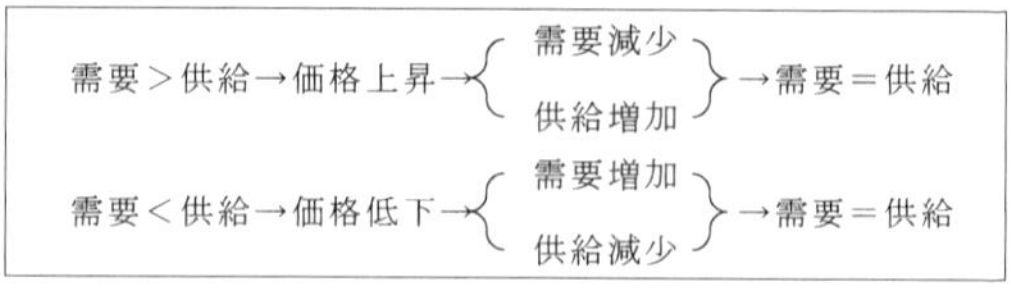

図3－1　需要・供給の関係

(2) 価格付けと価値・価格

金による商品価値の表現には、現実の金を必要としない。商品所有者は、自分の商品の価格を他人に知らせるために、値札を付けるだけである。このときに、実際に金を手にもって、自分の商品とくらべる必要はないし、くらべてみても意味がない。価格付けにとって重要なのは、売れるか・売れないかであり、高すぎる価格や安すぎる価格は「市場で直ちに客観的に訂正される」（KⅠ一二一ページ）。

付けられた価格がつねに価値どおりであるとは限らない。けれども、価値から離れた価格は、市場によって修正される。売れない商品の価格は下がり、売れる商品の価格は上がる。

市場では、需給にギャップがあれば、それを調整するように価格が変化する（図3―1）。需要量が供給量を上まわれば（超過需要）、価格は上昇する。価格上昇は、需要を減らし、供給を増やす。逆に、需要量が供給量を下回れば（超過供給）、価格は低下する。価格低下は、需要を増やし、供給を減らす。需給が一致したところで、価格は落ち着く（均衡価格）。

しかし、需要と供給の関係は、均衡価格について、これ以上、何も説明しない。需給が一致したところで価格は止まる、と述べるだけで、その大きさはわからない。これを説明してくれるのが商品の価値である。商品が価値どおりに交換されるとき、売り手と買い手の評価が一致する。その商品を生産する労働が、社会的に必要な労働だと認められる。結局、商品価格を説明するのは、労働なのである。市場価格の変化は、その商品（それを生産する労働）に対する社会的評価[1]のシグナルである。

注

（1）市場経済の発展は、労働生産物ではないモノをも取引の対象にしてしまう。「それ自体としては商品でないもろもろの物、たとえば良心、名誉などが、その所有者によって貨幣で売られる物となり、こうしてその価格を通して商品形態を受け取ることがありうる。だから、ある物は、価値をもつことなしに形式的に価格をもつことがありうる」（KⅠ一一七ページ）。

Ⅱ　流通手段機能

1　流通手段

第2章でみたように、諸商品の交換過程の現実的矛盾は、それを解決する形態＝貨幣を生みだす。商品（W）は貨幣（G）を媒介にして交換（W—G—W）される。ここでは、商品はもっぱら使用価値として、金はもっぱら価値として現れる。各商品がそれぞれもっている価値と使用価値という性質が、商品と貨幣との関連として現れる。これが商品流通であり、貨幣はそのなかで流通手段となる。

商品流通は、結果からみればW—Wであり、「使用価値の交換であり、社会的労働の素材変換」（KⅠ一二〇ページ）である。ある労働の生産物が他の労働の生産物と入れ替わる。商品はそれをのぞむ者の手に渡り、消費され彼に満足を与える。それが非使用価値だった人の手から、それが使用価値である人の手へと渡される。これだけをみれば、物々交換と同じようにみえる。どこが違うのだろうか。流通の道筋を詳しくみてみよう。

⑴　販売と購買

商品流通（W—G—W：米—G—肉）は、W—GとG—Wにわかれる。第一の過程（W—G）は販売であり、米を相手に売って貨幣を受け取る。第二の過程（G—W）は購買であり、（米を売って手に入れた）貨幣を払って肉を買う。すなわち、買うために売るのである。

W—Gからみていこう。販売は自分にとって非使用価値である商品を売って、その商品の価値を実現することである。しかし、価値の実現は「命懸け」である。商品は売られることによって、その価値を実現する。売れなければ、その商品の価値はゼロである。商品の価値は、その生産に必要とされる労働時間によって決まるのだが、労働を支出しただけでは、その価値は認められない。売れなければ、その労働は社会的に無駄な労働と評価されたことになる。販売されることによって、はじめて、その労働は社会的に役に立つと評価されるのである。

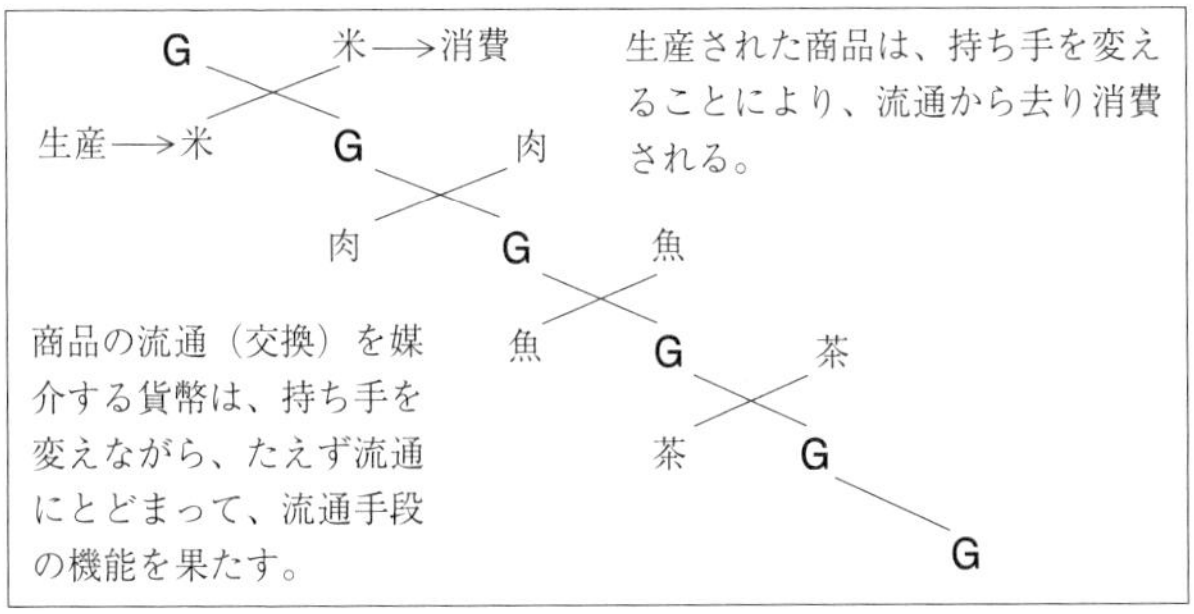
G
米―→消費
生産―→米
G
肉
肉
G
魚
魚
G
茶
茶
G
G
生産された商品は、持ち手を変えることにより、流通から去り消費される。
商品の流通（交換）を媒介する貨幣は、持ち手を変えながら、たえず流通にとどまって、流通手段の機能を果たす。

図3－2　総流通

商品が売れるためには、買い手にとってそれが使用価値でなければならない。商品生産社会では、各生産者が自由に生産を行うので、生産した商品が誰かの使用価値であるという保証はない。また、売れたとしてもその生産に実際に費やされた労働どおりに評価されるとはかぎらない。超過供給の場合、売り切るためには価格を下げざるをえない。生産に支出された労働の一部は無駄な労働であり、社会的に低く評価されたことになる。このように、社会的分業の実現が、質的にも量的にも、自然発生的・偶然的であるから、商品の販売は「命懸けの飛躍」（KI一二〇ページ）である。

次に、G―Wをみてみよう。購買は、貨幣を支払って、使用価値を手に入れることであり、使用価値の実現である。

(2)　総流通と貨幣流通　ここでもう一度、W（米）―Gをみてみよう。これは、米の所有者からみれば販売であるが、貨幣所有者からみれば購買である。この貨幣所有者は、すでに何かを販売している。G―W

（肉）も、貨幣所有者からみれば購買であるが、肉の所有者からみれば販売である。手に入れた貨幣で何かを購買する。

このように、商品の販売と購買は相互にからみ合い、総流通（図３―２）を形成している。Ａは米を売って貨幣を受け取り、その貨幣で肉を買う。Ｂは肉を売って貨幣を受け取り、その貨幣で魚を買う。Ｃは魚を売って貨幣を受け取り、その貨幣で茶を買う。それぞれの商品は、生産部面から流通部面に入り、そこでもち手の交換が行われ、消費部面に出てゆく。流通を出た商品は消費され、ふたたび流通に戻ることはない。

このような商品相互のからみ合いは、物々交換では存在しない。米と肉の交換であれば、米の所有者Ａと肉の所有者Ｂだけが登場するのであり、それ以外の第三者とはなんら関係がない。しかし、商品交換を貨幣が媒介するようになると、もち手交換が販売と購買とに分離し、貨幣を結節点とすることによって、販売と購買の連鎖が成立するのである。

このように、貨幣が、さまざまな商品のもち手交換を媒介しながら、販売と購買の連鎖を形成し、社会全体の生産と消費を媒介する機能を、貨幣の流通手段機能という。このとき、貨幣は、Ａ→Ｂ→Ｃ→Ｄ→……のように、もち手をどんどん変えながら、つねに流通部面にとどまって、流通手段の機能を果たす。これを貨幣流通（または通流）という。

(3)　恐慌の可能性

貨幣をもっていれば、欲しいものを買うことができる。しかし、自分の商品を売って貨幣を手に入れても、必ずしも買うとはかぎらない。欲しい商品がなければ、無理に買う必要はない。欲しい商品が現れるまで、貨幣のままもっていればよい。

これに対して、販売は、購買するために行われるのだから、「販売と購買は一致する」というのが、セイ法則である。物々交換の場合、二つの商品のもち手交換が同時に行われる。しかし、商品流通の場合は、販売と購買という二つの過程にわかれるから、両者がつねに一致するとはかぎらない。

たとえば、Dは茶を売ったけれども何も買わなければ、流通の連鎖はそこで途切れてしまう。貨幣は、これ以上、流通手段としての機能をはたすことができなくなる。このような状況が経済全体におよべば、生産・流通・消費はパニックに陥る。だから、貨幣を媒介とする商品流通には、恐慌の可能性がある。

2　貨幣流通法則

流通手段として必要な貨幣量（流通必要貨幣量）は、諸商品の価格総額と貨幣の流通速度とによって決まる。これを「貨幣流通法則」という。

諸商品の価格総額とは、代金として実際に相手に支払われた貨幣の累計額であり、「実際に販売された価格×実際に販売された数量」を、すべての取引にわたって合計したものである。しかし、この価格総額と同額の貨幣が必要となるわけではない。同じ貨幣がくり返し使用されるからである。

貨幣の流通速度とは、一定期間内に同一の貨幣片が使用される回数であり、貨幣が流通手段として使用される回数である。つまり、貨幣のもち手が何回換わるかという回数である。図3―2の取引が一年間で行われたとしよう。このとき、貨幣はA→B→C→D→Eと四回もち手を換えている。したがって、流通速度は四。はじめAがもっていた貨幣が、米→肉→魚→茶と四回の売買を実現させている。これを考慮すれば、流通必要貨幣量は、以下のようになる。

$$流通必要貨幣量=\frac{諸商品の価格総額}{貨幣の流通速度}=\frac{\Sigma p_i \times q_i}{v} \quad \cdots\cdots\cdots ①式$$

ただし、p_i＝商品 i の価格、q_i＝商品 i の数量、v＝貨幣の流通速度

ここで注意しなければならないのは、諸商品の価格総額と貨幣の流通速度が、流通必要貨幣量を決定している、①式でいえば「右辺が左辺を」決定しているという関係である。貨幣が価値尺度として機能し、商品に価格をつけたあとに、貨幣と商品が交換される。流通手段として必要な貨幣量だけが流通するのであり、余分な貨幣は流通部面から排出される。

この式の逆の関係、すなわち「流通貨幣量が商品価格を決定する」と主張するのが、「貨幣数量説」である。商品数量と貨幣流通速度に変化がなければ、貨幣量が増えれば価格が上昇し、貨幣量が減れば価格が低下すると主張する。しかし、これは、商品の価値規定を無視した議論である。

価値章標（紙幣）　流通において、目的は商品であり、貨幣はあくまでも手段である。したがって、流通手段としての貨幣は、金それ自体が使われる必要はなく、金の代理の機能を果たすもの（紙幣など）でよい。この金の代理物のことを価値章標とよぶ（詳しくは、第Ⅴ節第1項で）。

Ⅲ　貨幣としての貨幣

以上、貨幣は、第一に価値尺度として機能し、第二に流通手段として機能することをみた。そこでは、価値尺度においては現実の貨幣は必要とされず、流通手段としては価値章標による代理が可能であった。

しかし、貨幣には金でなければ（十分に）はたすことができない機能がある。富の蓄蔵、支払手段、世界貨幣としての機能である。ここで貨幣は、価値尺度と流通手段とが統一したものとして機能し、絶対的な富として貨幣そのものが目的となる。

1　蓄蔵貨幣

欲しいものをいつでも買えるようにしておくには、手元にいくらかの貨幣を準備しておかなければならない。「売ることことなしに買うためには、彼は、あらかじめ、買うことなしに売っていなければならない」（KⅠ一四五ページ）。W—G—Wの連鎖が、W—Gで中断され、G—Wで補われない場合、貨幣は蓄蔵貨幣となる。

価値尺度と流通手段の統一としての貨幣は、自らが物差しとなってすべての商品の価値を尺度し、いつでも好きなときにその価格で交換をすることができる。「商品流通の拡大とともに、貨幣—富の、いつでも出動できる、絶対的社会的な形態—の力が増大する」（同）。そうなると、貨幣そのものが目的となり、貨幣を貯めることが至福のよろこびとなる。この蓄積欲に限界はない。貨幣蓄蔵者にとっては、勤勉、節約、貪欲が金科玉条となる。

蓄蔵貨幣は、商品流通を中断して貨幣を保持することによって形成されるが、これは流通に必要な貨幣のための貯水池としても機能する。流通必要貨幣量が増大すると、蓄蔵貨幣の一部が流通手段として出動する。逆に流通必要貨幣量が減少すれば流通に過剰な部分が蓄蔵貨幣として保持される。だから、流通手段としての貨幣が過剰になることはない。

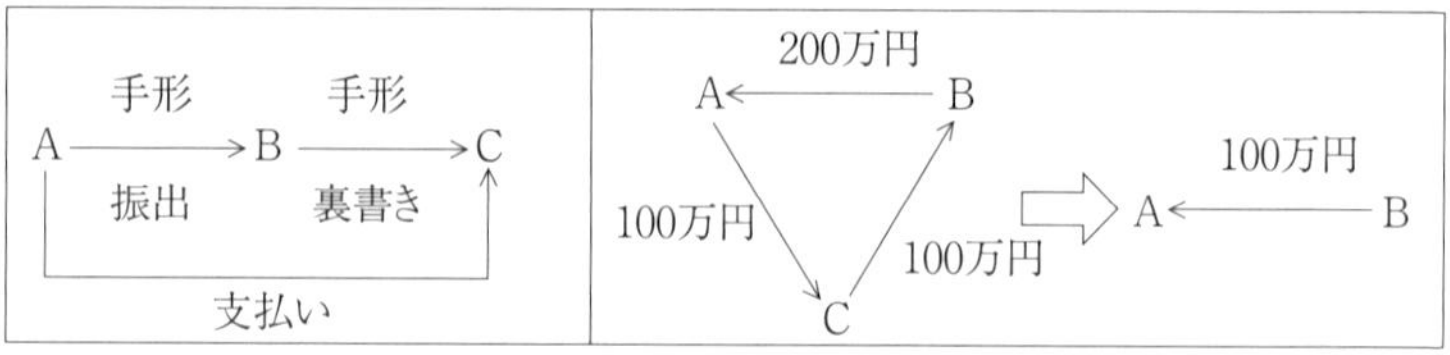

図3－3　支払い手段の節約

2　支払手段

(1)　債権・債務関係と支払手段

商品売買は、掛け売り・掛け買いという形をとることもある。この場合、商品の譲渡と、その商品の価格の実現とが時間的に分離される。販売者からみれば、相手が後日代金を支払うことを信用して、商品を先に渡す。購買者からみれば、相手に後日代金を支払うことを約束して、商品を先に受け取る。販売者は債権者となり、購買者は債務者となる。債務者は、約束の日に貨幣を支払う。この債権・債務関係を決済するための貨幣が、支払手段である。

債権・債務関係に連鎖や重複があれば、支払手段としての貨幣は相殺され節約される。たとえば、AがBに一〇〇万円の債務をもち、BがCに一〇〇万円の債務をもっている場合、AがCに一〇〇万円支払えばよい（図3—3左図）。また、AはCに一〇〇万円の債務を、BはAに二〇〇万円の債務を、CはBに一〇〇万円の債務をもっている場合、BがAに一〇〇万円支払えばよい（図3—3右図）。

(2)　貨幣恐慌の可能性

債務者は、支払期日に約束の額を支払わなければならない。そのためには、商品を売って貨幣を準備しておかなければならない。債務者が支払わない場合は、所有物の強制販売が行われる。支払手段としての貨幣を手に入れることが、販売の目的となる。

債務をもっていても、相殺されれば支払手段を準備する必要はない。しかし、なんらかの事情で、連鎖が切断され相殺関係が成立しなくなると、債務者は支払を迫られる。貨幣を手に入れるために、販売を強制される。このような状況がかさなると、売りが集中し、商品価格が暴落する。その結果、さらなる債務不履行が発生し、連鎖が切断され、さらに販売を強制される……。すべての人が、貨幣の入手のためにあわてふためく、パニック状況が現れ出る。ここに貨幣恐慌の可能性が存在する。

このようなパニックはバブル崩壊後の状況そのものである。借金をして債務を膨らませるだけ膨らませて、株や債券、不動産等の資産を買う。資産が値上がりをつづけているうちは、支払手段を用意しておく必要はないが、いざバブルが崩壊し、資産価格が低下に転じると、債務の返済を迫られる。資産の投げ売りがはじまり、さらに資産価格が低下する。債権・債務関係の規模が大きくなればなるほど、またその連鎖が広がれば広がるほど、その衝撃は大きくなる。

3　世界貨幣

貿易の発展により、さまざまな使用価値が国境を越えて交換されるのにしたがって、労働の社会性も世界的なものとなる。世界市場においてこそ、質として区別のない抽象的人間労働が完成する。その反映として、貨幣もまた世界貨幣へと発展する。世界市場に対応するのが世界貨幣である。価格の度量標準や鋳貨、価値章標は国内でしか通用しない。商品流通が国内市場の領域から世界市場の領域にまで拡大すると、貨幣は世界貨幣となり、金の地金形態に立ち返らなければならない。

第一に、世界貨幣は「一般的支払手段」として機能する。国際間の収支の最終的な決済をするために、赤字国から黒字国へ支払われる貨幣である。赤字国からは金が流出し、黒字国へは金が流入する。

第二に、世界貨幣は「一般的購買手段」として機能する。災害や戦争によって、ある国が一時的に大量の物品を輸入する必要が生じたとき、保有する金を使って輸入を行う。

第三に、世界貨幣は「富一般の絶対的社会的物質化」として機能する。支払でもなく、購買でもない、一国から他国への富の移転が行われる場合である。対外援助金や貸付金、賠償金などがこれにあたる。

Ⅳ　世界貨幣とドル

第二次世界大戦後の世界経済において、基軸通貨として、世界貨幣の機能を代理してきたのが米ドルである。基軸通貨とは、国際的な貿易や資本取引を集中的に媒介する通貨である。(1) 基軸通貨としてのドルは、一九七一年までのブレトンウッズ体制とよばれる固定相場制の時期と、それ以降の変動相場制の時期にわかれる。

1　ブレトンウッズ体制

一九四四年七月、アメリカ北東部ニューハンプシャー州のブレトンウッズで、第二次世界大戦の勝者である連合国側、四四カ国が参加した連合国通貨金融会議（ブレトンウッズ会議）が開催された。この会議では、戦後の国際金融秩序の再構築が議論され、復興・開発のための長期資金を融資する国際復興開発銀行（通称「世界銀行」）と、国際収支不均衡を是正するための短期資金を融資する国際通貨基金（ＩＭＦ、International Monetary Fund）の設立が決められた。

ＩＭＦの目的は、為替の安定を図り、貿易を拡大することにあった。そのために、加盟国は、自国通貨を基軸通貨ドルに対して固定し（日本の場合「一ドル＝三六〇円」の固定相場制）、経常取引にかんする為替制限を撤廃することが義務づけられた(2)。一方、アメリカは、各国の通貨当局の要求があれば、「純金一オンス＝三五ドル」の交換比率でドルを金と交換する義務を負った。国際間の収支の最終的な決済は、ドルで行われたが、そのドルが金との交換を保証されることによって、間接的に、金が世界貨幣の機能をはたしていた（金ドル本位制）といえる。日本がＩＭＦに加盟した、一九五二年当時のドルと主要国通貨の為替レートは、図３―４のとおりである。

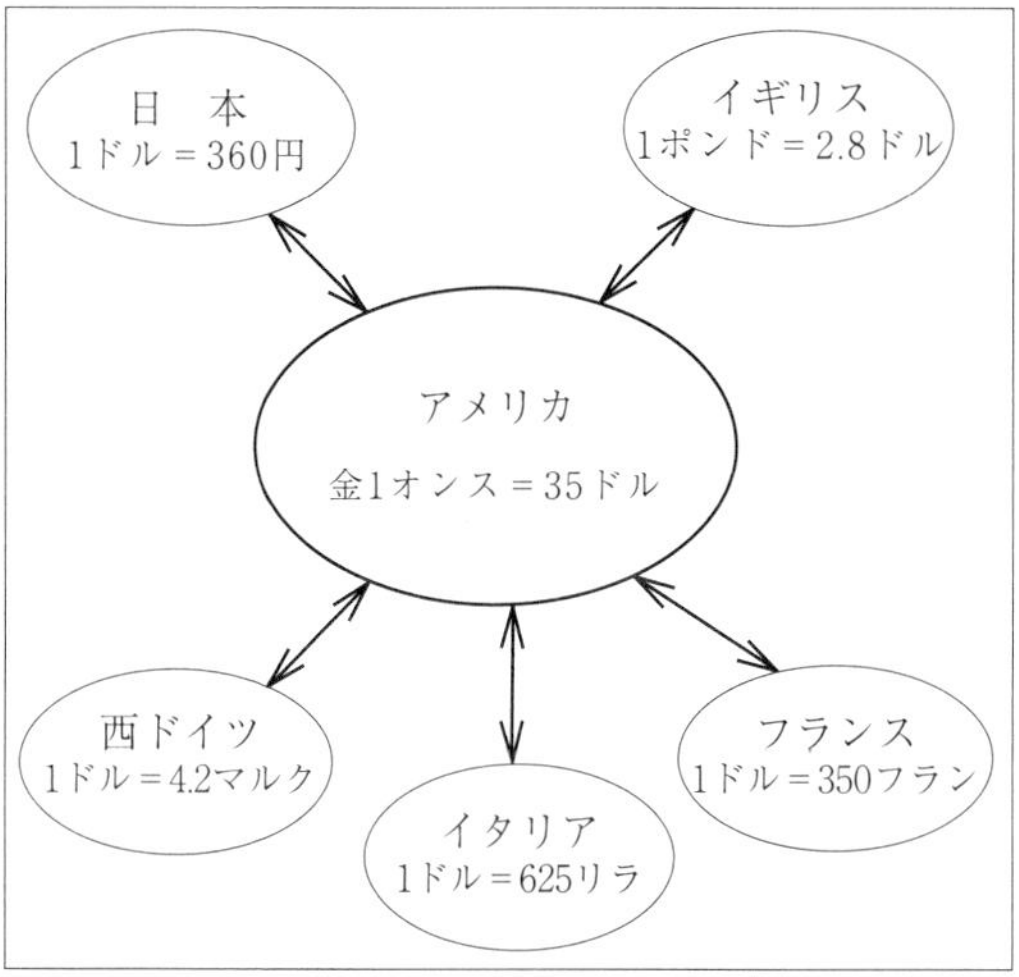

図３－４　1952年の為替レート

ブレトンウッズ体制下の日本では、固定相場制を維持するために、「国際収支の天井」が問題となった。景気拡張がつづくと、原油、原材料、機械、器具など生産財の輸入が増大し、貿易収支が悪化した。貿易収支の赤字がつづくと、ドル不足で輸入代金を支払えなくなるから、政府は景気抑制策（金融引締）を採らざるをえなくなる。景気が後退して、輸入が減少し、貿易収支が改善されたところで、抑制策は解除され、景気は回復へ向かう。

高度経済成長を経て、国際競争力をつけてきた日本

図3－5　変動相場制移行後のドル／円の推移（各月末）

（出所）日本銀行「時系列統計データ検索サイト」（http://www.stat-search.boj.jp）。

経済は、一九六〇年代後半（いざなぎ景気）、輸出を急激に伸ばした。貿易黒字が定着・拡大し、「国際収支の天井」問題から解放された(3)。

2　ニクソンショック

ブレトンウッズ体制は、アメリカの絶対的な経済力と、金保有（共産圏を除く世界の金の七〇％を保有）を基盤にしていた。ドル不足に悩まされていた西欧各国や日本が復興をはたし、徐々に競争力を高めてくると、今度はドル過剰が問題となった。

貿易の拡大に応じて、その決済に必要なドルが増大する。国際決済手段としてのドルは、最終的にアメリカの国際収支赤字によって供給されるしかない。ところが、国際収支赤字は、基軸通貨としてのドルに対する信頼を低下させる。いわゆる「トリフィンのジレンマ」が、現実のものとなった。

アメリカの国際収支赤字は、政府による海外援助、ベトナム戦争などのための対外軍事支出や、多国籍企業による長期資本輸出（対外直接投資）がおもな原因だった。ところが、一九六〇年代後半からは、貿易収支も赤字転落の瀬戸際に立たされていた。

アメリカは、国際収支が赤字になっても、自国通貨であるドルをそのまま国際通貨として使える（「基軸通貨国の特権」）ので、ドル不足が問題になることはない。しかし、アメリカはドルを金と交換する義務を負っている。国際収支黒字によりドルを貯め込んだ国が、金との交換を要求すれば、アメリカの金不足が現実のものとなる。フランスのド・ゴール大統領は、保有していたドルを、アメリカに要求してどんどん金に換えていった。アメリカの金準備は減少し、金との交換性に不信が生じた。

一九七一年、貿易収支赤字が確実となったアメリカのニクソン大統領は、八月一五日に金・ドル交換の停止を発表する（ニクソンショック）。一二月のスミソニアン協定では、ドルの切り下げによって（日本からみれば一ドル＝三〇八円に切り上げ）、固定相場制の再編が試みられたが、七三年三月までには主要各国が固定相場制を放棄し、変動相場制へ移行した。図3―5にみられるように、円はドルに対して上昇していった。

3　金融の国際化・自由化とユーロ市場

「固定相場制（為替の安定）」、「資本移動の自由」、「金融政策の独立性」という三つの目標を、同時に達成することはできない。このことは、政策トリレンマとよばれる。ブレトンウッズ体制では、固定相場制と国内の金融政策の独立性を維持するために、外国との資本取引に関する規制が存在していた。とくに、一九六〇年代のアメリカは、ドルの信認低下を防ぐため、資本の流出を厳しく制限していた。六三年には、金利平衡税を導入し、外国の経済主体が、アメリカ国内で起債する際に課税を行った。また、六五年には、対外投融資自主規制が実施された。このような規制は、ユーロ市場を拡大させる契機ともなった。

しかし、変動相場制移行後は、資本移動を規制する直接的な理由がなくなった。規制が緩和され、資本の国際移動が盛んになっていった。より高い収益を求めて、国境を越えた金融取引が拡大した（金融の国際化）。一九七〇年代後半には、原油価格の高騰により産油国が獲得した大量のドル（オイルマネー）が、欧米の金融機関を通じて、発展途上国に貸し出された。(4) その舞台となったのが、ユーロ市場である。

ユーロ市場のユーロとは、発行国の外部で取り引きされる通貨を意味する。ユーロダラー（Euro dollar）は、アメリカ国外で取引されるドルのことであり、ユーロ円（Euro yen）は、日本国外で取り引きされている円のことである。ロンドンの金融機関をおもな担い手として、ヨーロッパで米ドルの取引が行われたところから、「ユーロ」ダラーとよばれた。欧州連合（ＥＵ）の単一通貨である「ユーロ」（euro）とは関係がない。ユーロ市場では、ドルは自国通貨ではないから、準備預金制度や金利に関する規制が存在しない。ユーロ市場は、自由金融市場として拡大・発展していった。(5)

金融の国際化の進展とともに、金融市場における世界的な競争圧力が強まった。より高い収益を求められる金融機関は、規制の撤廃を要求した。撤廃しないと、資本は簡単に国外に流出してしまう、と考えた各国政府は、金融の自由化を推進した。

アメリカでは、一九七五年に株式売買手数料の自由化が実施された。アメリカ国内の預金金利には、レギュレーションＱによる上限規制が存在したが、八三年に自由化された。九四年には、リーグル＝ニール法により、銀行の州際業務規制（州境を越えた銀行支店の設置禁止）が撤廃された。九九年には、グラム＝リーチ＝ブライリー法により、銀行と証券会社の分離規制が撤廃された。

日本では、一九八〇年に「外国為替および外国貿易管理法」（外為法）が改正され、原則禁止であった為替取引が原則自由となった。八四年には、先物為替取引における実需原則と円転換規制が撤廃された。それまで先物為替取引は、実需原則により、貿易や証券投資など、実際の商取引に対応したものでなければば、許可されなかった。しかし、実需原則の撤廃により、投機目的の先物為替取引が認められることになった。また、円転換規制の撤廃により、国内銀行が海外で調達した外貨建て資金を外為市場で売却し、円に転換することが可能となった。九八年には、「外国為替および外国貿易法」（新外為法、法律名から「管理」が削除）に改正され、外国為替取引は完全自由化された。

金融の国際化・自由化が進むに連れて、経常取引にともなう為替取引でなく、資本取引にともなう為替取引が、外為相場を動かすようになっていった。

4　プラザ合意

変動相場制移行後はドル安が進んだが、一九八〇年代前半は、逆にドル高となった。当時、アメリカの中央銀行制度を統轄する連邦準備制度理事会（ＦＲＢ, Federal Reserve Board）は、インフレ退治のための強力な通貨引締政策をとっており、これがレーガン政権の巨大な財政赤字と相まって、異常な高金利を生みだしていた。アメリカの高金利に引きつけられた外国資本が、ドル資産を買ったおかげで、ドル高が進んだのである。

ドル高は、アメリカの輸出に不利に働き、貿易収支を悪化させ、経常収支の赤字を拡大させた。変動相場制は、貿易黒字国の通貨が上昇（赤字国の通貨は低下）することによって、貿易収支の不均衡を調整するとされていたが、逆に、不均衡が拡大された。アメリカの経常収支赤字と財政赤字とは、「ふたごの赤字」とよばれた。

一九八五年、ドル暴落を懸念した主要国は、九月のＧ５においてドル高を是正することで一致した（プラザ合意）。その後、ドル安は進んだが、アメリカの経常収支赤字は解消されるどころか、拡大をつづけて今日に至っている（図3—6）。

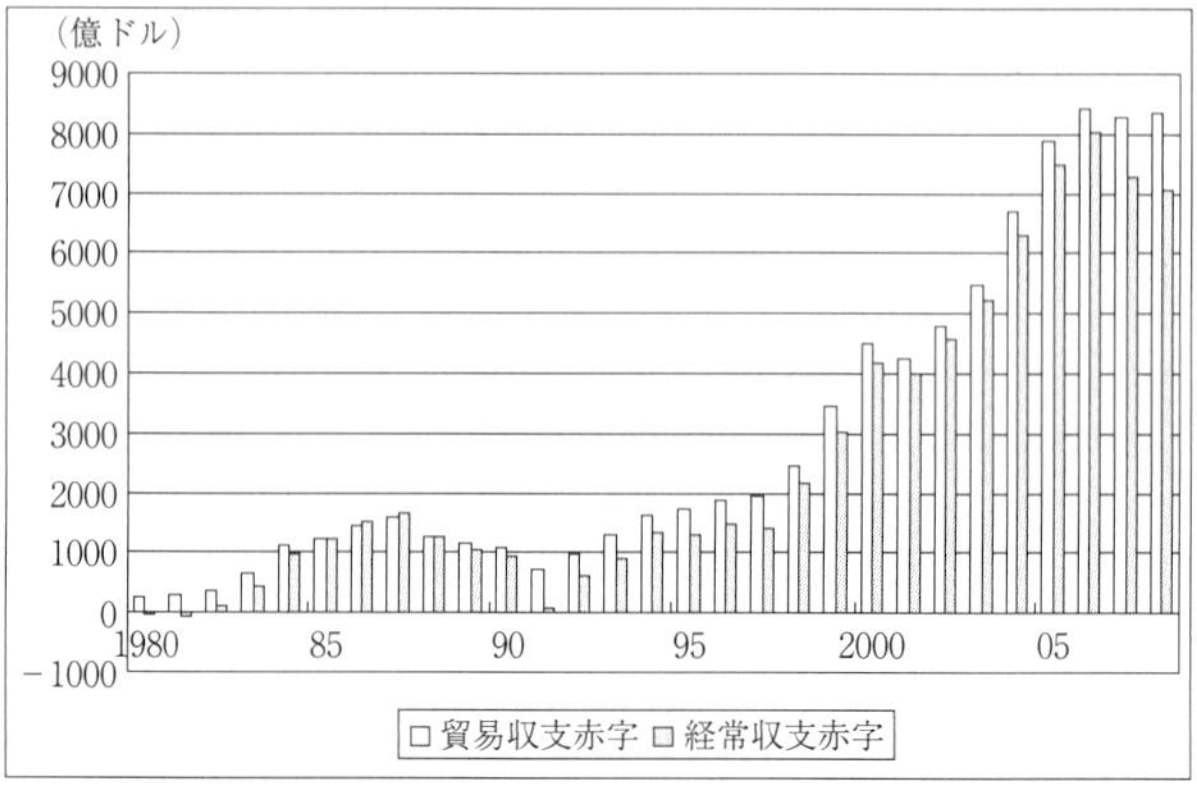

図3－6　アメリカの貿易収支赤字と経常収支赤字

（出所）IMF, *International Finantial Statistics Yearbook.*

5　ドルの還流システム

国際収支表では、外貨準備増減がゼロであれば、経常収支赤字には資本収支黒字が対応する。これは、経常取引で不足するお金を、外国から借金していることを意味する。プラザ合意では、アメリカの借金体質の持続性が疑問視されたわけだが、その後の「経常収支赤字＝資本収支黒字」構造の定着は（図3—7—a）、金交換義務から解放されたアメリカが、基軸通貨国としての特権を維持したまま、外国から借金をつづけている事実（3—7—b）を、如実に物語っている。

金交換が停止され、価値の実体的根拠を失ったドルが、基軸通貨の役割をはたしつづけているのはなぜだろうか。第一には、やはりアメリカの経済力の大きさであろう。かつてのような、絶対的な力はなくなったとはいえ、アメリカは、依然として世界一の経済大国であり、貿易国である。その取引量の大きさと、取引相手の多さとが、ドルの利便性を高め、取引費用を小さくしている。

実際、アメリカは、世界一の輸入大国である。巨額の貿易収支赤字は、世界中で生産された商品の最大の買い手である、という事実の裏側でもある。外国がドルを受け取ってくれるかぎり、アメリカは自国通貨（ドル）を使って、輸入しつづけることができる。輸出する側からすれば、他に買い手をみつけられない以上、アメリカの消費に依存し、ドルを受け取らざるをえない。この点で、ドルは、世界的に価値尺度

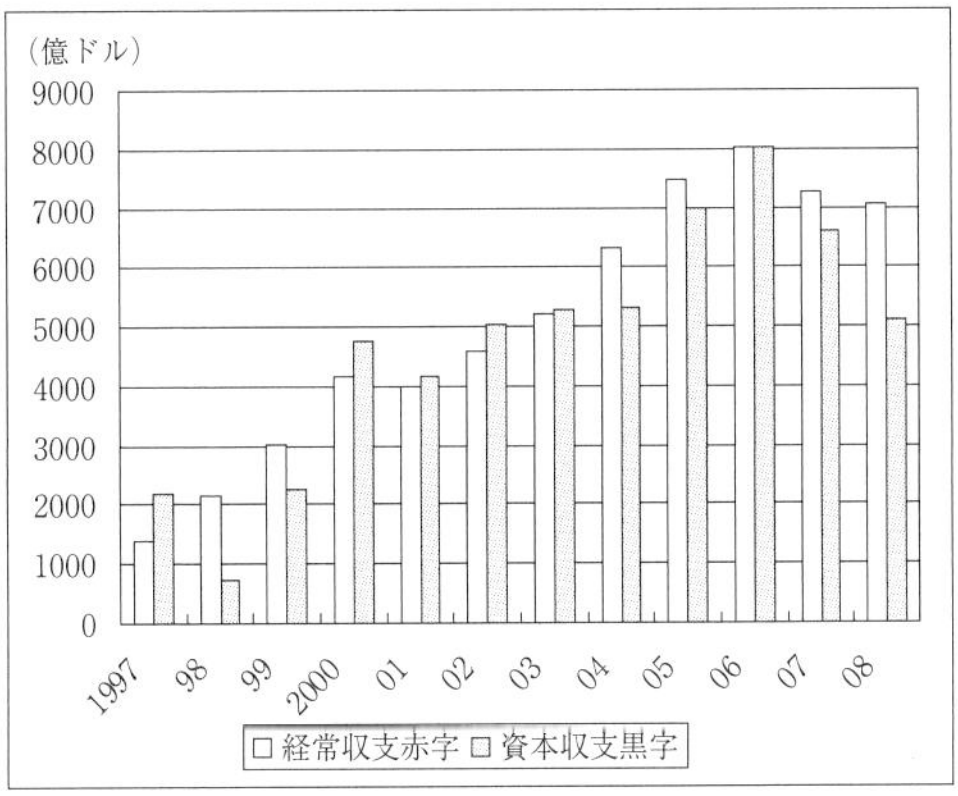

図3-7-a　アメリカの経常収支赤字と資本収支黒字

（出所）図3—6に同じ。

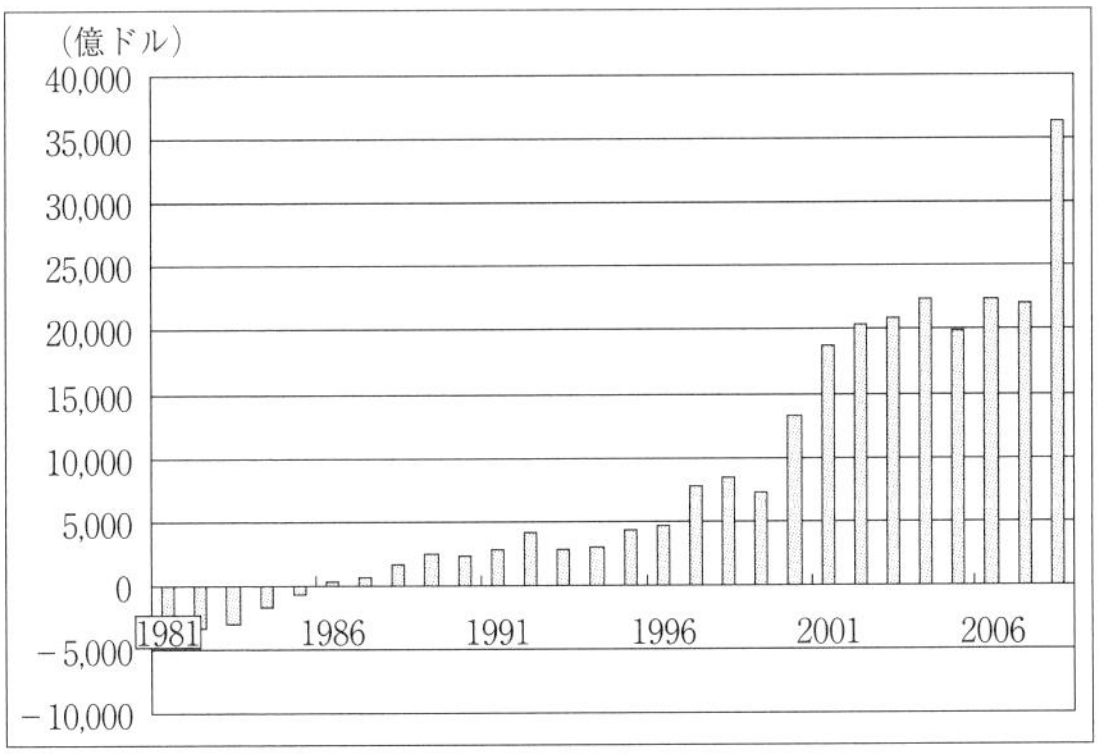

図3-7-b　アメリカの対外純債務

（出所）U.S. Department of Commerce, Bureau of Ecomic Analysis.

機能と流通手段機能を代理しているといえる。しかし、ドルを一方的に流出させるだけでは、過剰なドルが海外に滞留してしまい、ドル価値の低下をもたらすことになる。富の蓄蔵機能が低下する。絶対的富として機能することができなければ、世界貨幣としての機能を代理することはできない。

これを防いでいるのが、資本収支黒字である。アメリカは、外国に対米投資をさせることで、流出したドルを国内に還流させている。金融自由化は、投資家（国）に使い勝手のよい金融市場を提供する役割をはたした。アメリカ金融市場は、今まで、さまざまな収益機会を提供してきた。一九八〇年代は高金利の米国債やM＆Aブームが、九〇年代はニューエコノミーとITブームに湧いた株式市場が、二〇〇〇年代は住宅ブームが、投資家（国）を引きつけた。

基軸通貨としてのドルは、金融市場での利便性にも支えられている。アメリカは、基軸通貨としての特権を維持するために、高収益の金融商品を提供して、世界中の資本を魅了しつづけなければならないのである。

6　世界貨幣＝金

以上、みてきたように、ドルは、あくまでも世界貨幣の機能を代理しているにすぎない。依然として、世界貨幣は金なのである。その証拠として、世界各国の通貨当局（政府および中央銀行）は、外貨準備として大量の金を保有している。アメリカは、二〇〇九年末で、八一三四トンの金を保有している(6)。今までに、世界中で採掘された金の総量は、約一五万トン（オリンピックの公式プール約三杯分）といわれているから、その五％強をアメリカが外貨準備として保有していることになる。日本は、同じく二〇〇九年末で、七六五トンの金を保有している[7]。

金の保有は、利子を生まない。それにもかかわらず、通貨当局が金を保有しているのはなぜか。一九九九年五月二〇日の「議会銀行金融サービス委員会（House Banking and Financial Services Committee）のヒアリングで、当時のＦＲＢ議長だったアラン・グリーンスパン氏は、次のように証言している。

「その理由は、金はなおも世界では究極の支払の形態を表すということである。興味あることには（……オフレコ）戦争中には金でだけ資財を買うことができた。……金はいつでも受けとられ、究極の支払手段であって、通貨の安定要素であり、通貨の究極の価値であると認められている。このことがいつも歴史的に各国政府が金を保有する理由でありつづけてきた[8]」。

やはり、金は世界貨幣なのである。

二〇〇八年には、金の鉱山生産量は世界で二四一五・六トンであった。二〇世紀の初頭以来、南アフリカが金生産第一位であったが、二〇〇七年からは、中国が南アを追い抜き、世界最大の金生産国となっている。二〇〇八年鉱山生産量の上位は、第一位中国（二九二・〇トン）、第二位アメリカ（二三四・五トン）、第三位南ア（二三二・三トン）、第四位オーストラリア（二一五・二トン）となっている[9]。

金を生産するには、多大な労働を必要とする。南アのある大手産金会社では、坑夫は地下二〇〇〇メートルまでエレベーターで下り、地熱で四〇度以上にもなる坑道で働く。水の圧力ドリルで穴を空け、白人の技師がダイナマイトを仕掛け爆破する。爆破した金鉱石を、夜間、地上まで運び、水に溶かし、沈殿した金を取り出す。これを製錬し鋳型に入れ、素金の「ドーレ」（金八五％、銀一五％）をつくる。ドーレは、南ア最大のランド精錬所で、純度九九・五％の「ラージバー」にされる。さらに、ラージバーは、スイスまで輸送され、スイス銀行コーポレイション（現ＵＢＳ）の精錬所で、純度九九・九九％の「スモールバー」にされる。[10] 金にはこれだけの労働が必要であり、だから紙切れのドルと違って価値をもつのである。

注

（1）また、各国に外貨準備として保有される。
（2）制限を撤廃し、外国通貨との交換性を義務づけられた国を八条国といい、猶予として、為替制限を認められた国を一四条国という。
（3）一九六四年、日本はＩＭＦ八条国へ移行した。
（4）一九八〇年代前半、アメリカの金利が上昇すると、途上国の累積債務が問題化した。
（5）国内と海外との取引（内―外取引）を遮断し、外国の資金を外国へ貸し出す（外―外取引）金融市場のことを、オフショア市場という。
（6）FRB, International Summary Statistics, U.S. Reserve Assets, January 2010.
（7）財務省「外貨準備等の状況」二〇一〇年一月八日。
（8）LexisNexis のデータベースより。
（9）GFMS『Gold Survey 2009（日本語ダイジェスト版）』田中貴金属工業、二〇〇九年、付録1。
（10）ＴＢＳ「人はなぜ黄金に魅せられるのか」一九八九年一二月一七日放映。

V　現代の通貨

1　金の代理物

通貨（currency）とは、文字通り貨幣として通用するものである。すでにみた通り、金の代理として機能するものを価値章標という。紙幣も価値章標であるが、同じ紙でできた「お札」でも、いくつかの種類があり、その性格には違いがある。金の代理物（通貨）には、どのようなものがあるのだろうか。

(1)　補助貨幣　金以外の金属（銀、銅、アルミニウム、ニッケル等）を材料とした少額面のコインである。額面と金属価値は無関係であるが、国家による強制通用力によって流通する。

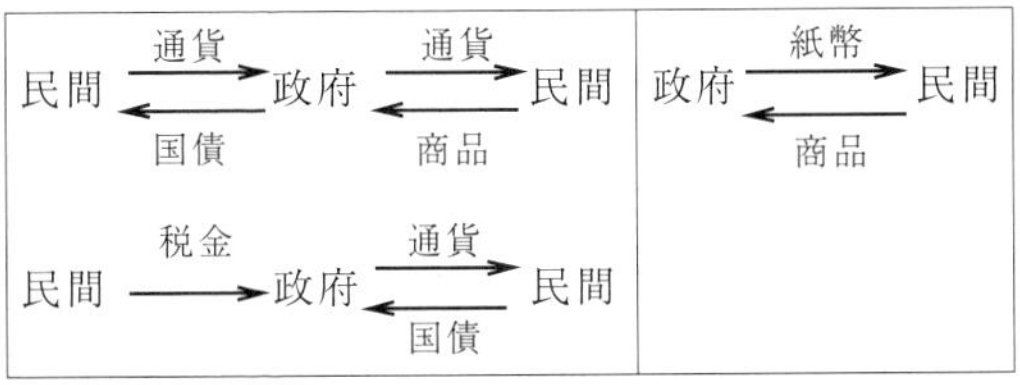

図3－8　国債（左図）と国家紙幣（右図）

(2)　国家紙幣　政府の歳入不足を補うために発行される紙幣である。国家による強制通用力によって流通する。明治維新時に発行された太政官札やフランス革命時のアッシニア紙幣、南北戦争時のグリーンバック紙幣などがこれにあたる。財政赤字を埋めるには、国債を発行するという手段もあるが、国債と国家紙幣とはまったく違う。国債のばあい（図3―8左図）、政府が国債と引き換えに借り入れた通貨で支出を行う。国家紙幣のばあい（図3―8右図）、政府が印刷した紙幣がそのまま流通手段となる。また、国債は満期が来たら償還しなければならないが、国家紙幣はその必要がない。つまり、国債は国による借金であるが、国家紙幣は国による通貨の創造なのである。

(3) **手　形**　将来の一定の時期に一定の金額を支払う約束を示した証券である。手形は、裏書によって、第三者に譲渡することができる（図３—３左図）。振出人の支払能力への信用があれば、流通手段機能を代理することができる。二〇〇八年「電子記録債権法」が成立し、手形を電子化しインターネットで管理する取り組みが始まった。

(4) **兌換銀行券**　銀行が金での支払いを約束した手形である。発券銀行の金支払能力への信用により流通する。発券銀行に提示すれば、いつでも額面金額に記された金量と交換する事ができるので、兌換銀行券の価値は金と固定されている。

(5) **不換銀行券**　中央銀行が発行する兌換が停止された銀行券である。国家の強制通用力と中央銀行への信用によって流通する。

(6) **預金通貨**　小切手や口座振替を使えば、現金の移動をともなわずに、銀行の帳簿上の資金移動だけで決済を処理することができる。それらの基礎となる預金も、通貨として機能する。

2　インフレーション

紙の「お札」は、金の代理機能を完全にはたすことができるのだろうか。歴史をふり返ってみても、太政官札やアッシニア紙幣、グリーンバック紙幣は、乱発によりその価値を維持することができず、激しい物価騰貴を引き起こし、最終的には、発行が停止されたり、新通貨に切り替えられたりした。どうして

「お札」は減価するのだろうか。

⑴　紙幣流通法則

国家紙幣は、紙に印刷するだけなので、いくらでも発行することができる。しかも、商品の代金として散布され、回収されることはない（図3―8右図）。国家紙幣は、流通部面にたまっていく一方である。しかし、国家紙幣は、あくまでも金の代理だから、発行される紙幣が代理できる金量は、流通に必要な金量（流通必要貨幣量）を越えることができない。これが「紙幣流通法則」である。

政府にとっては、増税をする必要がないので、紙幣を発行したほうが手っ取り早い。法則などお構いなしである。紙幣がどんどん印刷され、過剰に発行されたらどうなるだろうか。その場合、より多くの紙幣で流通必要貨幣量を代理するだけだから、紙幣の減価が生じる。このことを簡単な例で示そう。

⑵　国家紙幣とインフレ

さきの「貨幣法」のように、価格の度量標準を「一円＝金七五〇ミリグラム」とし、流通必要貨幣量が「一〇〇万円＝金七五〇キログラム」だと仮定しよう。このとき、政府が倍の二〇〇万円の紙幣（一円紙幣二〇〇万枚）を発行したとする。いくら紙幣を投入しても、七五〇キログラムの金しか代理できない。これを二〇〇万枚の一円紙幣で代理するのだから、一枚の一円紙幣が代理する金量は三七五ミリグラムとなる。つまり、紙幣が流通必要貨幣量の二倍発行されれば、紙幣の価値は二分の一となる。その結果、価格は二倍に騰貴する。これがインフレーション（inflation）である。

インフレは、増税と同じ効果を国民にもたらす。発行者である政府は、タダで購買力を手に入れる。一方、紙幣の減価に応じて、保有者である国民の富は、目減りしていく。インフレは、企業と労働者の関係にも影響を与える。インフレは日々進行するのに対して、賃金の改定には時間がかかる。生活費の上昇に賃金は追いつかない。実質賃金は低下し、その分だけ企業利潤は増大する。インフレは、値上がりする資産をもたない賃金労働者にとって、もっとも深刻である。

⑶　銀行券とインフレ

同じく紙でできた「お札」である銀行券の場合はどうだろうか。第一に、兌換銀行券の場合。先にみたように、兌換銀行券の価値は金と固定されているから、インフレを引き起こさない。もともと、兌換銀行券は金の預かり証だった。金と引き換えに発行されていれば、過剰に発行されることはない。また、銀行制度が発展してくると、手形割引という形で、銀行券が発行されるようになる。この場合でも、手形の支払期日が来れば、銀行券（もしくは金）が戻ってくる。国家紙幣のように、一方的にたまっていくのではなく、発券銀行に還流する仕組みがある。

それでは、銀行券が還流してこなかったらどうなるだろう。銀行券が必要以上に流通すれば、国家紙幣と同じように銀行券の価値は低下する。しかし、兌換銀行券の場合、金と交換できるので、減価したら金と交換されてしまう。金との交換によって、銀行券保有者の富は維持される。

第二に、不換銀行券の場合。兌換できないのだから、銀行券の価値は、金から乖離《かいり》する。しかし、不換銀行券も「還流の仕組み」をもっている。還流の仕組みがうまく機能していれば、銀行券の価値は安定する。機能不全を起こした場合、銀行券は国家紙幣へと堕落する。

3　今日の日本銀行券

⑴　日銀券の発行・還収経路

現在、われわれが使用している「お札」は、日本銀行が発行している不換銀行券である。この、日本銀行券の「還流の仕組み」をみてみよう（図3―9）。

日本国内で銀行券を発行できるのは、日本銀行だけである。その証拠に、一万円札には「日本銀行券」

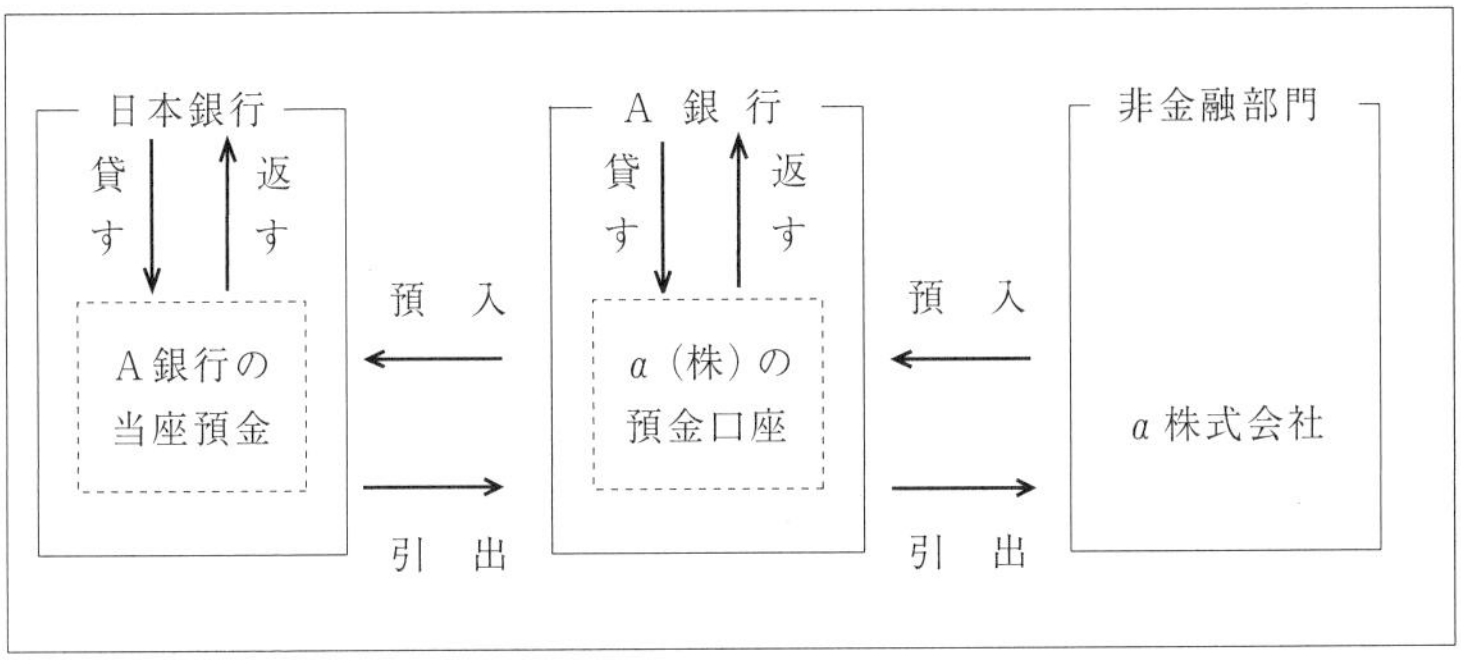

図３－９　日銀券の発行・流通経路

と書いてある。だから経路は日銀から始まる。政府以外で、日銀と直接取引できるのは、金融機関だけである。（市中）銀行は、日銀に当座預金口座（日銀当預）をもっており、この口座を通して日銀と取引を行っている。日銀は、銀行券をタダで配っているわけではない。銀行券は、日銀が銀行に貸す、という形をとる。A銀行は、必要な銀行券を日銀当預から引き出し、もち出す。銀行券が、日銀から外へ出ていくことを「発行」という。

A銀行は、この日銀券をもとにして、非金融部門に貸し出しを行う。α株式会社は、必要な銀行券を自分の預金口座から引き出し、商品代金や賃金の支払いのために使用する。このようにして、流通部面に出てきた銀行券は、つぎつぎともち手を換えて、商品流通を媒介する。

流通部面が必要としない銀行券は、預金として銀行に戻ってくる。また、貸し出しを受けたα株式会社は、A銀行に返済をしなければならない。同じように、市中銀行も必要としない銀行券を日銀にもち込み、日銀当預に預け入れる。銀行券が、日銀へ戻ってくることを「還収」という。また、借りた銀行券は、日銀に返済をしなければならない。

(2)　マネタリーベース[1]　マネタリーベースとは、日銀が供給する通貨（の残高）のことである。銀行は、日銀から供給された銀行券を基礎として、貸し出しを行う。つまり、マネタリーベースとは、銀行が貸し出しのために使用することができる通貨であるといえる。使用しうる通貨は、発行された銀行券だけではない。日銀に預けてある日銀当預も、引き出せば使うことができるし、日銀ネットを用いた振替により銀行間の決済に使用できる。つまり、

マネタリーベース＝日本銀行券発行高＋（補助）貨幣流通高[2]＋日銀当座預金

表3－2－a　マネタリーベース
（2009年11月末残高、億円）

日本銀行券発行高	762,691
貨幣流通高	45,313
日銀当座預金	130,068
マネタリーベース	938,072

（出所）日本銀行「マネタリーベースと日本銀行の取引」。

二〇〇九年一一月末現在のマネタリーベースは、表3—2—aのとおりである。

(3)　銀行の信用創造機能　銀行は、自分が保有する銀行券（日銀当預を含む）の何倍もの貸し出しを行うことができる。これを、銀行の信用創造機能という。

たとえば、銀行が一億円の貸し出しを行う場合。この貸し出しは、銀行券を手渡すという形で（すなわち現金で）行われるわけではない。借り手の口座に、一億円が預金として記されるだけである。借り手は、必要に応じて口座から現金を引き出す。この払い戻し要求に備えて、銀行は現金を準備しておく必要がある。しかし、一億円全額を準備しておく必要はない。実際に引き出されるのは、その一部だからである。預金に対して、現金を準備している割合を準備率という。ここで、準備率は一〇％だと仮定しよう。一億円の貸し出し（預金）に対して、一〇〇〇万円の銀行券を準備していれば、払い戻し要求に十分応え

ることができる。別の言い方をすれば、一〇〇〇万円あれば一億円を貸し出すことができる、ということである。つまり、

$$貸出額 \times 準備率 = 現金準備 \quad \Rightarrow \quad 貸出額 = 現金準備 \times \frac{1}{準備率}$$

という関係になっている。銀行は、「保有する現金×準備率の逆数」の貸し出しを行うことができる。この「準備率の逆数」のことを、「信用創造乗数」という。

(4)　マネーサプライ（マネーストック）　マネーサプライ（money supply）とは、貨幣発行主体が供給する通貨量の残高のことである。銀行券は日銀しか発行できない。しかし、（市中）銀行は、日銀から借り受けた銀行券を基礎として、非金融部門に貸し出しを行うことによって、通貨を供給することができる。貨幣発行主体（貨幣を供給する側）とは、日銀を含む金融部門であり、貨幣保有主体（貨幣を供給される側）とは、非金融部門である。だから、マネーサプライとは、非金融部門が使用することができる通貨（の残高）であるといえる。

非金融部門が使うことができる通貨は、銀行券だけではない。預金も、引き出して支払に使うことができるし、口座振替で決済に使用できる。したがって、マネーサプライとは、「現金通貨＋預金」である。マネーサプライは、預金をどの範囲まで通貨とするかによって、いくつかの指標に分けられる。

表3-2-b　マネーストック（2009年11月末残高、兆円）

M3	1057.9
M1	480.1
現金通貨	72.4
預金通貨	407.7
準通貨	551.3
譲渡性預金	26.5
M2	759.3

（出所）日本銀行「マネーストック速報」。

二〇〇八年、日本銀行は、それまでの「マネーサプライ統計」を見直すとともに、名称を「マネーストック（money stock）統計」に変更した。統計の見直しは、郵政民営化によって、「郵便局」が「ゆうちょ銀行」に変更されたことによる。また、名称の見直しは、「サプライ」という言葉を使うと、日本銀行が一方的に通貨量を決定している、との誤解が生じるためである。「経済全体に流通している通貨量は、金融機関の与信行動と企業や家計などの通貨需要の相互作用によって決まる」（日本銀行調査統計局「マネーストック統計のＦＡＱ」）。ところが、「サプライ」という用語では、需要側（demand）の要因を無視してしまうことになる。そこで、名称を変更したのだが、「貨幣発行主体が供給する通貨量の残高」であることに変化はない。マネーストック統計では、以下のようにＭ１、Ｍ３、Ｍ２を定義している。

現金通貨＝日本銀行券発行高＋（補助）貨幣流通高－金融機関保有現金
Ｍ１＝現金通貨＋預金通貨＝現金通貨＋要求払い預金（当座預金・普通預金等）
Ｍ３＝Ｍ１＋準通貨（定期預金等）＋ＣＤ（譲渡性預金）
Ｍ２＝Ｍ３から、ゆうちょ銀行や信用組合等に預け入れられた分を除いたもの
二〇〇九年一一月末現在のマネーストックは、表３―２―ｂのとおりである。

(5)　過剰な銀行券

不換銀行券であっても、「還流の仕組み」がきちんと機能していれば、必要に応じて通貨量が調整される。経済の拡大とともに必要な通貨量が増えれば、銀行は非金融部門に融資をして、資金需要に応じる。「貸し出し＝預金」の拡大によって、銀行準備が足りなくなれば、日銀が日銀当預を通じて貸し出しを行い、銀行の資金需要に応じる。

ところが、銀行（日銀を含む）が無責任な貸し出しを行うと、「還流の仕組み」が機能不全に陥り、過

剰となった通貨がインフレを引き起こす。過剰な通貨は、どのようにして投入されるのだろうか。

第一に、オーバーローン、すなわち銀行の与信超過である。銀行が、借り手の要求に応じて、貸し出しを増やしていけば、準備金が不足する。しかし、準備不足に陥っても、つねに、日銀から不足分を借り入れることができれば、銀行は資金繰りを心配することなく、融資を拡大することができる。「そうなると、銀行はおのずから信用供与を律する基準を見失い、強い資金需要に引きずられがちになる」[3]。高度経済成長期、都市銀行は、日銀からの優先的な資金供給により、大企業からの旺盛な資金需要に低金利で応えることができた。これがオーバーローンであり、問題となった。その後、オペレーション（後述）によって資金供給を行う「新金融調節方式」が実施（一九六二年）された。それでも、いざとなれば日銀が助けてくれる、という甘えがあれば、銀行の経営節度に弛緩が生じ、返済能力や事業内容を無視した貸し出しが行われる。

表3-3　終戦直後のインフレ

	小　売	卸　売	銀行券
1944	2.098	2.319	177.5
1945	3.084	3.503	554.4
1946	18.93	16.27	934.0
1947	50.99	48.15	2191.4
1948	149.6	127.9	3552.8
1949	243.4	208.8	3553.1

注
小売＝東京小売物価指数；1934～36年平均＝1
卸売＝卸売物価指数；1934～36年平均＝1
銀行券＝日本銀行券発行高；億円
（出所）日本銀行統計局『明治以降本邦主要経済統計』1966年。

第二に、日銀による国債の引き受け・買い入れ。国債を日銀が引き受ける（政府から直接買い取る）と、日銀にある政府預金が増える。政府がこの預金を民間への支払にあてれば、銀行券の発行高が増える。また、日銀が銀行から国債を買い入れる場合は、銀行の日銀当預が増えることになる。日銀が政府の要求に応じて、どんどん国債の保有を増やしていけば、過剰となった通貨が、インフレを引き起こす。

このように、「還流の仕組み」をもっている不換銀行券といえども、無責任な貸し出しが行われると、インフレを引き起こす。膨張した通貨が、生活手段の購入に向かえば、全般的な商品価格の上昇をもたらす（表３—３）。株や不動産といった資産購入に向かえば、「資産インフレ＝バブル」を発生させる。

４　金融政策の枠組み

「還流の仕組み」が機能不全を起こせば、インフレやバブルが発生し、経済活動や日常生活に大きな打撃を与える。そのため、日本銀行は、発券銀行として、通貨価値を安定させる責務を負う。「日本銀行法」は、その第一条で、「日本銀行は、わが国の中央銀行として、銀行券を発行するとともに、通貨及び金融の調節を行うことを目的とする」としている。また、第二条では、「日本銀行は、通貨及び金融の調節を行うにあたっては、物価の安定を図ることを通じて国民経済の健全な発展に資することを目的とする」としている。このように、物価の安定、安定的な経済成長などの目標を達成するために、日銀は金融政策を実行する。

⑴　政策金利　金融政策の基本は、金利の上げ下げである。物価が上昇しているときは、金利を上げ、物価が下落しているときは、金利を下げる。つまり、

金融引締＝金利引上→資金が借りにくくなる……インフレ対策
金融緩和＝金利引下→資金が借りやすくなる……不況対策

日銀が、金利を上げ下げするときに、直接的な操作目標となる金利を政策金利という。現在、政策金利となっているのは、「無担保コール・オーバーナイト物」の金利である。日銀は、このコールレートをの

ぞましい水準に誘導することによって、金融市場の金利全般に影響を与えようとしている。誘導目標となる金利水準は、日銀政策委員会の金融政策決定会合で決定される。

(2) コール市場　コール市場とは、金融機関同士が短期的な資金を貸し借りする市場である。そのなかでも、オーバーナイト物とは、借りた翌営業日に返済する翌日物のことである。準備金が不足している銀行は、コール市場を通して、準備金に余裕のある銀行から短期の資金を借りる。金利は、資金の需給状況によって上下する。借りたいという資金需要が、貸したいという資金供給を上回れば、金利は上がる。逆に、資金需要が資金供給を下回れば、金利は下がる。日銀は、市場参加者の一員として、コール市場に参加し、金利を誘導する。金利が目標水準を越えて上昇している場合は、コール市場へ資金を供給して、金利を下げる。逆の場合は、市場から資金を吸収して、金利を上げる。日銀が日々行っている資金の供給や吸収を、金融調節という。

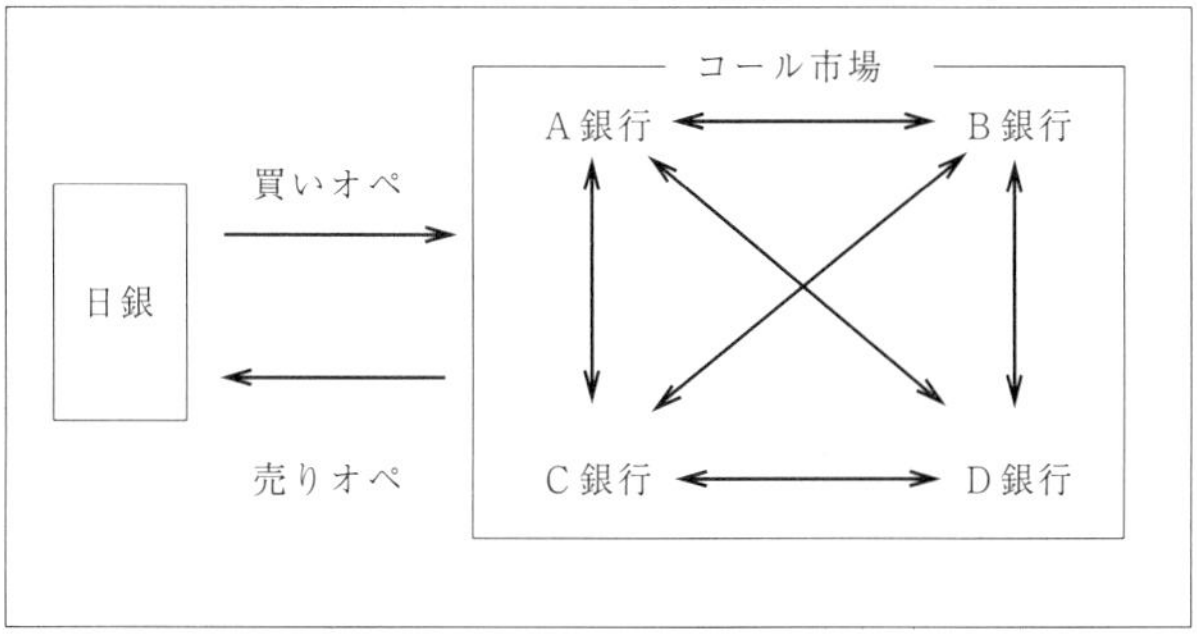

図3-10　オープン・マーケット・オペレーション（公開市場操作）

(3) オープン・マーケット・オペレーション（公開市場操作）　金融調節を実際に行う手段が、オープン・マーケット・オペレーションである（図3―10）。コール市場の資金が不足している場合は、日銀が、金融機関から国債や手形などを買って（日銀は代金を支払う）、資金を供給する（買いオペ）。逆に、コール市場の資金が過剰な場合は、日銀が、金融機関へ国債や手形などを売って（日銀は代金を受け取る）、資金を吸収する（売りオペ）。

オペレーションは、入札によって行われる。日銀の募集に対して、金融機関が希望する金額や金利をつけて入札、条件のよい順に落札される。金利が高ければ、債券の価格は安くなる。逆に、金利が低ければ、債券の価格は高くなる。買い手にとって、価格は安い方がよい。だから、買いオペの場合は金利が高い順に落札される。売り手にとって、価格は高い方がよい。だから、売りオペの場合は金利が低い順に落札される。

⑷　金融政策の作用　日銀は、オペレーションによって、コール市場の資金量を調節し、コールレートを上げ下げする。それが、他のさまざまな金利に波及し、貸し手である銀行や、借り手である企業の経営に影響を与える。日銀は、「日本銀行と金融政策（解説パンフレット）」（二〇〇七年八月）で、その経路を次のように説明している。

金融緩和では、「金融市場で金利が下がると、金融機関は、低い金利で資金調達できるので、企業への貸し出しにおいても、金利を下げることができます。そうすると、企業は、運転資金（従業員の給料や仕入れに必要なお金）や設備資金（工場や店舗建設など設備投資に必要なお金）を借りやすくなり景気が刺激され、物価の下落圧力が弱まります（あるいは、上昇圧力が高まります）」。

金融引き締めでは、「金融市場の金利が上昇すると、金融緩和の逆で、金融機関は、以前より高い金利で資金調達しなければならず、企業への貸し出しにおいても、貸出金利を引き上げます。そうすると、企業は、運転資金や設備資金を借りにくくなり、企業活動が抑制されるので、景気の過熱を冷やすことになります。物価の上昇圧力も和らぎます（あるいは下落圧力が高まります）」。

このように、金融政策では、「金利↓投資」という効果が想定されている。企業の投資行動を左右する要因は、予想収益率と利子率である。予想収益率が利子率を上回れば上回るほど、投資は増大する。逆に、予想収益率が利子率を下回れば、投資は行われない。だから、予想収益率に変化がなければ、投資量を決定するのは利子率ということになる。利子率が低下すれば、今まで行われなかった案件でも、利益を上げられるようになり、投資が増える。利子率が上昇すれば、投資に見合う利益を得られなくなり、投資が減る。

5　戦後の金融政策

(1)　国際収支の天井

一九五五年―六〇年代の日本経済は、活発な民間設備投資に牽引されて、毎年の経済成長率が、平均して約一〇％という高度成長を経験した。この高度経済成長期の金融政策は、「国際収支の天井」（第３章第Ⅳ節第１項）の存在により、緩和と引締とがくり返された。景気拡張がつづき、外貨準備が不足してくると、日銀は、当時の政策金利であった公定歩合（現在は「基準割引率および基準貸付利率」とよばれる）を引き上げた。また、日銀が市中銀行に対して、企業への貸出を抑制するように指導する窓口規制も実施した。これらの金融引締策により、投資は減少し、物価も沈静化した。景気後退により、外貨準備が増加し出すと、日銀は公定歩合を引き下げ、不況からの脱出を図った。金融緩和により、抑えられていた投資意欲が高まり、景気は拡張へと向かった。高度経済成長の高い予想収益率のおかげで、利子率とのあいだの余地が大きかったため、金融政策が機能したといえる。

(2)　円切り上げと狂乱物価

一九六五年一一月から七〇年七月まで、五七カ月間拡張をつづけた「いざなぎ景気」を最後に、高度成長は幕を閉じた。七一年八月には、ニクソンショックが日本を襲った。一二月、スミソニアン会議で、円は「一ドル＝三〇八円」に切り上げられた。

日銀は、不況対策として、公定歩合を引き下げた。一九七〇年六・二五％だった公定歩合は、七二年四・二五％まで引き下げられた。同時に、通貨当局は、円の再切り上げを阻止するため、大量にドルを買った。このドル買いにより、市場に大量の円資金が投入された。

政府も、不況対策として、大型予算を組んで公共投資を推進した。七二年六月に首相に就任した田中角栄氏の「日本列島改造論」は、企業に大きな期待をもたらし、投資を増大させ、すでに回復の動きをみせていた景気をさらに刺激した。景気は、七一年一二月に谷をむかえ、七二年には拡張局面に入っていたのである。

列島改造ブームのもと、低金利とマネタリーベースの増大がマネーサプライの増大を生み出した。この膨れあがった過剰なマネーが、狂乱物価とよばれるインフレを引き起こす基礎となった。供給側では、不況カルテルや闇カルテル、売り惜しみなどの供給制限行為が、インフレの原因として問題となった。七三年の石油ショックは、まさに火に油を注ぐ形となった（図3—11）。

一九七〇年代前半のインフレで特徴的なのは、一般の商品価格の上昇だけでなく、資産価格も騰貴したことである。列島改造ブームが、地価上昇期待を膨らませた。開発業者による土地の買い占めや売り惜しみが[4]、地価を上昇させた（図3—12）。

狂乱物価や土地投機が社会問題となり、政府も政策を転換せざるを得なくなった。一九七三年一一月蔵相（現財務相）に就任した福田赳夫氏は、徹底した総需要抑制策を採った。日銀は、七三年三月に公定歩合を五％に引き上げていたが、七四年に入っても物価上昇が一向に静まる気配がなかったため、五月以降、連続して利上げを実施し、一二月二二日には、一挙に二ポイント引き上げ九％とした。これら引き締め政策を受けて、やっと物価は沈静化していった。

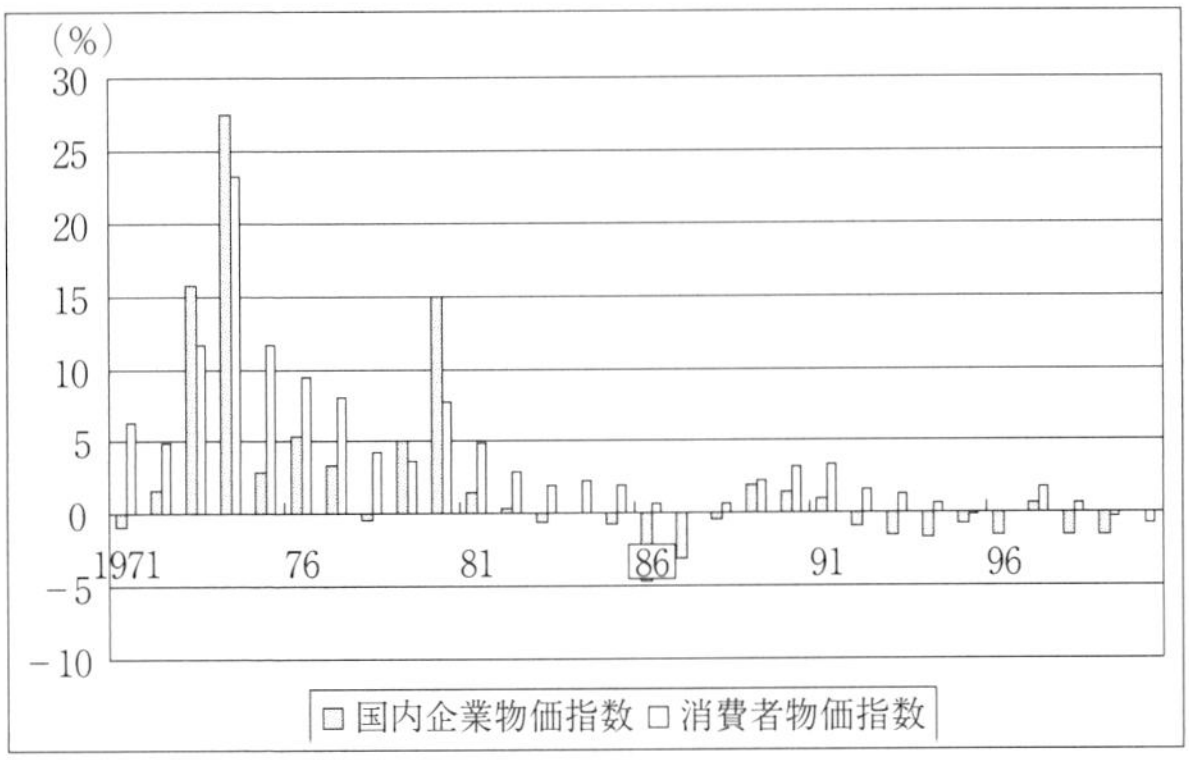

図3-11　物価上昇率（1971～2000年）

（出所）日本銀行「企業物価指数」、総務省「消費者物価指数」。

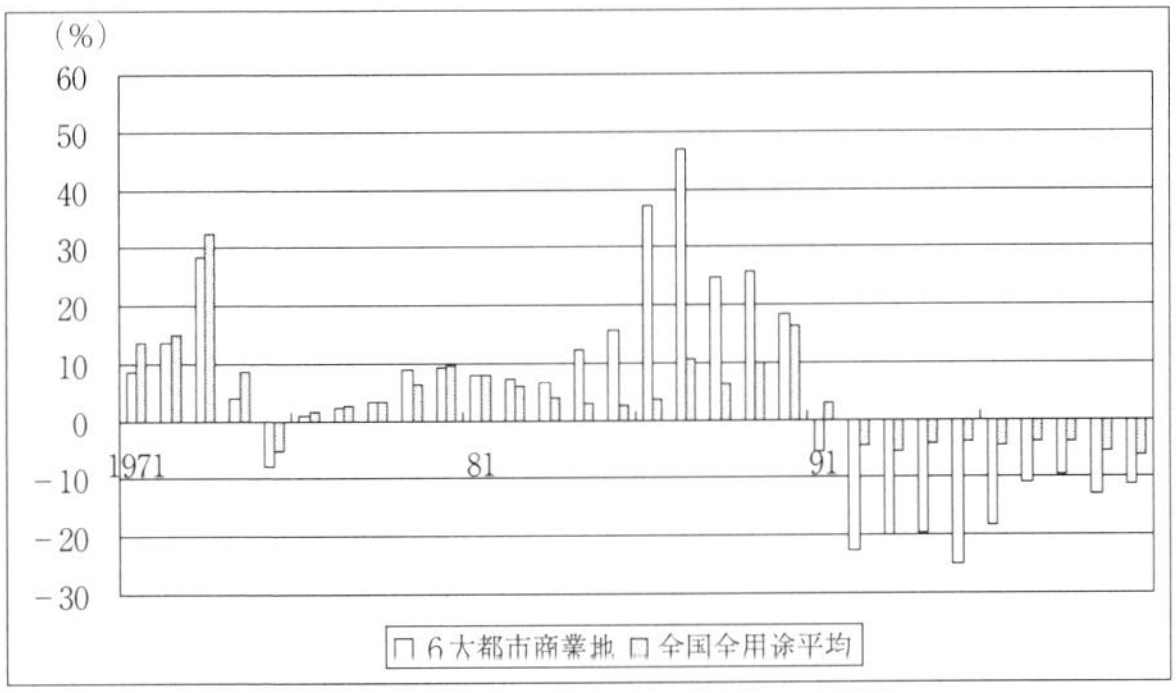

図3-12　地価上昇率（1971～2000年）

（出所）不動産研究所『市街地価格指数・全国木造建築費指数』。

七〇年代以降、日本は、それまでの民間設備投資が牽引する経済から、輸出依存型の経済へと姿を変えていく。輸出には、為替相場が大きく影響する。そのため、円高問題が金融政策を左右する契機となった。急激な円高が輸出に大打撃を与えるとの予測から、円

表3－4　公定歩合

（%）

1983.10.22	5.00
1986.01.30	4.50
1986.03.10	4.00
1986.04.21	3.50
1986.11.01	3.00
1987.02.23	2.50
1989.05.31	3.25
1989.10.11	3.75
1989.12.25	4.25
1990.03.20	5.25
1990.08.30	6.00

（出所）図3－5に同じ。

高が進むと金融緩和政策が採られた。

(3) 円高とバブル　一九八〇年代後半の金融政策も、円高と資産価格騰貴が契機となった。

アメリカの経常収支赤字とドル高の持続可能性に懐疑を抱くようになった主要各国は、一九八五年九月のG5（先進五カ国財務相・中央銀行総裁会議）において、協力してドル高を是正することで一致した[5]（プラザ合意）。その後、各国通貨に対して、ドル安が進んだが、とくに円に対する下落（円にとっては上昇＝円高）が激しかった（図3―5）。プラザ合意直前、一ドル＝二四二円だった円相場は、八六年一月には二〇〇円台を突破、七月には一五〇円台まで円高が進んだ。八七年二月のルーブル合意[6]後も円高の流れを止めることはできず、八七年四月末には一三八円一〇銭を記録。一〇月のブラックマンデー後には、さらに拍車がかかり、年末一二二円で終了した。この二年三カ月の間で、一ドルの輸出で手に入る円が、半分になってしまったことになる。すでに景気の山（一九八五年六月）をすぎていた日本経済は、この円高を受けて、完全に後退局面入りした。「円高不況」である。

景気悪化に対して、日銀は断続的に公定歩合を引き下げ[7]（表3―4）、金融緩和を実施した。同時に、日銀は、急激な円高を防ぐため、円売り・ドル買いの市場介入を実施した。この為替介入により、大量の円が市場に流入した。この低金利と大量の円が「カネ余り」を引き起こす基礎となった。

一九八七年、マネーサプライは急拡大した（図3―13）。一方で、マーシャルのk[8]は上昇（貨幣の流通速度は低下）した。このことは、モノやサービスの売買といった実体経済で必要とされる量（取引需要）

を上回って、マネーが流通していることを意味している。この過剰なマネーは、どこで必要とされたのだろうか。

株価をみてみよう（図3―14）。プラザ合意の一九八五年九月、一万二〇〇〇円台だった日経平均株価

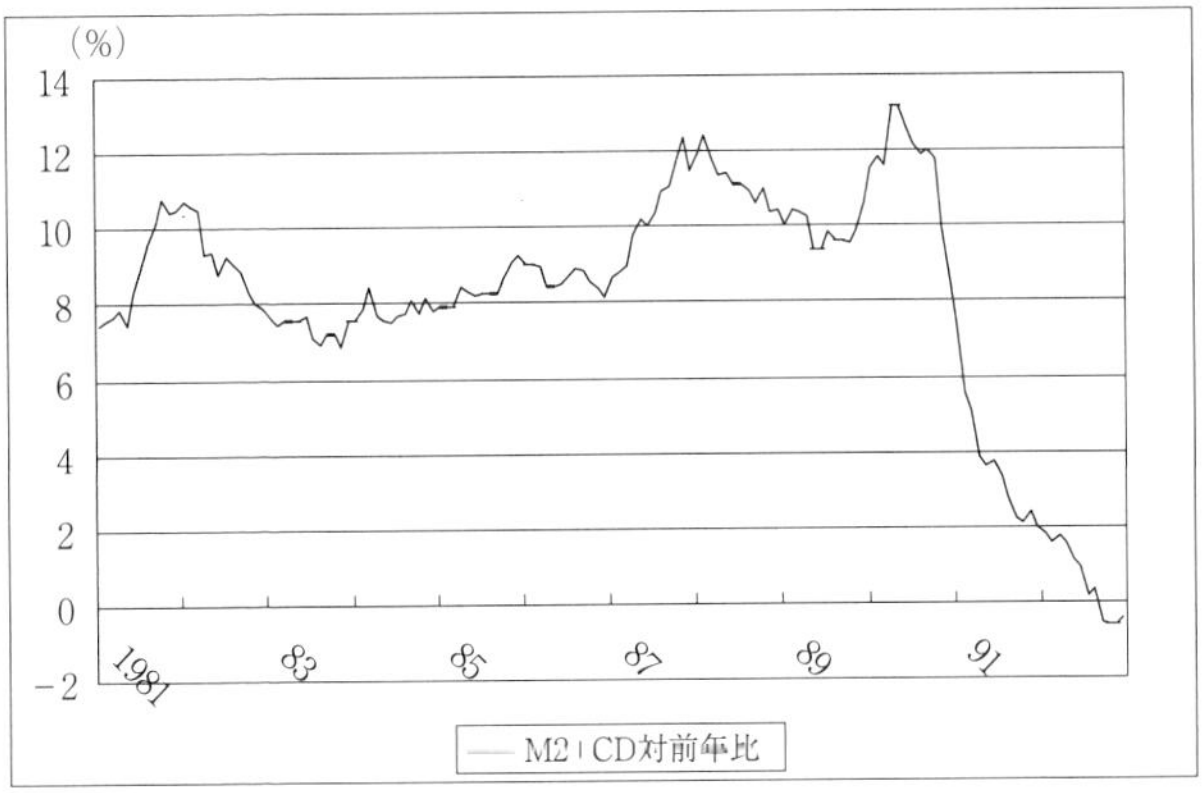

図3-13　バブル期のマネーサプライ

（出所）図3-5に同じ。

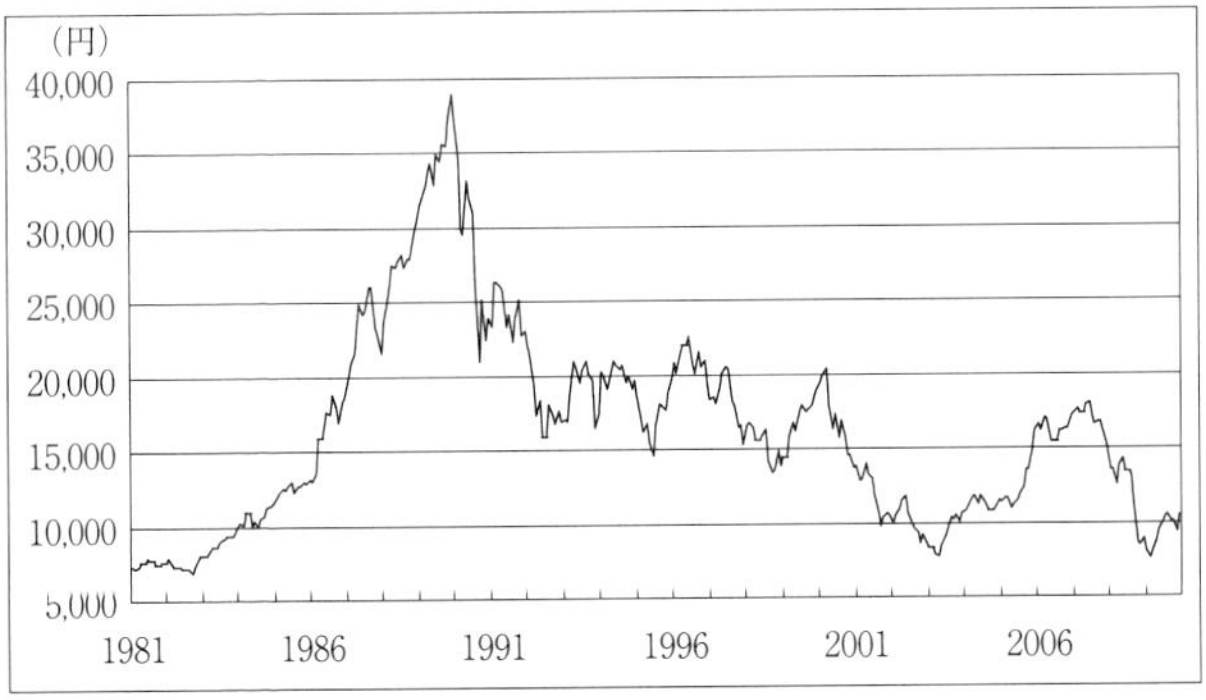

図3-14　日経平均株価（各月末終値）

（出所）日本経済新聞デジタルメディア「日経平均プロフィル」（http://www.nikkei.co.jp/nkave/index.html）。

は、八七年に入り二万円を突破、八九年末に三万八九一五円の最高値を記録するまで上昇をつづけた。

地価をみてみよう（図３―12）。すでに、東京都心で上昇の動きをみせていた地価は、一九八六年に入ると上昇速度と地域を拡大させ、列島改造ブーム以来の上昇を記録した。地価は、九一年まで上昇をつづける。

一方、消費者物価や企業物価は、落ち着いた動きを示している（図３―11）。資産価格の高騰に対する物価の安定は、急拡大したマネーサプライが、「フローの物価上昇によって吸収されないで、ストック価格の暴騰を引き起こす原動力になったことを有力に物語っている」（宮崎義一『複合不況』中公新書、一九九二年、一二六ページ）。取引需要で必要とされる量を上回る過剰なマネーは、資産投機で必要とされたのである。

銀行は、大企業の「銀行離れ」という問題を抱えていた。円高に直面した輸出産業を中心として、合理化のための設備投資が拡大した。これに必要な設備投資資金を、大企業は自己資金で賄うことができた。低金利といえども、設備投資のために、銀行から資金を借りる必要はなかったのである。だから、銀行にとって、投機目的の資金需要は渡りに舟であった。銀行は、不動産業や流通業、ノンバンクに対する貸し出しを増やしていった。このような銀行の貸出行動は、短期的にみれば理にかなったものだった。資産価格が上昇しているかぎり、確実な融資だったからである。

資産価格の上昇率が利子率を上回る限り、売買をくり返すことによって、確実に利益を獲得することができる。市場参加者の多くが、地価（株価）上昇を確実なものと予想すれば、実際に土地（株）が買われ、地価（株価）は上昇する。投機の世界では、単なる期待でも、誰もが同じ期待をもっていれば（あるいは、「もっているはず」と考えて行動すれば）、現実のものとなる（自己実現）。

また、資産価格の上昇は、資金調達を容易にし、自ら資産高騰の燃料をつくり出す。地価（株価）の上昇は、担保としての土地（株）の価値を大きくし、さらなる資金の借り入れを可能とする。その資金で、土地（株）を購入すれば、さらに地価（株価）が上昇する。地価（株価）が上昇すれば、土地（株）を保有している企業に含み益が発生し、株価がさらに上昇する。株価が上昇すれば、エクィティ・ファイナンス（株式の発行や転換社債、新株引受権付社債発行など、企業の所有権を表す証券の発行による資金調達）が、さらに容易となる。

資産価格の上昇は、利益獲得期待を増大させ、さらなる需要を生みだし（買わなければチャンスを失う）、供給を減少させる（もっと値上がるのを待つ）。この一方的な超過需要が、実体経済からは説明できない、異常な資産価格の奔騰《ほんとう》（バブル）を生みだした。

(4) バブル崩壊と長期不況

加熱しすぎた資産投機を牽制し、資産価格上昇を抑制する必要に迫られた日銀は、一九八九年五月、公定歩合を三・二五％に引き上げた。その後も、連続して引き上げを実施し、九〇年八月に六％とした。また、九〇年四月、大蔵省は銀行に対して、不動産向け融資の伸び率を総貸出の伸び率以下に制限する総量規制を実施した。これらの施策を引き金に、上昇をつづけた資産価格は下落に転じる。株価は八九年末に最高値を記録したあと下落に転じ、地価も九二年に入ると下落を始めた。

投機市場では、資産価格の下落は、需要を減らし（売買差益が見込めないから買わない）、供給を増やす（損失をできるだけ小さくしようと、誰もが資産を売ろうとする）。一方的な超過供給が、資産価格を暴落（バブル崩壊）させる。

株価は一九九〇年以降下落基調をつづけており、二〇〇三年四月、日経平均は七六〇七・八八円まで下落した（図3―14）。地価も一九九二年以降一貫して下落した（図3―12）。物価上昇率も、いちはやく企業物価が、つづいて消費者物価もマイナスに転じた（図3―11）。バブル崩壊以降、資産価格と企業間取引において下落をつづけていた物価は、九〇年代後半から消費者物価をも巻き込み、全般的に物価が下落するデフレ状態に陥った。

景気はどうか。一九九八年と九九年には、実質GDP成長率がマイナスを記録した。完全失業率は九〇年代を通じて上昇しつづけ、九五年には三％を、二〇〇一年には五％を超えた。企業倒産件数も増えつづけ「失われた一〇年」といわれるように、バブル崩壊後の日本経済は停滞を余儀なくされた。

それでは、デフレと景気とはどのような関係にあるのだろうか。「継続的な物価下落」とは「継続的な貨幣価値の上昇」を意味するから、名目額に変化のない債権債務関係の元本の実質価値は増大する。デフレは、元本・金利両面において債務者に不利に作用する。企業の実質債務残高増加を通じて設備投資に悪影響を及ぼすことになる。さらに資産価格の低下は、信用収縮を引き起こし、企業経営を悪化させる。バブル崩壊の結果として残された不良債権は、「不良債権の増大→銀行の経営悪化→銀行の貸出減少」の経路を通じて企業経営を悪化させると同時に、不良債権処理にともなう担保の放出や、含み益を捻出するための株式売り出しを通じて資産価格をさらに下落させる。また、企業経営の悪化は、「企業の経営悪化→雇用・設備投資の減少→需要減少→価格低下→経営悪化」と、さらなる物価下落（デフレ・スパイラル）を引き起こす。

(5) デフレと金融政策

深刻な不況とデフレに対して、日銀は金利を引き下げ、金融緩和政策をとった。一九九八年九月には、政策金利となるコールレートを〇・二五%に引き下げた。九九年二月には、コールレートを「できるだけ低めに推移するように促す」とし、いっそうの緩和措置をとった。三月、コールレートは〇・〇三%まで低下し、事実上「ゼロ金利」となった。ちなみに、二〇〇八年一二月には、アメリカもFRBが政策金利であるフェデラルファンド（Federal Funds）レートの誘導目標を〇・〇～〇・二五%に設定し、ゼロ金利となった。

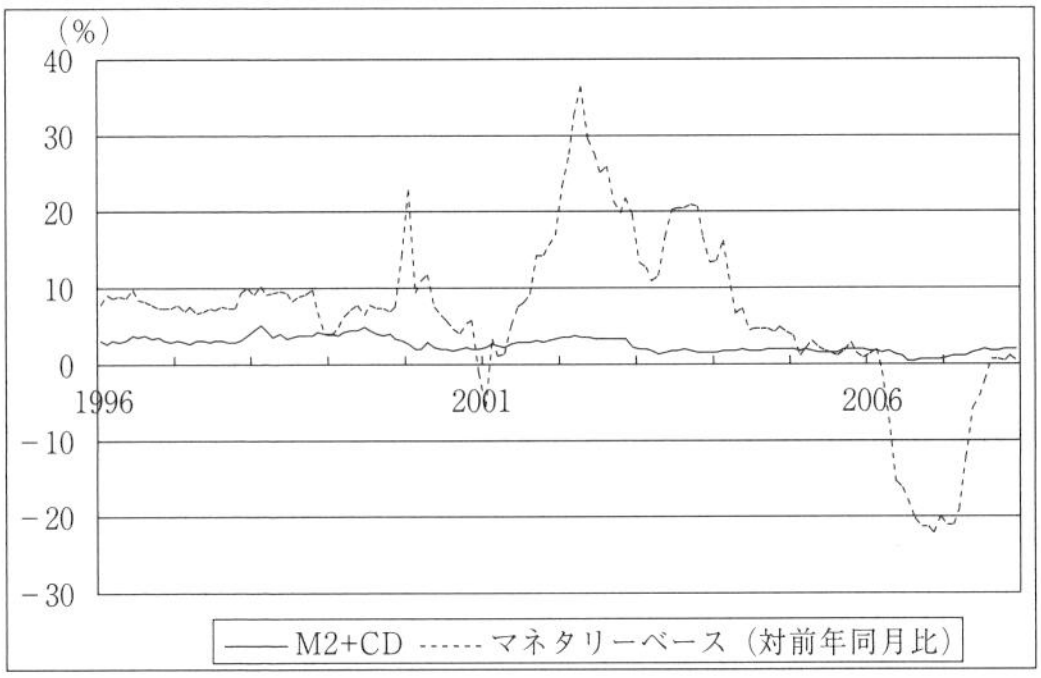

図3-15　量的緩和とマネーの動き

（出所）図3-5に同じ。

金融政策の基本は金利の操作である。金融引締の場合、効果が出るまで、いくらでも金利を引き上げることができる。しかし、金融緩和の場合、金利をマイナスにすることはできない。ゼロ制限が存在するのである。

ゼロ金利でも景気回復にはつながらず[9]、日銀はさらなる金融緩和を迫られることとなった。日銀は、二〇〇一年三月の金融政策決定会合において、操作目標をコールレートから日本銀行当座預金残高に変更することを決定した。これは、金利ではなく、通貨量を直接の目標とすることから「量的緩和政策」とよばれる。残高目標は漸次増額され、二〇〇四年一月には三〇～三五兆円とされた。

マネタリーベースが増えれば、銀行の信用創造機能を通じて、マネーサプライも拡大するはずである。しかし、実際には、マネタリーベースの増大が、マネーサプライの拡大に結びつかなかった（図3—15）。銀行は、増えた日銀当預をそのまま積み増したままにして、貸出を増やすことはしなかった。[10] いくらゼロ金利の資金が潤沢にあっても、必要がなければ、誰も借りない。逆に、企業は、過剰債務を削減しようと、借入返済に努力した。そのために、過剰設備、過剰人員の整理に励んだ。量的緩和政策は、銀行の調達コストを引き下げるとともに、流動性不安を解消するという点で、金融機関の経営安定化、金融システムの安定化には寄与したが、景気回復、デフレ克服には効果を発揮しなかった。

そこで、新手の金融政策が提案された。「インフレターゲット政策」である。

ここでは、名目利子率と実質利子率の区別が重要となる。物価上昇率がゼロであれば、名目と実質は一致するが、物価が上昇する場合、貨幣価値が下がるので、実質利子率はその分低下する。つまり「実質利子率＝名目利子率－期待インフレ率」という関係が成立するとされる。そして、企業の投資行動を決定するのは、実質利子率であり、投資意欲が低いということは、予想収益率に対して実質利子率が（ゼロ金利であるにもかかわらず）高いということを意味している。予想収益率に変化がないとすれば、投資意欲を刺激するには、実質利子率を低下させるしかない。名目金利をゼロに維持しながら、「期待インフレ率」を引き上げることによって、実質利子率を引き下げようというのである。

高い「期待インフレ率」を実現するための手段として、「インフレターゲット」がもち出された。日銀が、十分高いインフレ目標を設定し、それを実現するまで必要な金融政策を実施せよ、という主張である。

問題は、「どうやってマイナスのインフレ率をプラスにするのか？」である。インフレターゲット論者は、持続的なマネタリーベースの増大を約束すれば、いずれ物価が上がるはずだと考える。しかし、先ほどもみたように、借り手がなければ、誰も使わない日銀当預が積み上がるだけで、マネーサプライは増えない。物価が上昇するまで、マネタリーベースを増やしつづければ、いつかは企業の収益予想が改善して、資金需要が回復するだろう。しかし、そのときまで累積されたマネーが、一挙に流通に出回れば、目標を超えてインフレが進む。そうなれば（目標を守るために）、引締に政策転換せざるを得ない。金融緩和をつづけるという約束は、裏切られるはめになる。

「ヘリコプターマネー」も注目された。日銀（あるいは政府）が、紙幣をどんどん印刷して、それをヘリコプターからばらまけば、支出は増大し、物価は必ず上昇する。しかし、これは、銀行券を国家紙幣にしてしまえ、という乱暴な議論である。国家紙幣化してしまえば、インフレを引き起こすことはできるかもしれないが、それをコントロールすることは不可能となる。物価の安定（インフレ目標の達成）には、銀行券の「還流の仕組み」が必要なのである。

結局は、マネーの供給側だけでなく、需要側も重要だということである。企業の収益予想が改善しない以上、消費を増やしていく以外、方途はない。そのためにも、雇用の安定と、安心して暮らしていける賃金の確保が不可欠である。

注

（1）　ベースマネー、ハイパワードマネー（高権貨幣）ともよばれる。
（2）　日銀の統計で、「貨幣流通高」にある「貨幣」とは、一〇円玉や一〇〇円玉の「補助貨幣」のことである。
（3）　日本銀行調査局『わが国の金融制度』一九六六年、一一四ページ。

（4）土地問題に関しては、福田泰雄『土地の商品化と都市問題』同文館出版、一九九三年、を参照。

（5）同時に、日本は「国内民間需要増加に支えられた自立的成長」が求められ、「強力な規制緩和措置」と「内需刺激努力」を約束した。

（6）パリで開催されたG7で、各国は現行水準程度で為替相場を安定させるために緊密に協力することなどを合意した。

（7）日本の内需拡大と日米金利差の維持を求めるアメリカからの要求もあった。

（8）名目GDPに対するマネーサプライの比率（k＝M÷名目GDP）。

（9）二〇〇〇年八月に一時解除されるが、〇一年二月ゼロ金利に戻る。

（10）銀行による国債の購入は増えた。

（飯塚　務）

第2編　貨幣の資本への転化

第4章　貨幣の資本への転化

以上、第1—3章において、商品交換が全面的に展開される社会における交換の法則を明らかにした。この社会は、資本主義以前の歴史的な存在としての社会ではない。われわれが分析をしてきた商品と貨幣は、目の前にある資本主義的商品であり、現実の貨幣である。商品と貨幣は、現実の資本主義社会から抽象した現実の単純商品流通、および現実の単純商品生産の範疇なのである。[1] 貨幣は、商品の価値を尺度し、商品交換を媒介し、絶対的富として機能している。この次元では、できるだけ多くの貨幣を貯めることが、福音となる。しかし、貨幣のままでは、貯めることはできても、増やすことはできない。いくらタンスのなかにお金をため込んだとしても、一円たりとも増えはしない。

資本主義社会では、貨幣を貯めるのではなく、貨幣を増やすことだけが、予《あらかじ》め選ばれた者の証しとなる。貨幣は、増えることによって資本となる。「単なる貨幣」は、貨幣としての性質を維持しながらも、「増える」という資本としての性質を獲得することによって、「資本としての貨幣」に転化するのである。貨幣は、どうすれば増えるのだろうか?

そこで、第Ⅰ節—第Ⅲ節では、単純商品流通の範囲内で、資本とは何かを明らかにし、貨幣の資本への転化を考察する。第Ⅳ節では、資本の一形態である利子生み資本とサブプライムローン問題を考える。

注

（1）松石勝彦『資本論の方法』青木書店、一九八七年、第五―一〇章を参照。

I　資本の一般的定式

1　「単なる貨幣」対「資本としての貨幣」

W―G―W……流通形態①　　G―W―G′……流通形態②

前章でみたように、貨幣を媒介とする商品交換は、流通形態①をえがく。まず自分の商品を売り（W―G）、そして自分の欲しい商品を買う（G―W）。つまり、「買うために売る」。交換の目的はあくまでも使用価値（欲しい商品）を手に入れることであり、貨幣は手段にすぎない。

ところが、マルクスは、この流通形態①と並んで、流通形態②を「見いだす」（KⅠ一六二ページ）。商品の売りと買いから構成されているのは①と同じだが、②は「売るために買う」。どこが違うのか。

②の運動は、貨幣で始まり貨幣で終わる。同じものをわざわざまわり道をして手に入れるのであれば、無意味であるばかりか、不必要なリスク（買った商品が売れないかもしれない！）を負うことになる。質として違いがないのならば、量に違いがあるはずである。最終的に回収される貨幣G′は、最初に投入された貨幣Gよりも多くなければならない。つまり、G′＝G＋ΔG、でなければならない。

ΔGは最初に前貸しされた価値Gを越える超過分であり、剰余価値（m）とよばれる。最初に前貸しされた価値は、流通のなかで自己を維持するだけでなく、流通のなかでその価値の大きさを変え、剰余価値を付け加え、自己増殖する。この自己増殖運動が、価値Gを資本に転化させるのである。

2　運動の連続性

自己増殖した価値G′は、ふたたび資本として同じ運動を始めることができる。しかも、自己増殖欲、価値を増やしたい、できるだけ多くの貨幣を手に入れたい、という欲求には際限がない。そもそも、貨幣は自己増殖のために使われるのでなければ、単なる貨幣なのであり、資本でありつづけるためには、くり返しこの運動をつづけていかなければならない。

この運動の担い手が資本家である。他人よりも多くの貨幣を所有していても、それを増やすために使わなければ資本家ではない。増やすことを止めたとたんに、資本家は、資本家ではなくなる。強欲は、彼の性格なのではなく、資本家であることそのものなのである。

②の反復のなかで、貨幣だけが資本になるというわけではない。商品もまた資本となる。GもWも価値物であり、価値が、あるときは貨幣という姿を、あるときは商品という姿をとっているにすぎない。価値は、この運動のなかで、絶えず商品と貨幣とに形態を変えながら、自己を維持し、増殖する。たいせつな中身は価値なのであり、貨幣か商品かは、外見の違いにすぎない。

3　資本の一般的定式

以上で、資本とは何かが明らかになった。資本とは、「無限に自己増殖する価値の運動体」である。その運動はG―W―G′であった。この図式は、買い（G―W）と売り（W―G′）だけから構成されており、流通部面という範囲内での考察である。とはいえ（だからこそ）、この「買って売る」、より正確に言えば「より高く売るために買う」ことは、あらゆる資本に共通の働きである。G―W―G′こそが、資本の運動を普遍的に表現する図式、つまり「資本の一般的定式」なのである。

〔商業資本〕

商社や問屋、小売業などの商業資本にとって、G―W―G′はもっとも典型的である。たとえば、スーパーは野菜や肉を買って（仕入れて）、それを売ることによって、ΔGを手に入れる。

〔産業資本〕

商品生産を担う産業資本はどうだろうか。たとえば、鉄鋼業者は、鉄鉱石を買って（G―W）、鉄を売ることによって（W―G′）、ΔGを手に入れる。このばあい、売りと買いの間に、鉄鉱石を原料にして鉄を生産するという過程が入るのだが、生産行為自体は商品流通の外で行われており、この生産過程が、G―W―G′につけ加わるだけである。産業資本も、商品を「買って売る」のである。

〔利子生み資本〕

最後に、利子生み資本をみてみよう。銀行は、公衆から集めた貨幣を貸し、元本に利子を加えた貨幣を返してもらうことによって、ΔGを手に入れる。このばあい、貨幣が商品であり、この商品を販売して利益をえるのである。利子生み資本の一般的定式も、やはり、G―W―G′である。

II　資本の一般的定式の矛盾

資本の資本たる所以《ゆえん》であるΔGすなわち剰余価値は、どこでどうやって生まれるのだろうか。みたところ、G—W—G′とW—G—Wとでは、売りと買いの順序が逆転しているにすぎない。しかも、一つの買い（売り）は、相手にとってみれば売り（買い）である。結局は、商品売買であり、商品と貨幣が交換されているにすぎない。

売買（W—GまたはG—W）の現場で、価値が増えることはない。一万円の価値のある商品と一万円の貨幣とが交換されるだけである。商品交換の原則は等価交換である。納得のいかない交換を強制されることはない。同じ価値をもつものどうしが交換される。等価交換から剰余価値は生まれない。

不等価交換が行われているとしたらどうだろうか。たとえば、売り手が価格を一〇%引き上げて売ることができると仮定してみよう。売り手は一〇%の利益をえる。しかし、ずっと売り手だけを演じているわけにはいかない。彼が買い手になったときには、一〇%高い価格で買わなければならない。売り手として得をした分、買い手として損をする。剰余価値は生まれない。

それでは、つねに高い価格で売ることができる特権をもっている売り手が、一人だけいたとしたらどうだろうか。特権を有するAが、一万円の商品を一万五〇〇〇円でBに売る。このとき、Aは五〇〇〇円の利益を得る。一方、Bは五〇〇〇円の損をしている。損得は相殺され、ゼロである。結局はゼロサムゲームであり、社会全体として剰余価値は生まれていない。剰余価値が存在しない社会は、資本主義社会ではない。

結局、等価交換でも、不等価交換でも、剰余価値は生じない。商品売買（流通）は、なんら価値を創造しない。しかし、資本の一般的定式は、商品売買（流通）をしなければ、剰余価値が生じないことを示している。これは矛盾である。つまり、「資本は、流通から発生することはできないし、また流通から発生しないわけにもいかない。資本は、流通の中で発生しなければならないと同時に、流通の中で発生してはならない」（ＫⅠ一八〇ページ）。

われわれは、この難問を解かなければならない。しかも、等価交換を基礎として。なぜならば、資本主義社会は、自由・平等を旨とする市民社会であるから。

Ⅲ　労働力の売買

１　秘密はどこにあるのか？

剰余価値はどこから生まれるのか。われわれは、この問を解明しようとして、矛盾に陥った。「資本は流通から生じる」。イエス！　資本は商品売買をしなければ価値を増やせない。ノー！　等価交換である以上、商品売買は価値を増やすことはない。

この命題が真でもあり偽でもあるのは、異なる次元のことがらが混在しているからではないだろうか。商品は、すでに価値をもったものとして流通に入る。価値のことを述べるためには、流通とは別の世界をみる必要がある。

商品が消費される現場をみてみよう。貨幣と交換された商品は、流通を去り消費される。消費には、個人的消費と生産的消費の二種類の消費がある。

個人的消費では、商品は、個人的欲求を満足させるために使用され、消滅する。

生産的消費では、商品は、新たな商品を生産するために使用され、新たな商品に再現されて、再販売される。

単なる貨幣（W―G―W）と交換される商品は、個人的に消費される。

資本としての貨幣（G―W―G′）と交換される商品は、生産的に消費される。

醤油メーカーであれば、大豆・小麦・塩などを仕入れ、労働者を雇って醤油を製造する。大豆や小麦を生産的に消費するばあい、何が消費されるのかは明白である。醤油の原料になるという使用価値である。

では、「労働者を雇う」といったばあい、何が消費されるのだろうか。労働者自身ではない。奴隷と違い、人間そのものが商品となるわけではない。貨幣と交換される商品は、労働力（労働をする能力）である。醤油メーカーは、労働力を購入し、それを原料とともに生産的に消費し、醤油を生産する。

労働力の生産的消費とは、資本家が、労働者から買った労働力を行使して、実際に労働させ、物を生産させることに他ならない。実際に労働が行われることによって、新しい価値が創造される。この労働力の生産的消費が、新しい価値を創造する。ここに剰余価値発生の秘密があるのではないか。労働力を詳しくみてみよう。

2　二重の意味で自由な労働者

労働力が貨幣と交換される。つまり、労働力が商品となるには、「二重の意味で」（ＫⅠ一八三ページ）自由な労働者の存在が必要条件となる。

第一に、自由な人格、つまり、労働力所有者が、自分の意志によって自分の労働力を処分することができなければならない。貨幣所有者と労働力所有者とは、自分の所有物の使用を、他の誰からも指図を受けず、自由に決定することができなければならない。そのためには、（法律上は）両者とも平等な人格でなければならない。労働力所有者は、奴隷のように自分自身を全面的に売り渡すのではなく、労働力を、一定の時間を限って売るのである。

第二に、生産手段からの自由（free from）、つまり、労働力所有者が生産手段をもっていてはならない。生産手段があれば、自分で生産を行うことができる。生産手段をもたない者が生きていくためには、自分の労働力を商品とする他はない。

二重の意味で自由な労働者は、どんな時代（社会）にも存在しているわけではない。奴隷制社会や封建制社会では、奴隷や農民の自由な人格は認められない。自由な労働者が登場するには、一定の歴史的発展が必要なのである。自由な労働者の創出と資本が創世される過程は、「資本の本源的蓄積」（『資本論』第Ⅰ部第二四章）で明らかにされる。ここでは、資本主義社会には二重の意味で自由な労働者が現に存在し、自分の労働力を売って生活をしている（売れなければ生きていけない、まさに「命懸けの飛躍」！）という事実を確認して先に進もう。

3　労働力の価値

労働力も商品であるかぎりでは、価値をもつ。そして、他の商品と同じように、労働力商品の価値は、労働力の再生産に必要な労働時間によって決まる。

労働力の再生産とは何か。それは、第一に、労働者が明日も元気に働くことができるように、生活を維持していくことである。そのためには、労働者自身が、肉体的・精神的に健康な状態を維持することができる水準の生活手段（衣食住）が必要となる。第二に、次世代の労働力を準備しておく必要がある。そのためには、本人だけでなく家族の生活を維持することが必要となる。第三に、労働者は、労働の現場で必要とされる技能と熟練を身に付けていなければ、労働能力を発揮できない。そのためには、教育と習練が必要となる。

このように、労働力の再生産には一定の生活手段が必要となる。労働力の価値とは、これら生活手段の価値（生活費）のことであり、それは生活手段を生産するのに必要な労働時間できまる。

労働者は、労働力と引き換えに、この労働力の価値を貨幣で受け取る。受け取った貨幣で、必要な生活手段を購入する。つまり、労働力の日価値が一万六〇〇〇円であれば、生活費が一万六〇〇〇円ということである。当然、必要な生活手段は、気候や文化によって異なる。しかし、ある時代の、ある国について、その平均は与えられており、労働力の価値は一定である。

4　商品流通から商品生産へ

矛盾を解く糸口がみつかった。労働力商品である。資本は、生産手段と労働力を購入・消費して、新商品を生産し、販売する。資本の命令のもと、労働が実行され、商品が生産される。労働力の消費過程は商品の生産過程でもある。これを、図式化すると、以下のようになる。

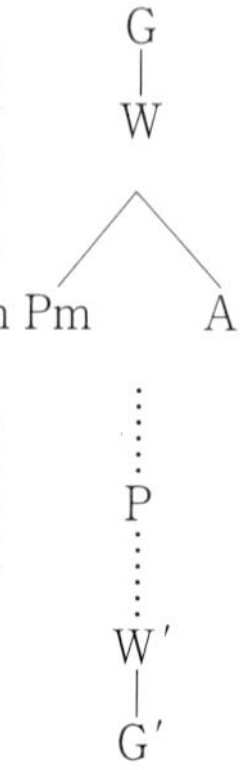

Aは労働力、Pmは生産手段、—は流通過程、……P……は生産過程

資本家は、生産過程において、雇用した労働者を実際に労働させ、新たな価値を創造する。ここに、剰余価値の源泉がある。そこで、われわれの分析も、売買の現場から生産の現場（第5章）へと進んでいくことにする。矛盾の正体を解明し、剰余価値発生の秘密を暴くために。

Ⅳ　利子生み資本とサブプライム問題

第5章に入る前に、剰余価値と利子生み資本の関係を考えてみよう。

1　利子生み資本の役割

先ほどもみたように、利子生み資本は、貨幣を貸して、利子を付けて返してもらうことによって、利益を獲得する。しかし、単なる貨幣の貸借からは、新たな価値の創造を説明することはできない。単に、貨幣のもち手が替わるだけである。

そこで、利子生み資本の一般的定式を、もう少し詳しくみてみよう。利子生み資本は、貨幣を資本として貸し出す。借り手は、借りた貨幣を資本として充用し、剰余価値を手に入れる。つまり、

G—G—W—G′—G′

である。実をいうと、利子は、産業資本や商業資本が獲得した剰余価値のなかから支払われるのであり、資本家間での剰余価値の分配なのである[1]。だから、利子の大きさには、剰余価値の大きさという限界が存在する。

ここに、「利子生み資本」と「高利貸し」との違いがハッキリと現れる。高利貸しは、購買手段・支払手段としての貨幣の不足につけ込んで、高利をむさぼる。「小農民にとっては、一頭の雌牛が死ぬだけでも、旧来の規模で自己の再生産を再開することができなくなる。そこで、彼は高利の手中におちいり、いったん手中におちいると、二度とふたたび自由にはなれない」（KⅢ六一三ページ）

資本主義経済は、近代的な信用制度を生みだし、利子生み資本を「資本主義的生産様式の本質的な一要素」として、産業資本に従属させることに成功した。銀行は、社会的な遊休貨幣の貯水池として機能し、集積した資金を相応の利子で、産業資本に貸し出す。近代的な信用制度は、「当初は、蓄積の控えめな助手としてこっそりはいってきて、社会の表面に大小さまざまな量で散らばっている貨幣手段を、目に見えない糸で個別資本家や結合資本家の手に引き入れる」（KⅠ六五五ページ）。利子生み資本は、実体経済の補佐役として、産業資本や商業資本を資金面から助け、資本全体の取り分である剰余価値生産を、できるだけ大きくする役割を担っている。

2　貨幣資本と現実資本

貸付の対価として利子を受け取るという典型的な形態以外にも、なんらかの収益（株式の配当や売買差益など）を獲得することを目的とした、さまざまな金融取引が存在する。そこで、貸付可能な貨幣や種々の証券に投資される貨幣を「貨幣資本」とよぶことにする。

貨幣資本の蓄積と現実資本（実際に商品の生産・販売に従事する資本、つまり産業資本と商業資本）の蓄積は、必ずしも一致しない。貨幣資本の運動を実質的に担う金融機関も、自らの利潤を最大化しようと、独自の活動を展開するからである。補佐役である貨幣資本が独立し、「しっぽが犬を振り回す」という転倒した関係が、起こりうる。

「黄金の六〇年代」とよばれる高度成長が終了し、一九七〇年代以降、先進各国は、低成長の時代に移行した。過剰生産により、現実資本の蓄積は停滞する一方で、貨幣資本は肥大化していった。「二〇〇七年末の世界の資本市場の規模は（銀行資産、債券、株の時価合計）、約二三〇兆ドルと世界のＧＤＰ五五兆ドルの約四・二倍超にまで巨大化」（鳥畑与一『略奪的金融の暴走』学習の友社、二〇〇九年、七ページ）している。

貨幣資本の獲得する収益の源泉が、実体経済が生産する剰余価値であるかぎり、貨幣資本の肥大化は、収益率の低下を意味する。収益率を維持するためには、誰か他の取り分を奪うか、あるいは、みせかけの収益をでっち上げるしかない。サブプライムローン問題は、この「略奪性」（詳しくは、鳥畑前掲書）と「虚構性」（詳しくは、高田太久吉『金融恐慌を読み解く』新日本出版社、二〇〇九年）をハッキリと映し出した。

3　貨幣資本の肥大化とサブプライム問題

(1)　貨幣資本と金融商品

貨幣資本のなかでも、とくにその拡大が顕著であるのが、年金や保険、投資信託などの機関投資家である。先進主要諸国の機関投資家の運用資金は、「二〇〇七年末時点で合計七四・三兆ドルと二〇〇二年（三六兆ドル）の二倍以上に達している」（『通商白書二〇〇九』四ページ）。

これら機関投資家は、資本市場でさまざまな金融商品を売買することによって、巨額の利益を上げてきた。そもそも、金融商品とは、なんだろうか。それは、買い手からみれば、将来のある期日になんらかの額の貨幣を受け取るという権利であり、売り手からみれば、支払う義務である。結局のところ、金融商品とは、債権・債務関係の商品化でしかない(2)。債権・債務関係を、市場で取引しやすい形にしたものが、証券化商品である。

(2)　サブプライムローンと証券化

一人の貸し手が単独の債権だけを保有しつづけると、債務不履行が発生したばあい、その損失をそのまま被らなければならない。多数の債権を集めれば、すべての案件が同時に債務不履行になることはないから、事故が発生しても、損失を一定程度に抑えることができる。集めた債権を証券化して投資家に販売すれば、リスクを移転するとともに、元本を回収でき、新しい貸し付けを行うことができる。このように、証券化商品は、リスクを細分化し、多様な投資家が、リスクを引き受けることで、低利での資金調達を可能にする。

証券化商品は、もともと住宅ローン（モーゲッジ, mortgage）を証券化することで発展してきた。その理由は、住宅ローンの「融資件数や残高が大きいこと、債権者が受け取るキャッシュ・フロー（債務者が弁済する元本、利息）が規則的で予想しやすいこと、さらに、一定の条件を備えたモーゲッジには政府系住宅公社の保証が提供され、年金基金などリスク回避的な機関投資家にとっても投資適格であったことなどの事情であった」（高田前掲書、一二二ページ）。

そこに、ＩＴバブルの崩壊で、運用先を失った大量の貨幣資本が流入した。投資需要の増加に応じて、証券化商品を供給するには、商品の材料となる債権（原債権）が必要となる。そのためには、住宅ローンの拡大が必要であったのだが、優良な借り手にはかぎりがある。

そこで、サブプライム（subprime）層とよばれる、信用力の低い（信用リスクが高い）借り手への融資が増大した。「一九九四年にはわずか三五〇億ドル（証券化率三一％）であったサブプライムローンは、二〇〇一年には一七三〇億ドル（証券化率四四％）に達した後、二〇〇六年には六四〇〇億ドル（証券化率七五％）にまで膨張」（鳥畑前掲書、三九ページ）した。サブプライムローンは、次々と証券化され、投資家に販売された。

サブプライムローンは、信用リスクが高い分だけ金利は高いので、高収益を求める機関投資家の要求に合致する。しかし、そのままでは、ハイリスク商品となってしまい、購入者が限られてしまう。そこで、ハイリスクのローンからローリスクの商品を生みだすのに、トランシュとよばれる優先劣後構造やＣＤＳ、格付け制度などが利用された。

〔トランシュ〕

証券化商品を販売する投資銀行(3)は、融資を実行する住宅ローン会社（Mortgage Bank）や商業銀行から、サブプライムローン債権を買い集めて、一塊りのローンの集合をつくる。この集合を細分化し、住宅ローン担保証券（ＭＢＳ, Mortgage Backed Security）として販売するときに、元本の受け取り条件の異なるクラス（階層、等級）に切り分けて、債券を組成する。切り分けられたクラスのことをトランシュ（tranche）とよぶ。ローンの一部に債務不履行が発生したばあい、真っ先に損失を被るエクィティ債、優先的に支払を受けるシニア債、その中間であるメザニン債に切り分けられる。過去のデータから、損失が発生する可能性のある範囲を、エクィティで引き受けてしまえば、残りの部分は、元本が償還される確率が高くなる。

証券化されたサブプライムローンのうち、シニア債が八〇％、メザニン債が一八％、エクィティ債が二％であったとされ、この場合、債務不履行が二〇％を越えなければ、シニア債に損失は発生しない（『通商白書二〇〇九』一〇ページ）。それぞれの債券は、リスクに応じて価格が付けられ、そのニーズにあった投資家に販売される。[4]

〔ＣＤＳ〕

クレジット・デフォルト・スワップ（CDS, Credit Default Swap）とは、債務不履行が発生したときに、その損失を肩代わりする約束をして、保証料を受け取るという、一種の保険である。ＣＤＳ契約を結ぶことにより、ＭＢＳに対する信用が補完される。ＣＤＳの売り手も、債務不履行が発生しないかぎり、保証料を手に入れることができる。

〔格付け〕

ＭＢＳの信用リスク評価は、発行体である投資銀行に依頼された格付け会社が行う。格付け会社は、過去のデータから、それぞれの債券が償還される確実性を評価する。サブプライムローンから組成されたＭＢＳでも、シニア債にはトリプルＡの高い格付けがなされた。

(3) サブプライムローンの秘密

ＭＢＳは、原債権であるローンの返済が滞りなく行われ、債務不履行の発生が想定の範囲内に収まっていなければ、成立しない。サブプライムのばあい、ローンを返済するのは、信用力の低い借り手であり、低所得者が多い。彼らに、金利の高いローンを組むことを可能にしていたのが、変動金利型貸出（ＡＲＭ, Adjustable Rate Mortgage）と住宅価格の上昇であった。

ＡＲＭは、当初の返済負担を軽減するため、初めの数年間を優遇期間として、特別に低い金利を適用したり、元金の返済をせずに利子だけを支払うものである。優遇期間といえども、所得に対する返済負担率は高く、五〇～五五％に達する貸出が一般的とされており、優遇期間終了後は、返済額が急増するので、所得を大幅に上回ることになるという（鳥畑前掲書、三六ページ）。

それでも、サブプライムローンが成立していたのは、住宅価格が上昇していたからである。ＡＲＭの優遇期間で返済負担が軽減されているあいだに、購入した住宅価格が上昇していれば、ローンの借換によって、前のローンを返済することができる。貸し手である住宅ローン会社や商業銀行は、新たなローン設定により手数料収入を得ることができるので、積極的に借換に応じた。サブプライムローンのテレビＣＭでは、「住宅ローン金利が過去四〇年で最低、住宅価格が記録的高騰をつづけている中、今がチャンスです。担保価値の値上がりを利用して、もっと金を借りましょう。あこがれの旅へ出ましょう。新車をゲットしましょう」（ＮＨＫ取材班『マネー資本主義』ＮＨＫ出版、二〇〇九年、一五八ページ）などという宣伝が盛んに行われたという。

借換の際にローン残高を積み増して、旧ローンとの差額を手に入れるキャッシュアウト型の借換や、住宅資産価値と既存のローンとの差額を担保に、新たな借入を行うホームエクィティローンが増大した。これら住宅価格の上昇分を現金化する手法は、高所得層が、支出を拡大させるために利用するだけではなかった。サブプライム層を含む多くの家計は、クレジットカードや自動車ローンの返済にあてたり、不足する生活費を補うために、現金化の手法を利用していた。住宅の実質価値下昇により、消費支出を増大させると説明された「資産効果」は、結局は、借金による消費拡大でしかなかった。アメリカの家計は、ますます借金に依存するようになっていった。[5]

サブプライムローンの急成長は、住宅価格の値上がりを前提にして初めて成立する。ＭＢＳも、また同じである。トランシュの技術も、ＣＤＳも、格付けも、すべて価格が上昇しつづけてきたデータを基礎としている。住宅価格が下落し、ローンの返済に異変が生じれば、従来のシニア、メザニン、エクィティの切り分けは通用しなくなる。ＣＤＳも、肩代わりする損失額が増えれば、保証金を支払えなくなる。格付け会社も、ローンの延滞率が上昇し、ＣＤＳにも不安が生じれば、格付けを引き下げざるをえなくなる。いずれも、いざというときに役に立たない、張り子の虎であり、その上に立つＭＢＳも、また砂上の楼閣であった。

二〇〇七年四月、サブプライムローン大手ニューセンチュリーが破産した。投資銀行も破産や救済が相次いだ。〇八年三月、ベアスターンズはＦＲＢから緊急融資を受け、ＪＰモルガンチェース（商業銀行）に救済買収された。九月には、リーマンブラザーズが破産し、メリルリンチはバンクオブアメリカ（商業銀行）に救済買収された。ゴールドマンサックスとモルガンスタンレーは、ＦＲＢから直接融資を受けられるように、銀行持株会社に転換した。大手投資銀行五社のいずれもが、破綻または形態転換をしたことになる。また、大量にＣＤＳを売って信用保証を引き受けていた保険会社ＡＩＧは、ＦＲＢから八五〇億ドルの資金注入を受けて破産を免れ、政府の管理下に置かれた。ＩＭＦは、二〇〇九年一〇月の『世界金融安定報告』で、サブプライム問題に端を発する金融危機による世界の金融機関の損失額を、三・四兆ドルと推計している(6)。

(4)　高利貸しとネズミ講

サブプライムローンという、借り手の返済能力を無視した「高利貸し」的貸付を原債権として、大量の証券化商品を組成したところに無理がある。借り手の返済原資は、将来の生活費である。返済負担が所得の半分以上というのでは、低所得者が破産することは必定《ひつじょう》である。住宅価格の値上がりで借換をしても、新たなローンを組む以上、返済負担から免れることはできない。破綻が訪れるときを延期するにすぎない。待っているのは、住宅の差し押さえ、競売、自己破産であった。

サブプライムローンを実行する住宅ローン会社や商業銀行は、手数料収入を獲得するために、借り手の支払能力を無視して、どんどん貸し付けていった。貸し手が債権を保有しつづけるばあい、貸し倒れを防ぐために、借り手の信用力についての調査を厳密に行おうとするはずである。しかし、債券を売却してしまえば、貸し倒れが発生しても、直接損失を被ることはない。借り手の調査に時間をかけるよりも、より多くのローンを組んで、手数料を手に入れる方が得策である。

サブプライムローンを買い集めて、証券化商品を組成する投資銀行は、商品をできるだけ高い価格で販売するために、リスクを小さくする必要があった。そのために、証券の仕組みを複雑にし、買い手にはその内容がわからないようにした。格付け会社も、商品の内容をよく理解しないまま高格付けを与えた。

機関投資家は、原債権となるローンの内容を考慮することなく、価格と格付けだけをみて、証券化商品を買いまくった。大量の貨幣資本を抱える機関投資家は、投資銀行に収益性の高い金融商品を要求しつづけた。

借り手の必要と返済能力に応じて貸出がなされ、証券化の技術でリスクを広く薄く分散し、最終的に借り手の負担を小さくするのではなく、貨幣資本の増殖欲求に応じて、金融商品が創造され、そのために必要な材料として、高利貸し的貸付が拡大したのである。

借り手は、新商品のネタとして利用されただけだった。この商品は住宅価格の値上がりを前提としていたため、次から次へと新しい買い手が現れ、住宅市場に資金を送りつづけなければ、持続不可能だった。上昇しつづける住宅市場への幻想と、門外漢には理解できない金融工学によってつくり出された、巨大な「ネズミ講」といえる。

商品自体が新たな価値を生みだすわけではなく、後から参加してくる投資家の資金を分配することによって、収益が上がったようにみせかけていたのである。新たな参入者がいなくなれば、ネズミ講は破綻する。

サブプライム問題は、流通から剰余価値は生まれないということを実証している。ようやくわれわれは、剰余価値発生の秘密を暴くために、売買の現場から生産の現場（次章）へと進むべきところへ到達したようである。

注

（１）詳しくは、『資本論』第Ⅲ部第五篇で解明される。
（２）経済全体でみれば、金融資産と金融負債は相殺され、実物資産だけが残る。
（３）預貸業務を行う商業銀行と違い、株式や債券の引き受け、Ｍ＆Ａの仲介、財務・資産の管理、証券化商品の組成販売など、大手法人向け金融サービスを提供する金融機関。

（４）投資家のニーズに合わない部分は、他のＭＢＳやその他のローンと一緒に集められ、債務担保証券（ＣＤＯ, Collateralized Debt Obligation）として再証券化される。

（５）「米国家計の債務償還年数は二〇〇五年以降急激に悪化しており、理論上は一生かかっても返済できないという結果になっている」（『通商白書2008』三五ページ）。

（６）IMF, *Global Financial Stability Report October 2009*, p. 5.

（飯塚　務）

第3編　生産論

第5章　絶対的剰余価値の生産

Ⅰ　絶対的剰余価値の生産

前章において、われわれは、さしあたり単純流通の領域においてではあるが、貨幣の資本への転化を解明した。本章ではいよいよ〝無用の者立ち入るべからず〟（KⅠ一八九ページ）と入口に提示してある生産の内部に入っていって、資本の価値増殖の秘密を明らかにしていこう。

1　労働過程

すでにみたように、商品は使用価値と価値との統一体であるから、商品の生産過程とは、商品の使用価値をつくる労働過程と価値をつくる価値形成過程との統一である。まず前者の使用価値をつくる労働過程から考察していく。

労働過程とは、どのような歴史的段階にある社会にも存在する形態であり、（1）労働そのもの、（2）労働対象、（3）労働手段の三要素からなる。

第一の要素である（1）労働とは、人間が自然素材を自分自身の生活のために使用できる形態で取得するために、腕や足、頭や手を使って自然に働きかけることである。つまり、労働は人間と自然とのあいだの一過程である。この過程によって、人間は外部の自然を変化させると同時に、自分自身の自然をも変化させる。クモやミツバチは多くの人間建築士を赤面させるような作業を行うが、人間の労働は建築する以前にすでに頭のなかでつくりあげている点でこれらと異なる。したがって、観念的にすでに存在していた結果が労働過程の終わりにはでき上がる。このように目的をもって意識的に活動を行うところに人間の労働の特徴がある。

第二の要素は（2）労働対象である。労働対象は次の二つのものがある。まず、人間の手がまったく加えられていない土地、水、魚、原生林で伐採される木材、そして鉱脈から割り採られる鉱石などは天然の労働対象である。次に人間の労働によって加工された原材料も労働対象である。

第三の要素である（3）労働手段とは、人間が労働対象に働きかける手段、すなわち道具や用具、機械のことである。土地や作業用建物、運河、道路などは一般的労働手段である。労働過程における人間の活動は、労働手段を使って労働対象に働きかけ、生産物を生み出すことである。労働手段と労働対象の両者は生産手段（means of production, Produktionsmittel）として定義される。

以上のように、単純で抽象的な諸契機において考察してきたような労働過程は、さまざまな使用価値を生産するための合目的的活動であり、人間の欲求を満たす自然的なものの取得である。これは「人間と自然とのあいだにおける物質代謝の一般的な条件であり、人間生活の永遠の自然的条件であり、それゆえこの生活のどの形態からも独立しており、むしろ人間生活のすべての社会形態に等しく共通なものである」

（KⅠ一九八ページ）。

このような労働過程も資本のもとで行なわれることによって、二つの独自な特徴をもつ。

第一に、労働者は自分の所属する資本家の管理のもとで労働する。資本家は、労働が秩序正しく進行し、生産手段が目的に適った形で使用され、したがって原料が少しもむだづかいされず、労働用具が大切にされるように、見張りをする。

第二に、生産物は資本家の所有物であって、直接的生産者である労働者の所有物ではない。資本家は労働力の日価値を支払う。よって他のどの商品の使用と同様に、労働力の使用はその一日のあいだ資本家に属している。労働者が資本家の作業所に入った瞬間から、労働力の使用価値は、したがってそれの使用である労働は、資本家に所属するのである。労働過程は、資本家が買った生産手段と労働力とのあいだの一過程である。それゆえこの過程の生産物は、資本家に所属する。

2　価値増殖過程

資本家は車を車そのもののためには生産しない。商品生産において使用価値は、交換価値の担い手であるがゆえに、またその限りでのみ生産される。資本家にとっては次の二つのことが問題である。

第一に、資本家は、交換価値をもつ使用価値、販売予定の物品、商品を、生産しようとする。そして第二に、その生産のために必要な諸商品の価値総額よりも、すなわち資本家が商品市場において貴重な貨幣を投資して得た生産手段と労働力との価値総額よりも、大きい価値をもつ商品を生産しようとする。資本家は、使用価値だけでなく価値を、しかも価値だけでなく剰余価値（surplus-value, Mehrwert）をも、生

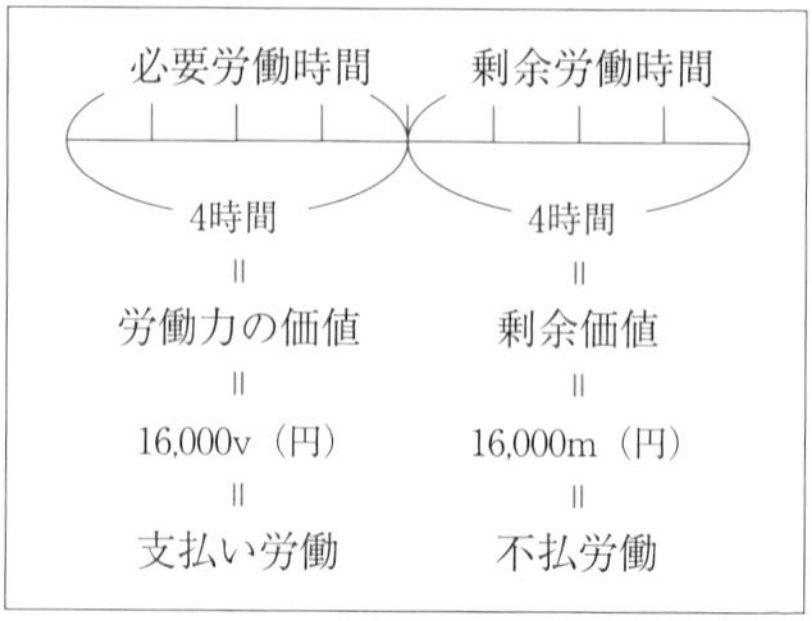

図5－1　絶対的剰余価値の生産

産しようとするのである。ではどのようにして剰余価値は生まれるのであろうか。

まず、労働力の価値（＝賃金）を一日一万六〇〇〇円、労働が一時間に四〇〇〇円の価値形成をするとしよう。労働力の価値一万六〇〇〇円を再生産するのに必要な労働時間は、図5―1のように、四時間とする。この場合、資本家が労働者を一日四時間しか働かせなかったらどうなるだろうか。労働者は資本家に、一万六〇〇〇円の価値で等価物を返す。しかし、資本家が投資した貨幣はまったく増えていない。これでは資本家は、生産手段と労働力をわざわざ買って生産を行ないはしない。ではどうするか。その解決は、労働力の日々の維持費と労働力の日々の支出とは、二つのまったく異なる大きさである、という点に見出される。労働力の日々の維持費は労働力の交換価値を規定し、労働力の日々の支出は労働力の使用価値を形成する。労働者を二四時間のあいだ生かしておくために四時間の労働が必要だということは、労働者が一日八時間労働することを決してさまたげはしない。先の例でみれば、資本家は四時間の必要労働時間を超えて労働者を働かせることができる。必要労働時間を超える労働は剰余労働時間であり、これによって剰余価値を生産する。価値形成過程は価値増殖過程に変わる。価値増殖過程とは、資本によって支払われた労働力の価値を超えて延長された価値形成過程である。資本の生産過程は剰余価値を生産する価値増殖過程を必ず含む。一日八時間労働だとすれば、剰余労働時間は四時間であり、剰余価値は一万六〇〇〇円である。労働力の価値と、労働過程における労働力の価値増殖とは、以上のように二つの異なる大きさなのである。

このように、必要労働時間を越えて一日の労働時間を延長することによって生産される剰余価値は、絶対的剰余価値の生産である。

資本家は労働力の日価値を支払った。それゆえ、一日のあいだの労働力の使用、一日にわたる労働は、資本家に属する。労働力を八時間使用することによって創造する価値がそれ自身の日価値の二倍の大きさであるという事情は、労働力の買い手である資本家にとっての特殊な幸運ではあるが、決して労働力の売り手である労働者にたいする不当行為ではないのである。

商品交換の法則は少しもそこなわれてはいない。等価物どうしが交換された。この全過程、すなわち貨幣の資本への転化は、流通部面において行なわれる。なぜなら、貨幣の資本への転化は、商品市場における労働力の購買によって条件づけられているからである。同時に、貨幣の資本への転化は、流通部面において行なわれるのではない。なぜなら、流通は生産部面において起こる価値増殖過程を準備するだけだからである。

よって、前章での資本の一般的定式は、次のように産業資本の一般的定式に変わる。

$$G - W \begin{cases} A \\ Pm \end{cases} \cdots\cdots P \cdots\cdots W' - G'$$

（Aは労働力、Pmは生産手段、―は流通過程、……P……は生産過程を表わす）

3　不変資本と可変資本

労働者の労働は、一定分量の労働を労働対象につけ加えることで、労働対象に新たな価値をつけ加える。他方で、消耗された生産手段の価値は生産物に移転されることで維持される。この移転は労働過程中に行なわれる。ではどのようにしてか。

労働者は同じ時間内に二重に労働するのではない。労働対象にたいする新価値のつけ加えと生産物における旧価値の維持とは、労働者が同じ時間内に一度しか労働しないのにその同じ時間内に生み出す二つのまったく異なる結果なのである。だから、結果のこの二面性は、明らかに労働者の労働そのものの二面性からのみ説明できる。同じ時点において、労働者の労働は、一方の属性では価値を維持または移転し、他方の属性では価値を創造するのである。

たとえば自動車をつくる労働者の労働は、機械やロボットなどの労働手段を用いて薄板などの原材料を変形・加工し、生産物（自動車）をつくる。薄板（労働対象）はプレス機械（労働手段）にかけられドアやボンネット、ルーフなど、自動車を構成するさまざまな部品としてできあがる。鉄鋼メーカーから送られてきた薄板という使用価値は自動車のドアやボンネットという新しい使用価値に形を変える。だから、薄板の価値はそのまま自動車のボディを構成する各部品に移転する。労働手段であるプレス機械によって、薄板ははじめて自動車のボディに変わるのであるから、労働手段は新しい使用価値形成に役立っている。労働対象と労働手段は、生産物価値の形成に価値移転して参加するのである。

人間の労働は以上のように労働対象と労働手段との価値移転を実際に行う。労働者が消耗された生産手段の価値を維持し移転するのは、労働一般をつけ加えることによってではなく、自動車の組み立て労働など具体的有用的性格によって行われる。他方、労働者が労働によって価値をつけ加えるのは、労働者の労働が抽象的社会的な労働一般である限りにおいてである。このように、人間の労働は一方では具体的有用労働として生産手段の価値の維持・移転を行ない、他方で抽象的人間労働として新しい価値を形成するのである。これは、第1章で述べた労働の二重性格の展開である。

生産手段は、それが生産手段として失う価値だけを生産物に引き渡す。用具、機械、工場の建物は最初の姿を保持したまま、価値を摩滅していく。たとえば、ある機械が一〇〇万円の価値をもち、一〇〇〇日で摩滅する場合には、機械の価値の一〇〇〇分の一、すなわち一日一〇〇〇円の価値が、機械そのものから日々の生産物に移行する。したがってこの場合、労働過程の一要素である機械は、労働過程へは全体として入り込むが、価値増殖過程へは部分的に入り込むだけだということがわかる。機械は、自らの価値よりも多くの価値を生産物につけ加えることは決してできない。

労働者は、もとの価値を維持することなしには新たな労働をつけ加えることはできず、したがって新たな価値を創造することはできない。「価値をつけ加えることによって価値を維持するということは、自己を発現している労働力すなわち生きた労働の天性」(KⅠ二二一ページ)というべきものである。景気がよい限りは、資本家は労働のこの無償の贈り物に気がつかない。しかし、労働過程の強力的中断、すなわち恐慌は、資本家にこのことを痛切に感じさせる。

以上みたように、資本のうち生産手段である原料と補助材料、労働手段に転換される部分は、生産過程でその価値の大きさを変えない。よって、この資本部分を不変資本とよぶ。

これに反して、資本のうち労働力に転換される部分は、生産過程でその価値の大きさを変える。この資本部分は、それ自身の等価物と、これを超えたある超過分である剰余価値とを再生産する。この剰余価値はそれ自身変動しうるものであって、より大きいこともより小さいこともありうる。資本のこの部分は、一つの不変量から絶えず一つの可変量に転化する。それゆえ資本のこの部分を可変資本とよぶ。

労働過程の立場からは生産手段が客体的要因であり、労働力が主体的要因であった。価値増殖過程の立場からは生産手段は不変資本として、労働力は可変資本として区別される。

４　剰余価値率

生産手段に支出される貨幣額ｃと、労働力に支出される貨幣額ｖとの二つの合計を前貸資本Ｃとする。ｃは不変資本に転化される価値部分、ｖは可変資本に転化される価値部分である。Ｃ＝ｃ＋ｖは、Ｃ′＝（ｃ＋ｖ）＋ｍに転化する。生産物の価値は、ｃ＋ｖ＋ｍであり、新しく生み出された価値生産物はｖ＋ｍである。剰余価値ｍは、ｖすなわち労働力に転換された資本部分に生じる価値変化の結果であるにすぎない。前貸総資本に対する割合は利潤率である。

剰余価値の可変資本部分に対する比は剰余労働の必要労働に対する比と等しい。すなわち、

$$剰余価値率 \frac{m}{v} = \frac{剰余労働}{必要労働}$$

である。両方の比率は、同じ関係を相異なる形態で表現するのであって、一方は対象化された労働の形態で、他方は流動的な労働の形態で、表現する。「それゆえ、剰余価値率は、資本による労働力の、または資本家による労働者の、搾取度の正確な表現である」（ＫⅠ二三二ページ）。剰余価値率一〇〇％ならば、

労働者は一日のうちの半分は自分のために、残りの半分は資本家のために労働したのである。

以上を式でまとめると次のようになる。

$$\text{剰余価値率 } m' = \frac{m}{v} = \frac{\text{剰余価値}}{\text{可変資本}} = \frac{\text{剰余労働時間}}{\text{必要労働時間}}$$

$$\text{利潤率} = \frac{m}{c+v}$$

5　剰余価値の率と総量

剰余価値率と剰余価値の総量の関係についてもまとめておこう。剰余価値の総量をＭ、個々の労働者により一日に提供される平均剰余価値をｍ、個々の労働力の購入に日々前貸しされる可変資本をｖ、可変資本の総額をＶ、平均労働力の価値をｋ、それの搾取度をａ′／ａ（剰余労働／必要労働）、充用労働者の総数をｎとすると、次のような式になる。

$$M = \frac{m}{v} \times V = k \times \frac{a'}{a} \times n$$

ここから、第一に、生産される剰余価値の総量は、前貸しされる可変資本の大きさに剰余価値率を掛けたものに等しいということがわかる。

第二に、可変資本が削減されたとしても、同時に同じ割合で剰余価値率が引き上げられるならば、生産される剰余価値の総量は不変のままである。可変資本の削減は、それに比例する労働力の搾取度の引き上げによって、または、就業労働者総数の減少は、それに比例する労働日の延長によって、埋め合わせることができる。

第三に、剰余価値率と労働力の価値または必要労働時間の大きさが与えられているならば、可変資本が大きければ大きいほど、生産される価値および剰余価値の総量もそれだけ大きい。よって、MはVに比例する。

Ⅱ　トヨタ自動車の剰余価値生産

マルクスは『資本論』で、一八七一年当時のマンチェスターのある一工場の剰余価値率を計算し、一五三・八％であったと書いている（KⅠ二三二ページ）。では現代の日本企業の剰余価値率はどのくらいであろうか。二〇〇八年に自動車販売台数で七七年間世界一を維持してきたGMを抜いて、世界第一位になったトヨタ自動車を例にとって剰余価値生産を分析してみよう。(1)トヨタ自動車は、二〇〇八年三月期の単体決算(2)で総資産一〇兆四三五八億五〇〇〇万円、資本金三九七〇億四九〇〇万円の巨大企業である。二〇〇七年四月一日から二〇〇八年三月三一日までに五一六万二九三台の自動車を日本国内で生産し、売上高は一二兆七九二億六四〇〇万円、これから売上原価を引いた売上総利益は二兆二九九九億八七〇〇万円、これから販売費と一般管理費を引いた営業利益は一兆一〇八六億円、これに受けとった利子・配当を加え支払った利子・配当を引いた経常利益は一兆五八〇六億二六〇〇万円、これから税金を支払ったあとの当期純利益は一兆一三八一億四四〇〇万円であった（第一〇四期『有価証券報告書』一三八—一三九ページ）。

従業員は平均臨時雇用人員を含めて八万七一二九人である。

トヨタ自動車株式会社の第一〇四期（二〇〇八年三月期）『有価証券報告書』にある「製造原価明細書」から自動車生産に直接かかる材料費（cz）、労務費（v）、固定資本の減価償却費（cf）、その他経費（ce）がわかる。「Ⅰ　材料費」は八兆一一七六億四二〇〇万円であるが、これに前期からの「仕掛品期首たな卸高」の九七五億九二〇〇万円を加え、来期に残っていく「仕掛品期末たな卸高」の九二六億九三〇〇万円を引いて、八兆一二二五億四一〇〇万円とする。「Ⅱ　労務費」は六七七四億二三〇〇万円（退職給付費用二七一億三九〇〇万円を含む）、減価償却費は二四四九億三五〇〇万円である。また、「Ⅲ　経費」の九四四三億四六〇〇万円から減価償却費二四四九億三五〇〇万円と「当期他勘定振替高」九七億九九〇〇万円を引いた値、六八九六億一二〇〇万円をその他経費とする。

次に「損益計算書」から年生産額を計算する。売上高は、一二兆七九一億六四〇〇万円であったが、これから次の調整分を差し引く。すなわち、売上高から前期に生産し今期に売った「商品・製品期首たな卸高」一二六七億九三〇〇万円を引き、今期生産し来期販売予定の「商品・製品期末たな卸高」一四一四億六八〇〇万円を加え、さらに「当期商品仕入高」六八四億七八〇〇万円を引き、「当期他勘定振替高」九〇億三八〇〇万円を加える。これらを一括して調整分（四四七億六五〇〇万円）とする。売上高から調整分を引いたものを年生産額とすると、一二兆七九二億六四〇〇万円－四四七億六五〇〇万円＝一二兆三四四億九九〇〇万円となる。そしてこの年生産額から、先に計算した費用価格九兆七三四五億一一〇〇万円（cz＋cf＋ce＋v）を引くと売上総利益二兆二九九九億八八〇〇万円（m）が得られる。

以上からトヨタ自動車の年生産は図５―２のようになる。この年生産からトヨタの自動車一台あたりの

1　年生産（自動車生産台数5,160,293台）　単位百万円

244,935(cf)＋8,122,541(cz)＋677,423(v)＋689,612(ce)＋2,299,988(m)＝12,034,499

減価償却費　材料費　労務費　その他経費　売上総利益

2　1人1時間の生産（年生産の各項目÷従業員数87,129人÷年間労働時間2066時間）

1,361(cf)＋45,123(cz)＋3,763(v)＋3,831(ce)＋12,777(m)＝66,855

3　1人1日8時間労働の剰余価値生産の分析図

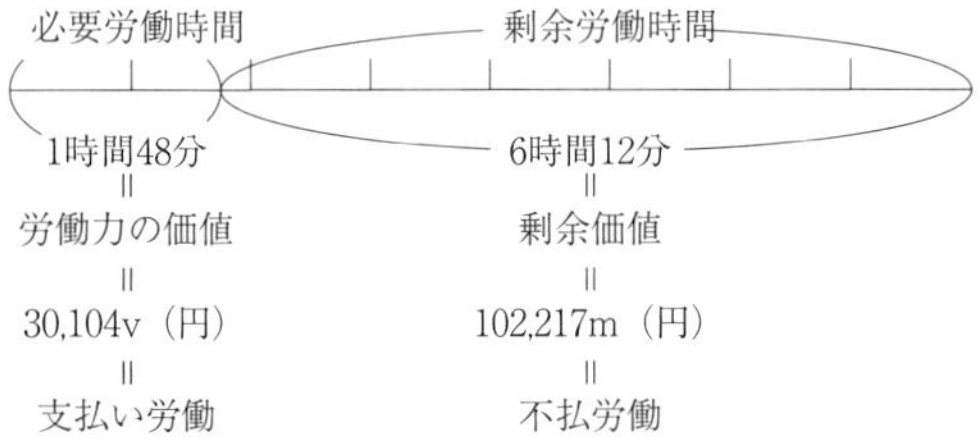

図5－2　トヨタ自動車の剰余価値生産（104期、2007年4月1日―2008年3月31日）

注　四捨五入のため、合計は一致しない。

（出所）トヨタ自動車「104期　有価証券報告書」より作成。単体ベース。年間労働時間は『国民経済計算』2007年度版、「輸送用機械」の労働時間による。

平均的な価値構成を表したものが図5―3である。これは年生産の各項目について、自動車生産台数五一六万二九三台で割ってやれば出てくる。平均的自動車一台の価値は二三三万二一三五円であり、減価償却費は四万七四六五円で総価値の二％を占め、材料費は一五七万四〇四六円、総価値の六七・五％である。労務費は一三万一二七六円で総価値の五・六％、剰余価値は四四万五七〇九円で一九・一％、その他経費は一三万三六三八円で五・七％を占めている。

図5―2の「一人一時間の生産」は、年生産の各項目を従業員数八万七一二九人（平均臨時雇用人員一万七六五一人を含む）で割り、さらに

「国民経済計算二〇〇七年度版」の「輸送用機械」の労働時間の二〇六六時間で割ることによって算出する。ここから、一人の労働者は一時間働くと、

v＋m＝三七六三円（v）＋一万二七七七円（m）＝一万六五四〇円（v＋m）　………（1）

の新しい付加価値を形成することがわかる。一日八時間労働と仮定して計算すると、一日の労働力の価値すなわち労務費は次のとおりである。

労働力の価値＝三七六三円（v）×八時間＝三万一〇四円　………（2）

したがって、労働者が自分の労働力の価値を再生産するのに必要な労働時間、すなわち必要労働時間は、（2）÷（1）である。

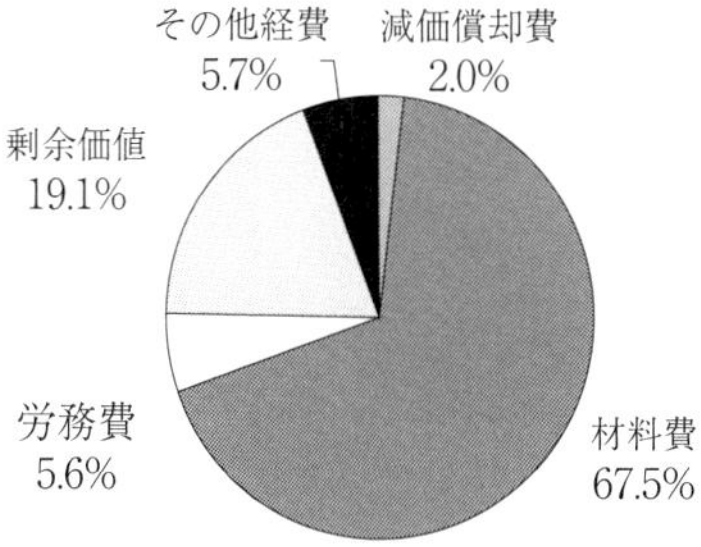

図5－3　トヨタの平均的自動車1台の価値構成（1台＝233万2135円）

（出所）トヨタ自動車「104期　有価証券報告書」より作成。

必要労働時間＝三万一〇四円÷一万六五四〇円＝一・八二≒一・八時間＝一時間四八分　………（3）

したがって、剰余労働時間は次のとおりである。

剰余労働時間＝八時間−一・八二（必要労働時間）＝六・一八≒六・二時間＝六時間一二分　………（4）

よって、以上から剰余価値は（4）と（1）から次のようになる。

剰余価値＝六・一八時間×一万六五四〇（v＋m）円＝一万二七七七（m）円×八時間＝一〇万二二一七円

つまり、図5—2の「一人一日八時間の剰余価値生産の分析

図」からわかるように、トヨタの労働者は、最初の一時間四八分働くと自分の労働力の日価値である三万一〇四円に等しい価値を再生産し、残りの六時間一二分はトヨタのための剰余価値一〇万二二一七円を生産するのである。トヨタの資本家は、価値増殖過程の分析でみたように、買い入れた労働力を最初の一時間四八分だけ働かすということはありえない。これではトヨタの資本家が投下した貨幣額と同じ価値のリターンしか得られず、なんら剰余価値は生まれない。貨幣は資本に転化しない。しかし、すでに述べたように、労働力の日々の維持費と労働力の日々の支出とは、二つの異なる大きさである。トヨタの労働者を二四時間のあいだ生かしておくために一時間四八分の労働が必要だということは、トヨタの資本家が労働者を一日八時間労働させることをさまたげない。よって、トヨタの資本家は労働者に必要労働時間を越えて労働することを強制し、残りの六時間一二分を剰余労働とし、剰余価値を生産させるのである。労働者が自分の労働力の価値の等価を再生産する必要労働時間は支払い労働であるが、資本家のために剰余価値を生産する剰余労働時間は不払い労働である。

トヨタの剰余価値率は、次のようになる。

$$\text{剰余価値率} = \frac{\text{剰余価値}}{\text{可変資本}} = \frac{102,217\text{円}}{30,104\text{円}} = \frac{\text{剰余労働時間 6 時間12分}}{\text{必要労働時間 1 時間48分}} = 339.5\%$$

注

(1) 以下の記述と計算方法は、松石勝彦『新版　現代経済学入門』青木書店、二〇〇二年、一三〇―一三六ページ、同『現代経済学入門』第二版、青木書店、一九九一年、一三六―一四三ページ、を参照。

(2) トヨタ自動車の二〇〇八年三月期の連結決算は、売上高二六兆二八九二億四〇〇〇万円、当期純利益一兆七

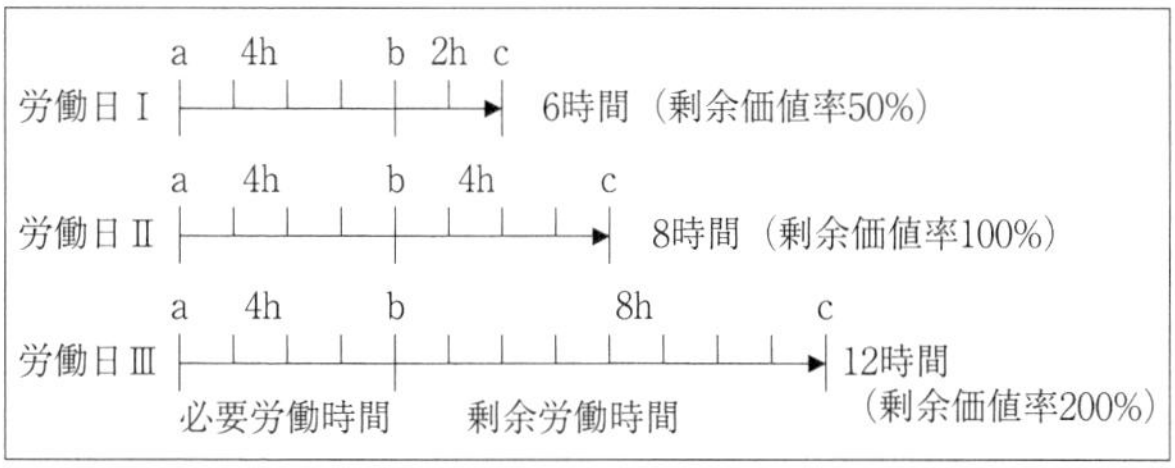

図５－４　労働日（労働時間）の限界

一七八億七九〇〇万円であった。

Ⅲ　労働日

１　労働日の諸限界

本章第Ⅰ節でみたように、労働者の平均的な日々の生活諸手段の生産に四時間を必要とするならば、労働者は、労働力を日々再生産するためには、平均して一日あたり四時間労働しなければならない。この場合には、労働日（一日の労働時間のこと）のうちの必要労働部分は四時間である。しかし、そのことだけでは、労働日そのものの大きさはまだ与えられていない。なぜなら、必要労働と剰余労働との合計から「労働時間の絶対的大きさ—労働日（working day）」（ＫⅠ二四四ページ）は形成されるからである。図５—４にあるように、労働日はａ—ｃであるから、必要労働時間が与えられていれば、ｂ—ｃの長さとともに労働日は変化するからである。すなわち、労働日は不変量ではなく可変量であり、その全体の大きさは、必要労働部分が与えられていれば、剰余労働の長さとともに変動するのである。

では、労働日の限界はどこにあるのか。まず、資本主義的生産様式においては、必要労働はつねに労働日の一部分をなしうるのみであり、したがって労働日がこの最小限度の制限まで短縮されることは決してありえない。では最大限はどこにあるのか。それは次の二点によって制限されている。第一は、労働力の肉体的な制限である。一日のある部分のあいだに労働者は休息し、睡眠をとらなければならず、また他の部分のあいだには食事をし、身体を洗い、衣服を着るなどの他の肉体的な諸欲求を満たさなければならない。これらの純粋に肉体的な制限のほかにも、労働日の延長は社会慣行的な諸制限に突きあたる。労働者は、知的および社会的諸欲求の充足のために時間を必要とするのであり、それら諸欲求の範囲と数は、一般的な文化水準によって規定されている。それゆえ、労働日の変化は、肉体的および社会的な諸制限の内部で行なわれる。これが第二の制限である。

2　労働日の決定

では、一日の労働時間はどのように決定されるのか。資本は自己を増殖し、剰余価値を創造し、その不変部分である生産手段で、できる限り大きな量の剰余労働を吸収しようとする本能をもっている。よって、資本家は商品交換の法則を楯《たて》に取って、他のすべての買い手と同じように、商品の使用価値からできる限り大きな効用を手に入れようとする。しかし、労働者も他のすべての商品販売者と同じように、労働力の再生産が破壊されるような労働時間の延長に対して、労働力商品の価値を要求する。資本家は労働日を無制限に延長することで、一日のうちに労働者が三日間で補填できるよりも多くの量の労働力を支出することができるが、これでは過重労働によって労働力の再生産の破壊、すなわち労働者の寿命そのものを縮めることになる。よって、労働者は、「私の労働力の利用とそれの略奪とは、まったく別のことがらである」、として、標準労働日を要求するのである（KⅠ二四八―二四九ページ）。

以上みてきたように、商品交換そのものの本性からは、労働日の限界、したがって剰余労働の限界は生じないことがわかる。買い手である資本家も売り手である労働者も同じ権利を主張するのである。「ここでは、どちらも等しく商品交換の法則によって確認された権利対権利という一つの二律背反が生じる。同等な権利と権利とのあいだでは強力がことを決する」（ＫⅠ二四九ページ）。こうして、資本主義的生産の歴史においては、標準的な労働日がどのように決定されるかということは、労働日の諸制限をめぐる闘争として、総資本である資本家階級と、総労働すなわち労働者階級とのあいだの一闘争として、現れるのである。

資本主義的生産は、本質的に剰余価値の生産である。資本は、労働日の延長によって、人間の労働力の正常な精神的および肉体的発達と活動との諸条件を奪い去る。さらにそれだけでなく、資本は労働力そのもののあまりにも早い消耗と死亡とを生み出す。資本は、「労働者の生存時間を短縮することによって、ある与えられた諸期限内における労働者の生産時間を延長」（ＫⅠ二八一ページ）し、より多くの剰余価値を手に入れるのである。

「〝大洪水よ、わが亡きあとに来たれ！〟これがすべての資本家およびすべての資本家国家のスローガンである。それゆえ、資本は、社会によって強制されるのでなければ、労働者の健康と寿命にたいし、なんらの顧慮も払わない。」（ＫⅠ二八五―二八六ページ）

このような資本の暴力から自らを「防衛」するために、労働者たちは結集し、階級として一つの国家の法律を、強力な社会的防止手段を、奪取しなければならない。それは、法律によって制限された労働日であり、労働者が販売する時間がいつ終わり、彼／彼女ら自身のものとなる時間がいつ始まるのかを、明瞭にすることである。

Ⅳ　現代日本経済と労働日

1　戦前の日本における労働実態

日本資本主義の確立期、一九世紀末から二〇世紀初頭にかけて、日本の労働者は多いときで一七、一八時間もの労働を強いられる過酷な状態におかれていた。工場総数の約六割強、労働者総数の約三分の二を占めていた繊維産業（綿糸紡績、製糸、織物）の労働者の実態について、当時の農務省が工場法立案のために行なった調査報告書である『職工事情』（一九〇三年（明治三六））に克明に描かれている。

綿糸紡績工場では昼夜一一時間または一一時間三〇分（休憩時間を除く）の交替労働で、女性や児童も徹夜業についていた。表5―1は綿糸紡績工場の労働時間である。昼業部は午前六時十分に始めて午後六時五分まで、夜業部は午後五時五五分に始めて翌朝午前六時二〇分まで、一五分程度の食事時間以外は長時間の就業が一般的であった。しかし、夜業部の欠席が多いときは昼業工の一部は翌朝まで働かされ、業務繁忙期には、夜業者を六時間居残りさせ、昼業者を六時間早めに出勤させ、一八時間を通して労働させることもあった[1]。

昼業を主とする生糸工場においても驚くべき労働実態である。長野県某製紙会社の労働時間は、六月後半では朝三時五〇分に起こされ、四時一五分には仕事を開始する。六時にわずか一五分ばかりの朝食をとり、一一時まで働く。その後は、わずか一五分の昼食時間と午後三時の一五分の休憩時間をはさんで、午

表5－1　綿糸紡績工場の労働時間

昼業	午前	6：10～	6：15	（5分間）	入場
		6：15～	6：20	（5分間）	器械注油其他準備
		6：20～	7：45	（1時間25分間）	執業
		7：45～	8：00	（15分間）	朝食
		8：00～	12：00	（4時間）	執業
		12：00～	0：15	（15分間）	昼食
	午後	12：15～	18：00	（5時間45分間）	執業
		18：00～	18：05	（5分間）	掃除
		18：05			退場
夜業	午前	17：55～	18：00	（5分間）	入場
		18：00～	18：05	（5分間）	器械注油其他準備
		18：05～	0：00	（5時間55分間）	執業
	午後	0：00～	0：15	（15分間）	夜食
		0：15～	6：15	（6時間）	執業
		6：15～	6：20	（5分間）	掃除
		6：20			退場

（出所）『職工事情』37-38ページの事例をもとに作成。

後七時三〇分まで働かされる。実労働時間は一四時間三〇分であり、これは季節によっては一五時間五分にも及ぶ。しかも多くの工場で、生糸市場の好況期には労働時間を延長し「一日の労働は一八時間に達することしばしばこれあり」（『職工事情』二三六ページ）という状況である。また、食堂に集めるのは時間の無駄であるとして、握《にぎ》り飯《めし》を配り「工女は握り飯を頬張《ほおば》りつつ業を執《と》る」（同二三九ページ）工場もあった。さらに、規定以上に労働時間を延長しようとするときには、「時計の針を後戻りせしむることしばしばこれあり」（同二三六ページ）といったように資本家による無制限な労働時間の延長が横行した。

以上のような長時間労働が行なわれると、労働力の再生産は破壊される。そのためこのような無制限の搾取に対して、日本の労働者は団結してたたかうようになる。一八八六年に山梨県甲府市の雨宮製糸工場の女性労働者が、日本初の工場ストライキに立ち上がった。そして一八九七（明治三〇）年には、片山潜や高野房太郎のよびかけで、「労働組合期成会」が結成され、日本資本主義における労働組合運動の発展が始まる。工場法制定運動の高まりを経て、一九一一（明治四四）年にようやく日本において「工場法」が成立した。一五歳未満と女性労働者に限り最長労働時間は一二時間、月二回の休日、深夜業禁止などを内容としていたが、一五人以下の工場には適用されず、製糸業では一四時間労働が認められるなど問題の多い法律であった。さらに施行は五年延期され、夜業禁止は一五年間も延期された。

このように問題の多かった「工場法」による規制も、第二次世界大戦中の「工場法戦時特例」（一九四三年）によって規制が取り払われ、労働時間の無制限の延長が行なわれることとなる。

2　現代日本経済と労働日

第二次世界大戦後、日本国憲法の制定に先駆けて一九四五年に日本で初めて労働組合法が制定され、団結権、団体交渉権、争議権が保障された。これによって、一九四五年八月にはゼロだった労働組合数は一九四七年六月末には二万三三二三組合、約五五九万人へと飛躍的に増大した。そして、労働組合運動の高まりを背景にした戦後改革のなかで、一九四七年に労働基準法が施行され、一日八時間労働、週四八時間労働（現在では一応四〇時間労働）が確立した。しかし、これには次のような限界があった。第一に、八時間労働制に例外や除外規定が多いこと、第二に、四週間単位の変形労働時間制が認められていること、第三に、一日の労働時間の上限が規制されていないため、労働基準法第三六条の規定（「三六協定」）により、成人男子については無制限の時間外労働が可能なことである。ＩＬＯ（国際労働機関）第一号条約は、一日あたりの労働時間の上限を要求しているが、日本ではこの上限が欠けていた。日本がいまだＩＬＯ第一号条約を批准していないのはこのためである。(2) 労働時間の上限規制がないことは、日本の異常な長時間労働を生み出す要因となる。

(1)　日本の異常に長い労働時間—労働時間の国際比較

図５—５によれば、日本の労働時間は国際的にみても異常に長いことがわかる。日本の労働者は、アメリカの労働者より四一時間、イギリスの労働者よりも一二九時間も多く働いている。さらにドイツ、フランスと比較してみると、その差は四六〇時間を超えている。一日八時間労働として計算すると、日本の労働者はドイツ、フランスの労働者よりも年間五七・五日分も多く働いたことを意味している。

また、図５—６は各国の年間総労働時間の推移である。ここからドイツ、フランスの労働時間は一九八〇年以降減少傾向にあるのに対して、アメリカでは上昇していることがわかる。イギリスはいったん上昇したのち減少傾向にある。日本は一九九〇年代に大幅に減少したのち、近年ふたたび上昇している。日本の平均労働時間減少の要因は、非正規の短時間労働者の増大によるところが大きい。総務省「労働力調査」によれば、労働時間が「週三五時間未満」の労働者の割合は、一九八〇年には一〇％程度であったが、一九九〇年に一五・二％、一九九五年に一七・四％に上昇し、二〇〇二年には二四・一％、二〇〇八年には二六％に達している。短時間労働者の割合が増加しているにもかかわらず、近年の日本の労働時間はふたたび増加している。これは長時間労働者の割合の高さとして表れる。ＩＬＯの調査によれば、全労働者に占める長時間労働者（週四九時間以上）の割合は先進国のなかで日本は二九・三％と高い割合を示している。諸外国での長時間労働者の割合は、イギリス二五・七％、アメリカ一八・一％、フランス一四・七

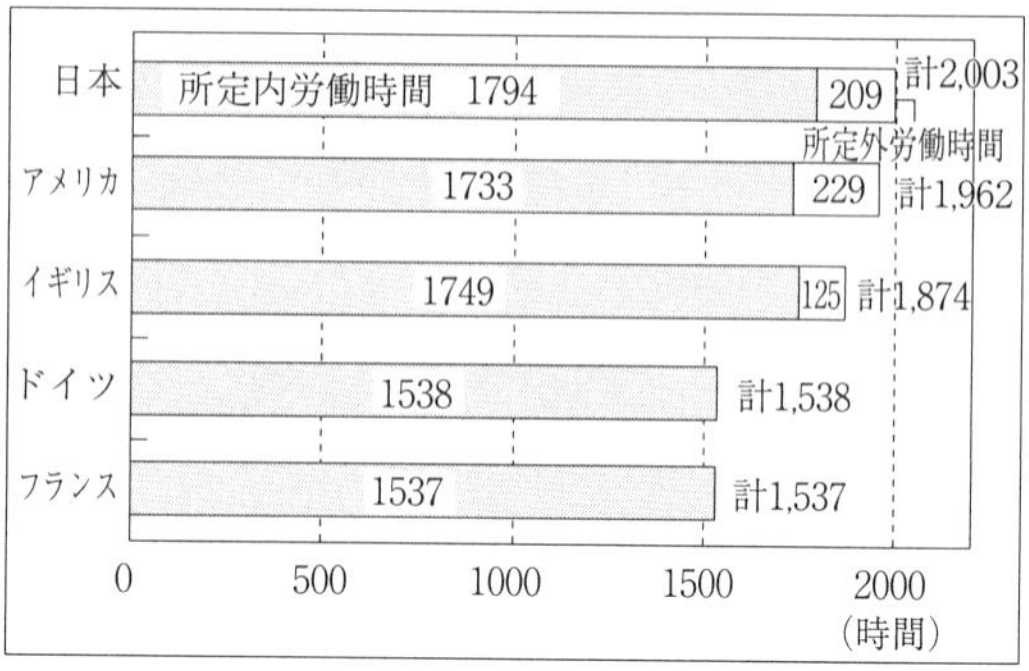

図5－5　年間総労働時間の比較（製造業・生産労働者、2006年）

注　事業所規模は、日本は5人以上、アメリカは全規模、その他は10人以上。

（出所）独立行政法人　労働政策研究・研修機構『データブック国際比較2009』195ページ。

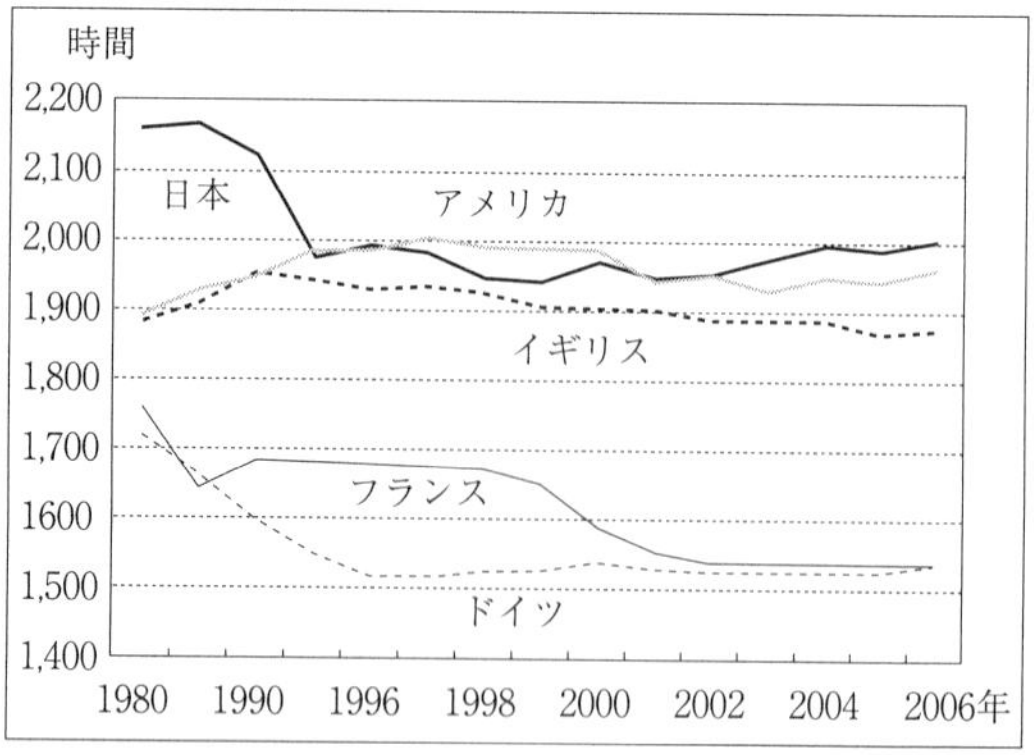

図5－6　生産労働者の年間総労働時間の推移(製造業)

注　事業所規模は、日本は5人以上、アメリカは全規模、その他は10人以上。所定外労働時間を含む。ただしドイツ(2000年以降)、フランスは不明。

（出所）独立行政法人　労働政策研究・研修機構『データブック国際比較2009』、第6－1表、195ページをもとに作成。

%、カナダ一〇・六%、フィンランド九・七%、オランダ七・〇%、ノルウェー五・三%となっている（前掲『データブック国際比較二〇〇九』一九九ページ）。

図5─7は年間の休日日数の比較をしたものである。日本はアメリカと同じ日数であるが、イギリスとくらべると約一〇日、ドイツとは約一七日、フランスとは約一三日間の差がある。日本の年次有給休暇は八・二日と諸外国にくらべて低い日数になっているが、この要因は取得率の低さにある。二〇〇八年の有

給休暇付与日数は一八日であったのに対して、取得率は半分以下の四七・四%であった。日本の有給休暇の取得率は二〇〇一年以降連続して五〇%を下回っている。[3] 取得率の低さの背景には、人員不足による過度労働がある。東京都産業労働局の調査によれば、年休未消化の理由として「病気などのために確保しておく」が四二・四%でトップであったのにつづいて、「仕事が多い」二八・九%、「要因・人員が不足している」二六・七%となっている。[4]

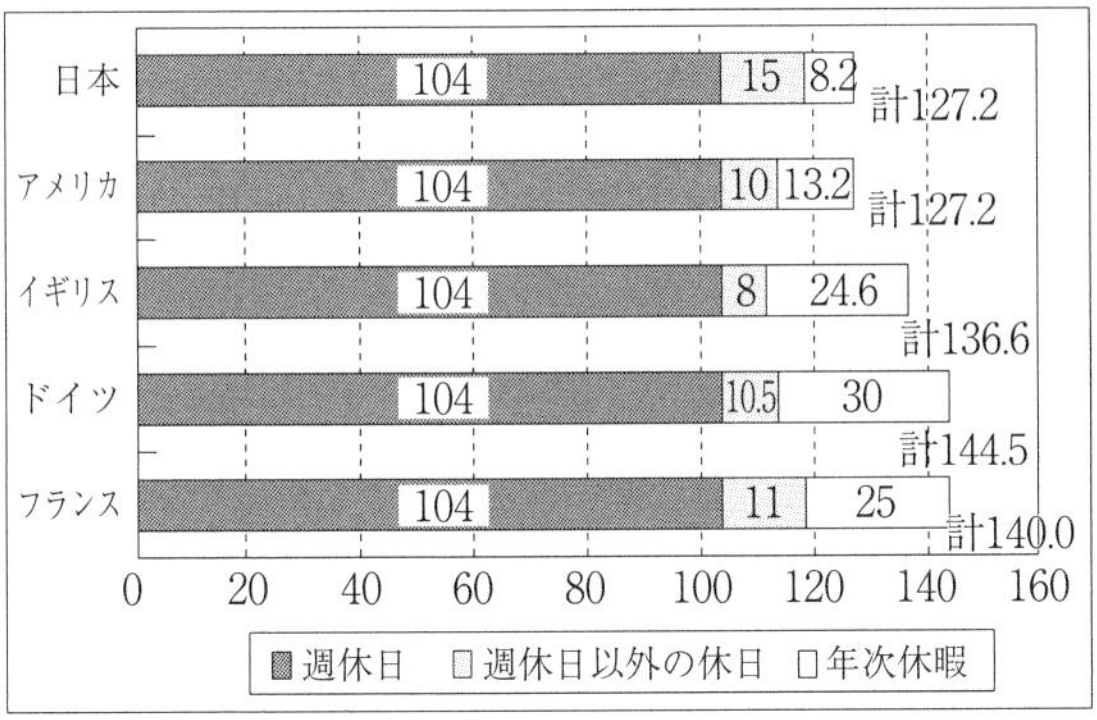

図５－７　年間休日日数の比較

注　週休日とは「日曜日」、「土曜日」などの「会社指定休日」を指し、ここでは完全週休２日制と仮定した。年次有給休暇は付与日数（一部各国資料から厚生労働省労働基準局勤労者生活部企画課推計）。日本は取得日数。

（出所）前掲『データブック国際比較2009』第６－４表、200ページより作成。

マルクスは『資本論』の「労働日」の章で、法定労働時間を超えた過度労働で得られる特別利潤を得るために、資本家は始業時間を早めて終業時間を延長したり、休憩時間や食事時間を削り取ったりするなど、さまざまな詐欺的な行ないをしているということを書いている。「資本がこのように労働者たちの食事時間や休養時間から「こそどろ」することを、工場監督官たちも、「数分間のちょろまかし」、「数分間のひったくり」、または労働者たちが仲間どうしでよんでいるように「〃食事時間のかじり取り〃と言っている。」（KＩ二五七ページ）。現代の日本においても資本家は法定時間を超える過度労働を労働者に強制するためにさまざまな手法を用いるが、[5]近年とくに問題になっているのが〝名ばかり管理職〟問題である。

清水文美さんは入社九カ月で二四時間コンビニエンスストア「SHOP 99」の店長に任命された。表5―2は、清水さんの二〇〇七年八月のある四日間の勤務記録である。八月七日の七時四五分に出勤し、仕事を終えて帰ったのは翌朝七時二四分。驚くことにその後わずか一時間半後にはまた出勤し、退勤は翌朝八時〇五分。二日続けて約二四時間労働である。さらにその日は朝一〇分休んだだけでふたたび出勤する。この四日間の労働時間はじつに八六時間にも上った。なぜこのような過度労働が放置されたのか。それはこのコンビニチェーンは、店長を労働基準法における労働時間規制や残業手当の支給対象から除外される「管理監督者」として位置づけていたからである。清水さんのこの月の残業時間は合計一六七・五時間という過酷なものであったが、店長であるということで残業代は支払われなかった。[6]管理職になって基本給は六万円増えたが、「店長」は残業代にあたる「超過勤務手当」などがつかないため、給与は手取りで二九万円から二一万円に下がったのである。

二〇〇八年一月二八日、マクドナルドの現役店長である高野廣志さんが残業代の未払いをめぐって日本マクドナルドを訴えていた裁判の判決が出た。東京地裁は、「マクドナルドの店長は法律の定める管理職の条件を満たしていない」として、日本マクドナルドに対して、高野さんに残業代（裁判所算出）と休日出勤代満額を支払うように命じた。この裁判で争われたのは、「店長は管理監督者か否か」であった。旧

表5－2　清水さんの労働時間

	出　勤	退　勤
8月 7日（火）	7時45分	（翌）7時24分
8月 8日（水）	8時55分	（翌）8時05分
8月 9日（木）	8時15分	（翌）1時14分
8月10日（金）	16時47分	（翌）15時14分

（出所）前掲『名ばかり管理職』24ページ。

労働省の行政通達には「管理監督者」とは次の三条件を満たしているもののことであるとしている。①「経営者と一体的な立場で、企業の経営方針の決定に関わる重い権限が与えられている」こと、②「労働時間を管理されず、出勤や退勤の時間を自分で決められる」こと、③「一般社員より報酬が高く、管理職にふさわしい待遇を得ている」こと。[7] 高野さんはこの三条件のいずれにも該当しないとして、「管理監督者」ではないという判決が出たのである。NHKが管理職に属する一〇〇〇人に対して行なった「あなたは自分が『名ばかり管理職』だと思いますか？」というアンケート調査では、「そう思う」一三・四％「ややそう思う」三三・六％と会わせて五七％、半数以上の人が自分は「名ばかり管理職」であると認識しているという結果であった。[8] 企業は労働者を「名ばかり管理職」にすることで、長時間労働を強制しながら残業代を支払わないことで人件費を抑制し、利潤を増やしているのである。

さらに日本では長時間労働と一体の関係にある不払い残業問題（いわゆる〝サービス残業〟）が存在する。連合総研の調査によれば、労働時間が週五〇時間以上六〇時間未満の労働者の五六・五％が「不払い残業あり」と回答し、週六〇時間以上の労働者になると実に「不払い残業あり」は六四・五％に上っている。[9] 二〇〇八年四月から二〇〇九年三月までの一年間に、全国の労働基準監督署の指導によって、割増賃金不払いの是正を指導された企業は一五五三社、是正支払金額は一九六億一三五一万円であった。[10]

(2) 長時間労働と過労死

以上みてきた日本における長時間過密労働は、労働者の肉体的・精神的疲労を蓄積させる。「一日の仕事で疲れ退社後何もやる気になれない」という労働者の割合は、週の労働時間五〇～七四時間で五八・一％、七五～九九時間で七一・八％、一〇〇時間以上は七三・八％であった。[11] またそれと平行して、長時間労働者ほど疲労度あるいはストレス度を示す抑うつ傾向得点も高まっている。[12]

長時間労働による労働者の疲労の蓄積と精神的ストレスの増大は、過労死を増大させる。過労死とは、「仕事による過労・ストレスが原因の一つとなって、脳・心臓疾患、呼吸器疾患、精神疾患等を発病し、死亡または重度の障害を残すに至ること」である。また、過労死の一形態である過労自殺とは、「過労により大きなストレスを受け、疲労がたまり、場合によってはうつ病を発症し、自殺してしまうこと」を意味する[13]。表5―3によれば、過労死・過労自殺の認定件数は増えつづけている。二〇〇八年の認定件数は、「脳・心臓疾患」が三七七件（うち死亡一五八件）、「精神障害等」が二六九件（うち死亡六六件）であった。長期間の過重労働による「脳・心臓疾患」で支給された事案の件数をみると、一カ月平均の時間外労働が四五時間未満の場合は一件であるのに対して、六〇時間以上～八〇時間未満は二一件、八〇時間以上～一〇〇時間未満一三一件、一〇〇時間以上～一二〇時間未満一〇三件、一二〇時間以上～一四〇時間未満四九件、一四〇時間以上～一六〇時間未満三一件、一六〇時間以上二四件、と長時間労働が原因となっている。

(3)　労資の力関係の決定要因　では、諸外国と比較しても異常ともいえる日本の長時間労働と過度労働は、どのような要因によって形成されてきたのか。それは資本家と賃金労働者との力関係、すなわち労資の力関係の差に決定的な要因をみることができる。

第一に、表5―4に明らかなように、日本の労働組合の組織率一八・一％は、アメリカの一二・一％よりも高いが、イギリスの二八・〇％、ドイツの二三・六％よりも低い。さらに日本の組織率は一九九五年の二三・八％から、二〇〇〇年二一・五％、二〇〇五年一八・七％と低下している。

第二に、日本の争議件数の低さである。表5―5は主要国の労働争議統計であるが、二〇〇七年の日本

表5－3　過労死・過労自殺などの労災認定状況

	年　度	2000	2001	2002	2003	2004	2005	2006	2007	2008
脳・心臓疾患	請求件数	617	690	819	705	816	869	938	931	889
	認定件数	85	143	317	312	294	330	355	392	377
	うち死亡	45	58	160	157	150	157	147	142	158
精神障害等	請求件数	212	265	341	438	524	656	819	952	927
	認定件数	36	70	100	108	130	127	205	268	269
	うち死亡	19	31	43	40	45	42	66	81	66

（出所）厚生労働省「脳・心臓疾患及び精神障害等に係る労災補償状況」各年度版より作成。

表5－4　主要国の労働組合員数と組織率（2007）

	日本	アメリカ	イギリス	ドイツ
労働組合員数（千人）	10,080	15,670	7,084	8,170
組織率（%）	18.1	12.1	28.0	23.6

注　ドイツは2006年。
（出所）前掲『データブック国際比較2009』表7－1、215ページより作成。

の争議件数は五四件、労働争議参加人数は二万八〇〇人、労働損失日数は三万三二〇〇日であった。アメリカの争議件数は一二三件と少ないが、労働争議参加人数は一九万二九〇〇人、労働損失日数は一二六万五〇〇〇日である。労働損失日数だけで比較しても、イギリス一〇四万一〇〇〇日、ドイツ二八万六四〇〇日、フランス八〇万二〇〇〇日（二〇〇六年）と、日本よりもはるかに多い。かつて一九七五年の日本の労働争議件数は三三九一件、労働争議参加人数二七三万人、労働損失日数八〇二万日であった。日本の労働運動は一九七〇年代後半から資本に対する対抗力を失い、ストライキ件数は急激に減少していったのである(14)。

先に確認したドイツ、フランスの短い労働時間は、標準労働日をめぐる労働者と資本家の激しいたたかいによって勝ち取られたものである。ドイツでは一九八四年に週三五時間制を要

表5－5　主要国労働争議統計

	日本			アメリカ			イギリス			ドイツ			フランス		
	A	B	C	A	B	C	A	B	C	A	B	C	A	B	C
1995	209	37.5	77.0	31	191.5	5,771	235	174.0	415	361	183.3	247.5	2,066	43.5	783.8
2000	118	15.3	35.1	39	393.7	20,419	226	183.2	499	67	7.4	10.8	1,427	210.7	581.4
2001	90	12.2	29.1	29	99.1	1,151	207	179.9	525	48	60.9	26.8	1,105	118.6	462.4
2002	74	7.0	12.3	19	45.9	660	162	942.9	1,323	938	428.3	310.1	745	66.7	248.1
2003	47	4.4	6.7	14	129.2	4,077	138	150.6	499	—	39.7	163.3	785	62.5	223.8
2004	51	7.0	9.8	17	173.3	1,017	135	292.7	905	—	101.4	50.7	699	60.4	193.4
2005	50	4.1	5.6	22	99.7	1,348	116	92.6	224	—	17.1	18.6	—	—	989.8
2006	46	5.8	7.9	23	76.6	2,688	158	713.3	755	—	168.7	428.7	—	—	800.2
2007	54	20.8	33.2	23	192.9	1,265	152	744.8	1,041		106.5	286.4			

注　A＝労働争議件数（件）、B＝労働争議参加人数（千人）、C＝労働損失日数（千日）。
（出所）前掲「データブック国際比較2009」第7－3表、217-218ページをもとに作成。

求して、金属産業労組（IGメタル）が七週間、印刷産業労組は一二週間のストライキを行ってたたかった。当時の西ドイツの一九八四年の労働争議参加人数は五四万人、労働争議損失日数は五四二万日を記録している。そして、ついに週四〇時間の壁を突破して、三八・五時間制が実現し、一九九〇年には三七時間制が協約化されるとともに、一九九五年に三五時間へ段階的に移行することが決定されたのである。しかし、二〇〇四年に電機最大手のシーメンス社が、週三五時間から四〇時間にすることを労組に迫り合意にいたった。経営側は合意しなければ、携帯電話の生産工場を「ハンガリーに移す」といって押し切ったのである（朝日新聞二〇〇四年八月二〇日付）。労働時間短縮をめぐるたたかいは絶えず資本と労働との力関係に左右されるのである。

　フランスでの時短の歴史は古い。一九三六年にはフランス人民戦線内閣のもとで週四〇時間と二週間の年次有給休暇を定めた「バカンス法」が成立し、その後一九八二年に週三九時間に移行した。そして一九九七年に発足したジョスパン政権（社会党、共産党、緑の党などが構成する左派連立政権）は、一九九八年六月一三日に「労働時間短縮に関する方向づけとインセンティブ付与のための法」

（いわゆるオブリー法Ⅰ）、二〇〇〇年一月一九日に「交渉にもとづく労働時間の短縮に関する法」（オブリー法Ⅱ）を成立させ、週三五時間労働制が導入されたのである。(15)

第三に、日本の労働組合の多くは企業内の正社員で構成される企業別組合であるため、資本に対する対抗力が弱いことが挙げられる。(16)企業別組合の問題点は、第一に、団体交渉が企業内交渉に限定されているところにある。これでは、企業を越えた労働条件の横断的な規制を実現することができない。ここから企業利潤を増やしてパイを拡大し分け前を増やすという労資協調路線が生じ、資本家は「このままでは会社がつぶれる」という他社との競争原理を振りかざすことで労働者に過度労働を強いることができるのである。第二に、企業別組合では企業内の労働者の労働条件の向上だけを求めてきたため、本来国家がやるべき労働政策・社会政策の代わりに企業内賃金の向上のみを追求してきた。日本の労働組合は国の住宅政策ではなく『社宅』を、年金制度の充実ではなく『企業年金』を、児童手当ではなく『扶養家族手当』をそれぞれ要求(17)してきたのである。第三に、多くの労働組合は組合員の資格を特定企業の正社員に限定してきたことである。欧米では、労働組合は産業別そして地域別につくられている。

しかし、近年急速に増加している非正規労働者の組織率は上昇をつづけている。「パートタイム労働者の労働組合員数および推定組織率の推移」をみると、組合員数は二〇〇五年の三八万九〇〇〇人から二〇〇九年（六月三〇日現在）の七〇万人へと増加し、推定組織率は三・三％から五・三％、全労働組合員数に占める割合では、三・九％から七・〇％へと上昇した。(18)連合（日本労働組合総連合会）、全労連（全国労働組合総連合）、全労協（全国労働組合連絡協議会）はともに非正規労働者の組織化を位置づけて運動を進めている。深刻化する雇用情勢のもと労働組合への期待も高い。(19)さらに、首都圏青年ユニオンやフリータト全般労働組合など、「誰でも一人でも入れる労働組合」が活発に運動を展開し、社会的注目を集めている。このような、非正規労働者の組織化は、日本の労働組合運動の前進にとって重要な基礎となるものである。

注

（1）『職工事情』犬丸義一校訂、岩波文庫、一九九八年、三五ページ。
（2）以上の労働基準法の諸限界については、小森治夫「労働時間と過労死」基礎経済科学研究所編『時代はまるで資本論―貧困と発達を問う全10講』昭和堂、二〇〇八年、四七ページを参照。
（3）厚生労働省「平成二一年就労条件総合調査結果の概況」六ページ。
（4）東京都産業労働局「労働時間管理等に関する実態調査（従業員調査）二〇〇九年五月」「調査結果概要」二ページ。
（5）「①タイムカードがなく使用者が残業時間を把握していない。②基本給あるいは歩合給のみで残業代は付かない。③時間や金額に上限があり、それを超過する部分はカットされる。④労働者の自主申告に任せ、残業の一部か全部が請求されない。⑤申告しても書き直される。⑥上司が認める範囲内しか残業代が出ない。⑦QC・研修・朝礼・ミーティング・清掃・着替えなどを業務外扱いする。⑧時間中の談笑・喫煙などの時間を「私的時間」としてパソコンに入力させてカットする。⑨休憩時間（食事時間を含む）の一部が削られる。⑩一分単位で記録すべき残業時間を三〇分単位などにして端数を切り捨てる。⑪わずかな職務手当や営業手当が出るだけで残業代は支給されない。」森岡孝二「悪化する労働環境と『資本論』的現実」前掲『時代はまるで資本論―貧困と発達を問う全10講』八ページ。
（6）詳しくは、ＮＨＫ「名ばかり管理職」取材班『名ばかり管理職』ＮＨＫ出版生活人新書、二〇〇八年、二四―四三ページ。
（7）同右、一八―二〇ページ。

(8) 同右、九一ページ。
(9) 連合総研「第一六回勤労者の仕事と暮らしについてのアンケート報告書」二〇〇八年一二月、二九ページ。
(10) 厚生労働省「監督指導による賃金不払残業の是正結果」二〇〇九年一〇月二二日発表。数値は合計一〇〇万円以上の割増賃金の是正支払いがなされたもの。
(11) 独立行政法人　労働政策研究・研修機構「日本の長時間労働・不払い労働時間の実態と実証分析」(二〇〇五年)、第2—2—7図、四一ページ。「一日の仕事で疲れ退社後何もやる気になれない」者の割合は、「いつもそうだ」、「しばしばある」と答えた者の合計。
(12) 同右、第2—2—10図、四三ページ。
(13) 森岡孝二『貧困化するホワイトカラー』ちくま新書、二〇〇九年、九八ページ。「過労死一一〇番全国ネットワーク」のホームページ参照。
(14) この点詳しくは、後藤道夫『収縮する日本型〈大衆社会〉—経済グローバリズムと国民の分裂』旬報社、二〇〇一年、六一—六九ページを参照。
(15) 森岡孝二『働きすぎの時代』岩波新書、二〇〇五年、四四ページ。
(16) 以下の記述は、後藤道夫・木下武男『なぜ富と貧困は広がるのか—格差社会を変えるチカラをつけよう』旬報社、二〇〇八年、第三章を参考にしている。
(17) 同右、一一三ページ。
(18) 厚生労働省「労働組合基礎調査結果の概要」(二〇〇九年一二月一〇日発表)、第五表。
(19) 連合総研のアンケート調査によれば、「労働組合はぜひ必要」と答えた労働者は二二・六%、「労働組合はどちらかといえばあった方がいい」は四七・九%であり、あわせて七〇・五%であった(「第一七回勤労者短観」二〇〇九年六月)。

(柴田　努)

第3編

第6章　相対的剰余価値の生産

Ⅰ　相対的剰余価値の生産

1　相対的剰余価値の概念

前章までは、必要労働時間が不変であり、総労働日は可変であるという前提であった。図6―1の労働日Ⅰは八時間労働日を表わし、そのうちa―b部分は四時間の必要労働を、b―c部分は四時間の剰余労働を表わすとする。これを労働日a―cの限界内での剰余労働の延長を行なうと労働日Ⅱになる。

ここで変化しているのは、労働日の長さではなく、必要労働の四時間から二時間への短縮による、剰余労働の四時間から六時間の延長である。これにより労働日を延長しなくても剰余価値率の増大が実現している。ではこの必要労働時間の短縮はどのようにして生じるのか。労働力をめぐる等価交換、価値法則の基礎上でこれを解決するためには、労働力の再生産費そのものの価値が低下しなければならない。すでにみたように、労働力の価値は生活手段の価値によって規定されているのであるから、生活手段の価値が下がれば、労働力の価値は低下する。生活手段の価値は、労働の生産力の上昇によって低下する。労働の生

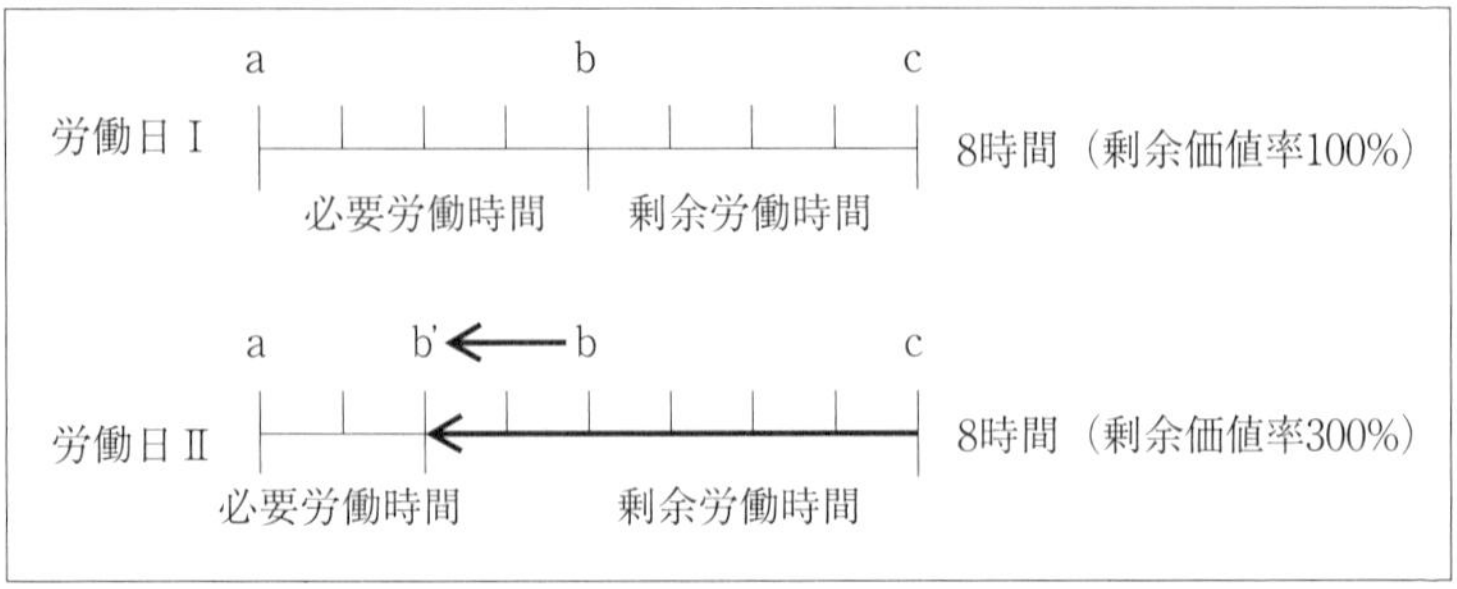

図６−１　相対的剰余価値の生産

表６−１　特別剰余価値

労働生産力	１個あたりの価値	社会的価値	特別剰余価値
—	３ｖ＋３ｍ	６	０
２倍	1.5ｖ＋1.5m	６	３

産力の増大とは、一定時間あたりの商品の生産量が増大することを意味し、これによってある商品を生産するために社会的に必要な労働時間が短縮される。このためには、「資本は、労働過程の技術的および社会的諸条件を、したがって生産様式（Produktionsweise）そのものを変革しなければならない」（ＫⅠ三三四ページ）。

前章でみたとおり、必要労働時間を超える労働日の延長によって生産される剰余価値は絶対的剰余価値である。これにたいして、剰余価値が必要労働時間の短縮およびそれに対応する労働日の必要労働と剰余労働の大きさの割合における変化から生じる場合は、相対的剰余価値である。

必要労働時間の短縮、すなわち労働力の価値を低下させるためには、労働力の価値を規定するような生活必需品を生産する産業諸部門の生産力が増大しなければならない。また、生活必需品を生産するための労働手段および労働材料を提供する諸産業において、生産力が増大し、それに対応して諸商品が安くなると、労働力の価値もまた低下する。奢侈品生産諸部門の生産力の増大は労働力の価値に影響しない。

労働の生産力の上昇は、特別剰余価値をめぐる諸資本の競争によって生じる。たとえば、ある資本家Aが生産様式を変革して、労働の生産力を二倍にすることに成功したとしよう。資本家Aは同一時間内にこれまでの二倍の製品を生産することができる（表6―1）。生産手段cの価値を度外視すれば、資本家Aの製品一個あたりの価値は6であり、それを社会的価値6で売ることにより3mの剰余価値を手に入れていた。しかし、労働生産力が二倍になったことにより、資本家Aが生産する製品の個別的価値は3になったが、市場にもっていけば社会的価値の6で売ることができる。すでにみたように、一商品の現実の価値は、その商品が個々の場合に生産者に実際に費やさせる労働時間によってはかられるのではなく、その生産に社会的に必要な労働時間によってはかられるからである。ここから、資本家Aは3の特別剰余価値を手に入れることができる。このように、個々の資本家は、労働の生産力を高めることによって商品を安くし、特別剰余価値を手に入れようとする動機が存在するのである。

しかし、資本家Aの新しい生産様式が一般的に普及し、それにともなって、より安く生産された諸商品の個別的価値と社会的価値との差が消滅すると、特別剰余価値も消滅する。競争の強制法則は、資本家Aの競争者たちを新しい生産様式の採用にかり立てるのである。

以上のように、商品の価値は、労働の生産力に反比例する。そして労働力の価値も、生活手段の諸商品価値によって規定されているので、同じく労働の生産力に反比例する。これに反して、相対的剰余価値は、労働の生産力に正比例する。それゆえ、「商品を安くするために、そして商品を安くすることによって労働者そのものを安くするために、労働の生産力を増大させることは、資本の内在的な衝動であり、不断の傾向である」（KⅠ三三八ページ）。このような労働の生産力の発展は、資本主義的生産においては、労働日の短縮を目的としない。労働の生産力の発展は、労働日のうち労働者が自分自身のために労働しなければならない部分（必要労働）を短縮し、まさにそのことによって、労働日のうち労働者が資本家のためにただで労働することのできる他の部分（剰余労働）を延長することを、目的としているのである。

以上をまとめると次のようになる。

① 個別的価値を社会的価値以下に切り下げ、特別剰余価値を得ようとする個別的諸資本の競争⇓ ② 生産様式の変革⇓ ③ 必要生活諸手段の価値低下⇓ ④ 労働力の価値低下⇓ ⑤ 必要労働時間の短縮⇓ ⑥ 剰余労働時間の増大⇓ ⑦ 相対的剰余価値の生産

2　協　業

では相対的剰余価値の追求を目的とした労働生産力の発展は、どのような生産様式の変革の成果なのか。より多数の労働者が、同時に、同じ場所（または同じ作業場）で、同じ種類の商品を生産するために、同じ資本家の指揮のもとで働くということは、「歴史的にも概念的にも資本主義的生産の出発点をなしている」（KⅠ三四一ページ）。よってわれわれはまず、協業の生産様式からみていく。

協業とは、同じ生産過程で、または異なっているが連関している生産諸過程において、「肩をならべ一緒になって計画的に労働する多くの人々の労働の形態」（KⅠ三四四ページ）のことである。中世のギルド手工業と比較すれば、生産様式（手作業）は変わらないが、同じ資本のもとで働く労働者数の増加とい

う点が異なる。協業により以下の変化が生じる。

第一に、価値に対象化されている労働は、社会的平均的な質の労働であるが、協業によって比較的多数の労働者が集められることにより、労働の個別的大きさは相殺される。資本家が協業によってはじめから社会的平均労働を動かすことが可能となり、はじめて価値増殖の法則が、一般に個々の生産者にたいし、完全に実現される。

第二に、協業は生産手段の共同利用による節約をもたらす。生産手段の節約により、諸商品は安くなり、そのことによって労働力の価値が低下する。他方では、その節約が、前貸資本にたいする剰余価値の比重を変化させ、利潤率を高める。

第三に、協業によって結合された労働の効果は、個別的生産力の増大だけではなくて、「それ自体として集団力であるべき生産力の創造」（KＩ三四五ページ）である。また、単なる社会的な接触によって〝アニマル・スピリット〟による独自な興奮と競争心とが生み出され、個々人の作業能力を高められる。

第四に、資本に従属する労働が協業的なものになると、指揮、監督、および調整という機能は、資本の機能となる。資本家の指揮は、一面では生産物の生産のための社会的労働過程であり、他面では資本の価値増殖過程であるという二面性をそなえ、専制的な性格を帯びる。協業がいっそう大規模に発展するにつれて、資本家は個々の労働者および労働者群そのものを直接にかつ間断なく監督する機能を、特殊な種類の賃金労働者に譲り渡す。監督労働の発生である。

最後に、資本は個々別々の労働者たちの労働力を買って、協業を組織する。労働過程においては、労働者たちは資本に合体され、すでに自分自身のものであることをやめている。よって、労働者が社会的労働者として展開する生産力は、資本の生産力として現れるのである。協業は、「資本主義的生産様式の基本形態である」（KⅠ三五五ページ）。

3　分業とマニュファクチュア

分業にもとづく協業の典型的な姿は、マニュファクチュアである。マニュファクチュアが、資本主義的生産過程の特徴的形態として支配的になったのは、「おおよそ一六世紀中葉から一八世紀最後の三分の一期にいたる本来的マニュファクチュア時代のあいだである」（KⅠ三五六ページ）。

マニュファクチュアは、二重の仕方で発生する。マニュファクチュアは、一方で、種類を異にする自立的な諸手工業の結合から出発する。これらの手工業では、自立性を奪われ、一面化され、同一商品の生産過程における相互補足的な部分作業をなすにすぎないところにまで到達する。他方で、マニュファクチュアは、同じ種類の手工業者たちの協業から出発する。同じ個別的手工業をさまざまな特殊的作業に分解し、これらの作業を分立化させ、自立化させ、それぞれの作業が一人の特殊的労働者の専門的機能になるところまでもっていく。それゆえマニュファクチュアは、一方で、一つの生産過程のなかに分業を導入するか、または分業をいっそう発展させるかし、他方で、それまで別々であった諸手工業を結合する。しかし、「その特殊な出発点がどれであろうと、マニュファクチュアの最終の姿態は同じもの──人間をその諸器官とする一つの生産機構である」（KⅠ三五八ページ）。

マニュファクチュアは依然として手工業的である。それゆえ、個々の労働者が自分の用具を使用するさいの力、熟練、敏速さ、確実さに依存する。手工業的熟練が依然として生産過程の基礎であるからこそ、各労働者はもっぱら一つの部分機能に適応させられ、労働力はこの部分機能の終生にわたる器官に転化される。

マニュファクチュアには次の二つの形態が存在する。一つは、時計組み立てや馬車組み立てのように、部品を別々につくり最後に組み立てる、異種的マニュファクチュアである。もう一つは、縫針マニュファクチュアや製紙マニュファクチュアのように、段階ごとに製品をつくっていく有機的マニュファクチュアである。

では、マニュファクチュアによってどのように労働の生産力が増大するのか。

マニュファクチュアでは、自立的手工業にくらべるとよりわずかな時間で、より多くのものが生産されるのであるから、労働の生産力が高められる。また、労働者は部分労働を担うことで、同一の限定された活動を絶えず反復する。この限定された活動に注意を集中することによって、目的とする有用効果を最小の力の支出で達成する術が、経験を通じて教えられる。さらに、さまざまな世代の労働者たちが同時に一緒に生活し、同じマニュファクチュアで一緒に働くのであるから、こうして獲得された技術上のコツは、やがて固定され、堆積され、伝達される。

マニュファクチュアでは、作業転換時に生じる「すきま」が圧縮され労働力の不生産的消費が減少し、生産性が増大する。マニュファクチュア時代は、「労働用具の分化」、「労働用具の専門化」をもたらし、「単純な諸用具の結合から成り立つ機械の物質的諸条件の一つをつくり出す」（KⅠ三六一―三六二ページ）。

マニュファクチュアは、諸労働力の等級制を発展させ、それに労働賃金の等級が対応する。マニュファクチュアは、手工業経営がきびしく排除した不熟練労働者の一階層を生み出す。等級制的区分とならんで、労働者が熟練労働者と不熟練労働者とに単純に区分される。不熟練労働者の修業費は不要になり、熟練労働者は、機能の単純化により、手工業の場合にくらべて修業費は減少する。よって労働力の相対的な価値減少が生じ、剰余労働の延長により資本のより高い価値増殖を直接に含むようになる。

さらに、社会的分業とマニュファクチュアによる作業場内部の分業はまったく性質が異なるということも重要である。社会的分業は、さまざまな労働部門の生産物の売買によって媒介され、絶えず均衡を保とうとするが、偶然と恣意とが多彩な作用をする。つまり生産物が市場で売れることによってはじめて、その生産物をつくる労働が社会的分業の一部を成していたということが証明されるのである。これは市場価格のバロメーター的変動によって事後的に知覚される。他方、作業場内分業の規律は事前に資本家によって計画的に守られる。社会的分業では無政府的な競争が支配し、作業場内分業では資本家の専制が行なわれる。

分業はマニュファクチュア労働者に、自分たちが資本の所有物だということを示す刻印を押す。部分労働者たちは独立の職人として商品を生産することができない。部分労働者たち全員の共同生産物が商品となるのである。この生産物は部分労働者たちのものではなく、資本家の所有物となる。マニュファクチュアが広範に定在するようになるやいなや、それは資本主義的生産様式の意識的、計画的、かつ組織的な形態となるのである。

よって、マニュファクチュア的分業は、労働に対する資本の支配の新しい諸条件を生み出す。それゆえマニュファクチュア的分業は、一方では、社会の経済的形成過程における歴史的進歩および必然的発展契機として現れるとすれば、他方では、「文明化され洗練された搾取の一手段として現れる」（KＩ三八六ページ）のである。マニュファクチュアの技術的基礎はいまだ手工業的な熟練であるが、マニュファクチュア的分業の生産物そのものが機械であり、機械による生産様式の変革を準備する。

4　機械と大工業

労働の生産力の他のどの発展とも同じように、機械は、商品を安くして、必要労働部分を短縮し、剰余労働部分を延長する。機械は、剰余価値の生産のための手段である。生産様式の変革は、マニュファクチュアでは労働力を出発点とし、大工業では労働手段（機械）を出発点とする。したがって、まず明らかにしなければならないことは、なにによって労働手段は道具から機械に転化されるのか、または、なにによって機械は手工業用具と区別されるのか、である。

数学者や機械学者たち、そしてイギリスの経済学者たちは、「道具は簡単な機械であり、機械は複雑な道具である」と述べた。しかしこれは本質的な区別をみていない。すべての発展した機械は、次の三つの本質的に異なる部分から成り立っている。すなわち、原動機、伝動機構、最後に道具機械または作業機械（Arbeitsmaschine）である。原動機は機構全体の原動力である。それは、蒸気機関や熱機関や電磁機関などのように、それ自身で動力を生み出すものや、水車や風車のように外部の自然力から動力を受け取るものがある。伝動機構は、はずみ車、駆動軸、歯車、滑車、シャフト、ロープ、ベルト、噛み合い装置など、さまざまな種類の中間歯車から構成されている。伝動機構は、原動機からの運動を調整し、必要なところでは運動の形態を転換させ、運動を道具機械に配分し伝達する。機構のこの二つの部分は、道具機械に運動を伝えるためだけにあり、これによって道具機械は、労働対象をとらえ、目的に応じてそれを変化させる。道具機械こそが、一八世紀産業革命の出発点をなすものであった。ジェニー紡績機械やミュール紡績機械、水力紡績機、力織機などである。本来の道具が人間から機構に移されたときから、単なる道具に代わって機械が現れる。この機構は、多数の同一または同種の道具で同時に作業し、単一の原動力によって動かされる。ここにようやく機械制生産の単純な要素としての機械を、もつのである。

機械の体系は、同種の作業機械の単なる協業にもとづくものであろうと、異種の作業機械の結合にもとづくものであろうと、それが自動的な原動機によって運転されるようになると、それ自体として「一つの大きな自動装置を形成する」（KⅠ四〇二ページ）。作業機械が、原料の加工に必要なすべての運動を人間の関与なしに行なうようになると（人間は調整作業のみ行なう）、「機械の自動体系」（同）が現れる。

機械そのものはマニュファクチュアによって生産された。しかし、一定の発展段階において、大工業は技術的にマニュファクチュアの狭い手工業的な基礎と衝突するようになる。機械もまた機械によって生産されるようになることで、「はじめて大工業は、それにふさわしい技術的基礎をつくり出し、自分自身の足で立った」（KⅠ四〇五ページ）のである。

機械による機械の生産の条件は次の二点である。第一に、どんな出力も出すことができると同時に、それを完全に制御できる原動機の存在である。これは蒸気機関の発明によって成し遂げられた。第二に、機械による厳密な幾何学的形態（線、平面、円、円筒、円錐、球など）を機械で生産することである。これは一九世紀の初めにヘンリー・モズリーがスライド・レスト（工具送り台）の発明によって解決し、その後自動化され、最初は旋盤用であったものが変形され、他の工作機械に転用された。

機械は、マニュファクチュアと異なり、人間力を自然力に置き換え、労働者の経験的熟練を自然科学の意識的適用に置き換えるのである。

すでに述べたように、不変資本の他のどの構成部分とも同じように、機械はなんら価値を創造しない。機械は、生産物を安くするのではなく、自分自身の価値に比例して生産物を高くするのである。しかし、生産物に移転する価値部分は、手工業的生産の道具にくらべると、機械による生産の場合はよりわずかである。なぜなら、第一に機械は道具より耐久性のある材料でつくられているため寿命が長い。第二に、機械は、厳密な科学的諸法則によって規制されているから、道具よりはるかに経済的に使用される。第三に、機械の生産的作用範囲は道具よりも比較にならないほど大きい。こうして、生産物価値に占める機械の摩滅価値部分は、道具よりも相対的に大きいが、絶対的には減少するのである。

資本にとっては、機械を導入するか否かは、機械の価値が、機械によって置き換えられる労働力の価値よりも小さい場合に限られる。これが機械の資本主義的使用の特徴である。

機械は筋力を必要としないので、機械の資本主義的使用とともに女性労働と児童労働が増大し、全体としての賃金労働者の数は増加した。しかし同時に、機械の導入により、雇用される労働者数は減少する。これは剰余価値生産のための機械の使用の一つの内在的矛盾である。つまり、相対的剰余価値を追求する機械の導入は、同時に剰余価値の源泉である労働者を減らすのである。機械の資本主義的使用は、一方では、労働日の無制限な延長の新しい強力な動機をつくり出し、他方では、以前には資本の手に届かなかった労働者を編入することによって、機械に駆逐された労働者を遊離させ、資本の命令に従わざるを得ない過剰人口を生み出す。機械による資本の自己増殖は、機械によってその生存条件を破壊される労働者数に正比例している。機械は労働者そのものの競争者となり、労働者は、資本主義的生産様式の物質的基礎としての、生産手段のこの特定の形態に対して反逆する。一八一一年三月一一日、イングランドのノッティンガム州で労働者による大規模な編み機打ちこわしが起こった。労働者たちは機械導入による失業と賃金の引き下げにたいして、機械の打ちこわしを行ったのである。機械打ちこわしはその後、他の州にも広がり、政府と資本家は軍隊を動員して労働者を弾圧した。この労働者による機械打ちこわしの運動はラダイト運動(1)とよばれた。

機械による労働日の無制限の延長は、労働者階級の反抗の増大を引き起こし、国家に標準労働日を強制する。労働日による剰余価値生産の増大に制限が加えられると、資本は、あらゆる力と意識とをもって、機械体系の急速な発展による相対的剰余価値の生産を追求する。それは機械の速度の増大と、労働者一人あたりが監視する機械の範囲または労働者の作業場面の範囲の拡大による「労働の強化」として現れる。

マニュファクチュアと手工業では、労働者が道具を自分に奉仕させるが、工場では、労働者が機械に奉仕する。マニュファクチュアと手工業では、労働者から労働手段の運動が起こるが、工場では、労働手段の運動に労働者がつき従わなければならない。マニュファクチュアでは、労働者たちは生きた一機構の手足をなす。近代工場制度の特徴は、自動装置そのものが主体であって、労働者はただ意識のある諸器官として自動装置の意識のない諸器官に付属させられているというところにある。機械は労働者を労働から解放するのではなく、労働者を労働の内容から解放するのである。

注

（1）詳しくは、浜林正夫『新装版　物語　労働者階級の誕生』学習の友社、二〇〇七年、一一〇―一一六ページ。

Ⅱ　コンピュータ制御生産様式

1　マルクスの「一つの大きな自動装置」「機械の自動体系」

前節において、協業にもとづく生産様式、分業にもとづく生産様式、機械にもとづく生産様式を見てきた。本節では現代の主要産業においてみられるコンピュータにもとづく生産様式を考察する[1]。まず、現代のコンピュータ生産様式は、マルクスの分析した機械にもとづく生産様式とどこに根本的な違いがあるのかという点である。マルクスは先にみたとおり、機械の体系は、それが自動的な原動機によって運転されるようになると、それ自体として「一つの大きな自動装置を形成する」（KⅠ四〇二ページ）と把握していた。そして、「作業機が、原料の加工に必要なすべての運動を人間の助力なしで行なうようになり、ただ人間が付き添いを必要とするだけになるやいなや、機械の自動体系が現れる」（同）のである。

以上のマルクスの考え方は、「自動化工場のピンダロス（抒情詩人）」（KⅠ四四一ページ）であるユアの『工場の哲学』（一八三五年）[2]に由来する。ユアは自動化工場を、一方では「一つの中心力（原動力）によって間断なく作動させられる一つの生産的機械体系を、熟練と勤勉とをもって担当する、成年・未成年のさまざまな等級の労働者の協業」であると記述し、他方では、「一つの同じ対象を生産するために絶えず協調して働く無数の機械的器官および自己意識のある器官―その結果、これらすべての器官が自己制御的な一つの動力に従属する―から構成されている一つの巨大な自動装置」であると記述している（同）。

ユアは、このように、当時の最先端の綿工業の工場を、第一に「一つの中心力（原動力）によって間断なく作動させられる一つの生産的機械体系」としてとらえ、第二に、「協調して働く無数の機械的器官および自己意識のある器官」ととらえていた。「自己意識のある器官」とは人間労働のことである。これは「一つの巨大な自動装置」そのものが機械だけでなく労働者たちからも構成されているということを意味している。

一八三〇年代当時の最先端の工場であるオレル氏の綿工場をみてみよう（図6—2）。「この工場は七階建てで、横二八〇フィート（約八五・三m）、奥行き二〇〇フィート（約六一m）あり、右端の小屋がボイラー室で、蒸気機関は主ビルの右端一～三階を突き抜ける形で設置」されている。この建物の初期投資は八万五〇〇〇ポンドで、「従業員は準備工程と精紡工程で一九四人、綿布部門で一九〇人、技術・機械工・ローラー係四人、計三八八人」という巨大工場である。(3)

紡績部門は混打綿工程から始まり前紡工程、精紡工程から成り立つ一つの機械体系をなしていた。建物の右外側にあるボイラー室からくる蒸気を利用した巨大な蒸気機関によって動力は各工程のいろいろな機械へ伝動機構を通して伝えられ、「一つの巨大な自動装置」となっていたのである。

綿ミュール紡績工場の内部を見てみよう。図6—3の工場には、両側に「おのおの四六〇錘のペアのミュール紡績機械」、計九二〇錘の紡績機械がみえる。これらの紡績機械は単一の蒸気機関とその動力を伝える複雑な伝動機構によって運転されている。右側のミュールはローラーから後退して糸を引き伸ばしている。左側のミュールは前進して糸を糸巻きに巻き取っている。帽子とステッキの男が監督（over-looker）、右側の男が紡績工（spinner）、左の少女が糸継ぎ工（piecer）、床の子どもが掃除工（scavenger）

図6－2　Orrel 氏の綿工場（Stockport の近くにある）

（出所）A. ユア『工場の哲学』（1835年）の巻頭の絵。

図6－3　綿ミュール紡績工場

（出所）前掲『工場の哲学』308ページ。

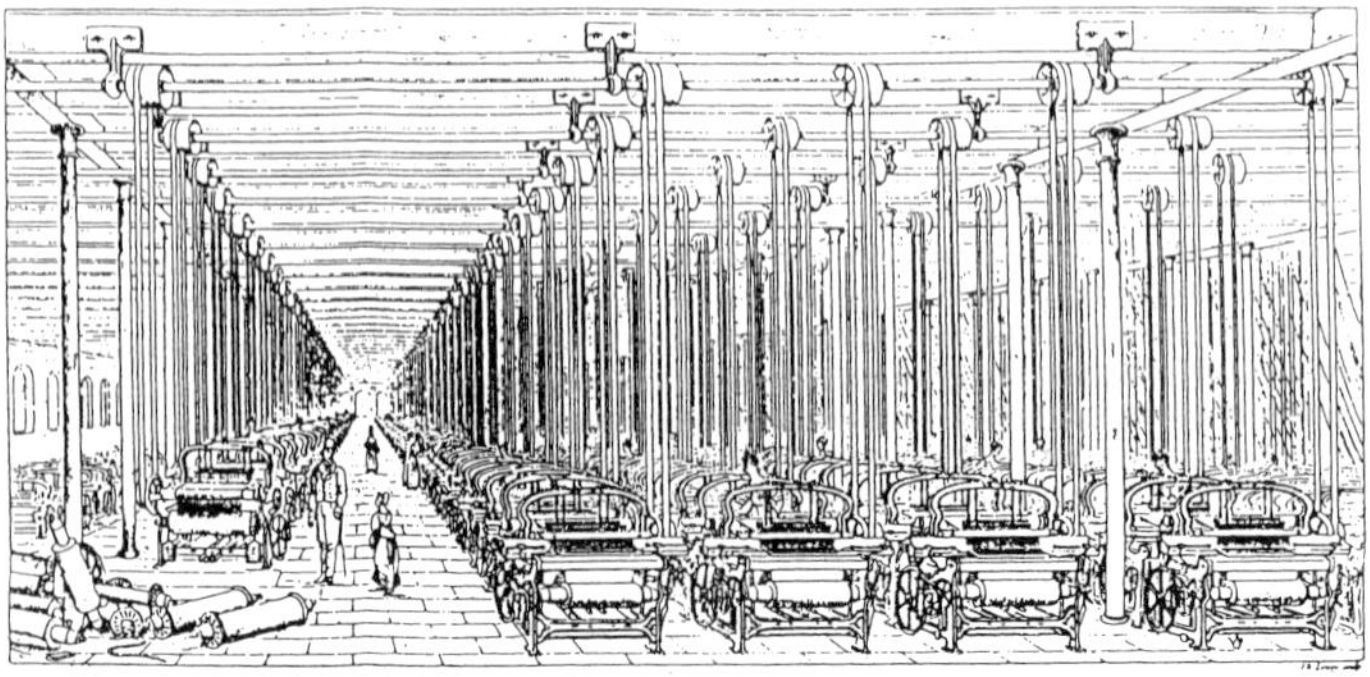

図6－4　Tomas Robinson 侯の力織機工場
（出所）前掲『工場の哲学』1ページの左図。

である。[4] つまりこの紡績工場は一つの「自動工場」ではあるが、以上のような「付き添い」労働が必要だったのである。

次にトマス・ロビンソン侯の力織機工場（図6―4）をみてみよう。ロビンソンの工場は、紡績工一二三人、綿布工二一九人、技師、機械工など七人、計三四九人が働いており、当時では「中の下の規模」の工場である。「中央の蒸気機関からの単一の動力が天井の回転棒や受軸やベルトなどの伝動機構を通して各機械に伝えられ、これによって一〇〇〇台にものぼる力織機（作業機械、道具機械）は自動的に運転されて」おり、まさしく「自動装置」「自動工場」「機械装置の自動システム」である。[5] しかし、この力織機工場では、力織機約五台につき一人の労働者が労働し、道具機械について労働する、付き添い労働が必要であった。

すでに述べたように、マルクスのいう「機械の自動体系」とは単一の中央の動力（蒸気機関）によって、工場内のすべての機械装置・機械設備のシステム・体系が人の助力なしに、ただ人間の付き添いのみを必要として自動的に動いている状態のことを指していた。自動化工場における「付き添い」労働について、自動ミュール紡績機械を例にとってより詳しくみてみよう。

ミュール紡績機は「紡錘上の糸巻きの形成」や「糸を巻くのに先立つバッキング・オフ」や「糸を切らずに糸巻きの異なる直径に〔均等に〕糸を巻いていくために、のちの操作のあいだの紡錘の速度の調整」などは熟練紡績工の「手によってなされていた」。さらに台車の後退と前進巻き取りの運動は、すべて「人間の助け」を必要としていた。しかし一八八〇年代に自動ミュール紡績機によって細糸紡績ができるようになると、人間労働が前進・後退運動の「助け」から「付き添い」に変質する。自動ミュール紡績機は、「手の助け」「手の接触」「人間の助け」をまったく必要とせず、「労働機械が原料の加工に必要なすべての運動を人間の助けなしにおこなう」のであり、ただ切れた糸を継ぎ、一杯になったボビンを空のボビンと取り替える子どもの「付き添い」「監視人」「番人」を必要とするだけになるのである(6)。

以上みてきたように、機械による生産様式は、「人間の助力」を必要としない、「機械の自動体系」として把握される。しかし、「自動機械」「自動装置」といっても、労働者が「道具機械について労働する」「付き添う」「見張る」ことが必要であった。すなわち、機械の管理労働、制御労働が必要不可欠であったのである。この点が次にみる現代のコンピュータ生産と決定的に異なる点である。

2　現代のコンピュータ制御生産

現代のコンピュータ生産は、コンピュータが機械群をＤＤＣ（直接デジタル制御）制御し、化学プラントをＤＳＣ（分散制御システム）制御し、工場全体を自動制御する。これは単なる自動制御ではなく、コンピュータ制御である。現代のオートメーションは、システム、工場全体に関わる概念であり、マルクス

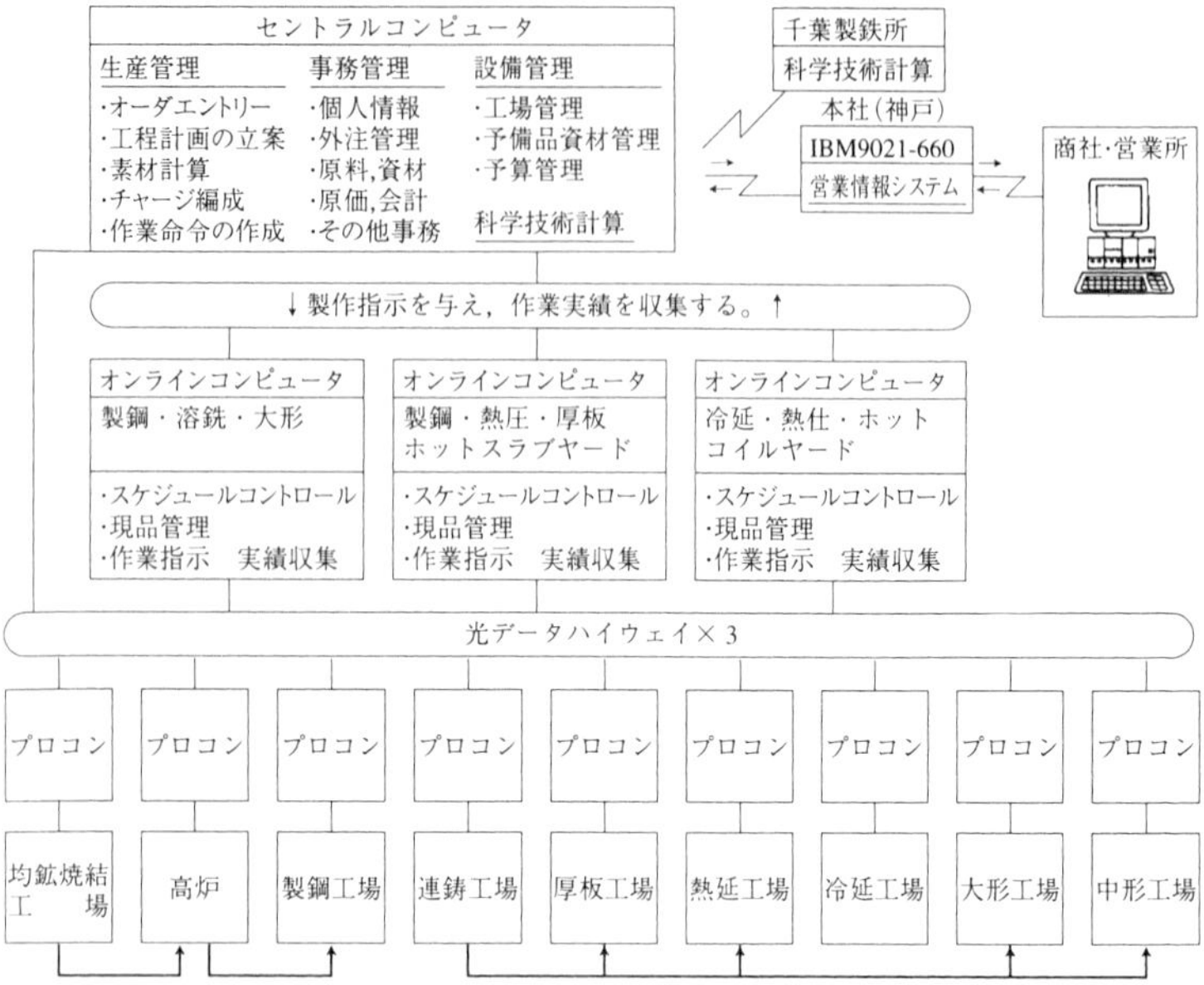

図6－5　川崎製鉄水島製鉄所のコンピュータネットワーク制御生産

（出所）前掲『コンピュータ制御生産と巨大独占企業』青木書店、1998年、102ページ、図2-17より作成。

のいう「自動機械体系」からさらに質的に発展したコンピュータ制御の「自動機械体系」である。オートメーションは、たしかに機械や自動機械体系の発展ではあるが、しかし、それはコンピュータ自動制御であり、機械工・オペレータによる制御が不要になったという点で、新しい質的発展段階であり、新しい生産様式である。

以下コンピュータ生産の実例をみていく。

(1)　鉄鋼業におけるコンピュータ制御生産

鉄鋼製造工程は、①鉄鉱石、コークス、石灰石から銑鉄をつくる高炉（製鉄）、②銑鉄から鉄鋼をつくる転炉（製鋼）、③圧延・加工して完成品をつくる圧延・加工の三つにわかれている。さらに③圧延・加工は薄板、厚

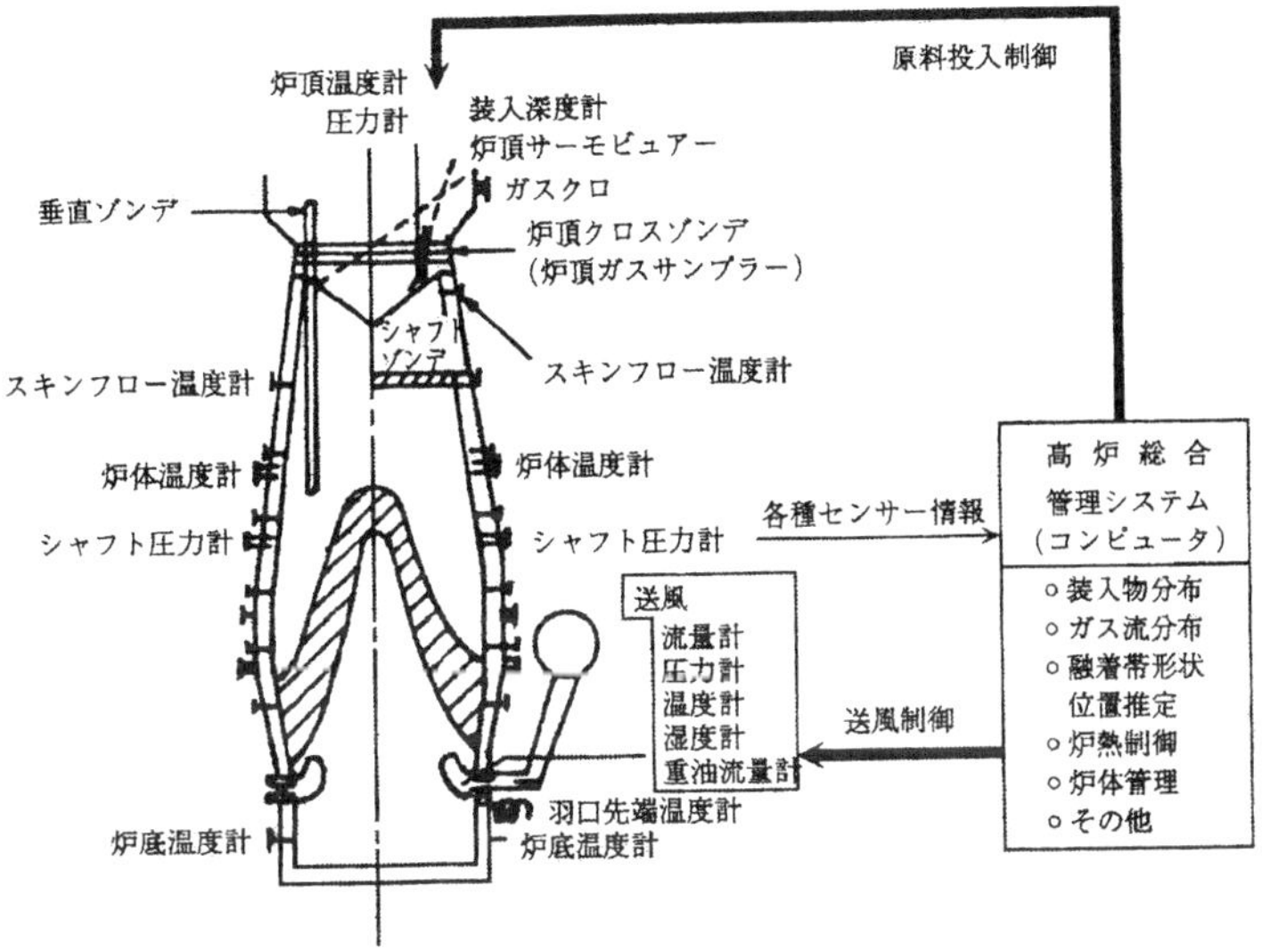

図6-6　高炉の主要センサーとコンピュータ制御（1980年ごろ）
（出所）図6-5に同じ、図3-3、111ページより作成。

板、条鋼の三つにわかれる。

製鉄所全体のコンピュータ制御生産は図6―5によってよくわかる。「セントラルコンピュータ」は「生産管理・事務管理・設備管理・科学技術計算」を行ない、「オンラインコンピュータ」に「製作指示」を与え、「作業実績」を収集する。「オンラインコンピュータ」は「製鋼・溶銑・大形〔大型形鋼〕」「製鋼・熱圧・厚板・ホットスラブヤード」「冷延・熱仕・ホットコイルヤード」の計三つであり、「スケジュールコントロール」「現品管理」「作業指示・実績収集」を行なう。このスケジュール管理・作業指示は「光データハイウェイ」に流され、各工場の「プロセスコンピュータ」が作業指示を受けとり、図の最下位の各工場をDDC〔直接デジタル制御〕制御する。

高炉のコンピュータ制御生産をみてみよう（図6―6）。高炉は「一九五〇年代から八〇年

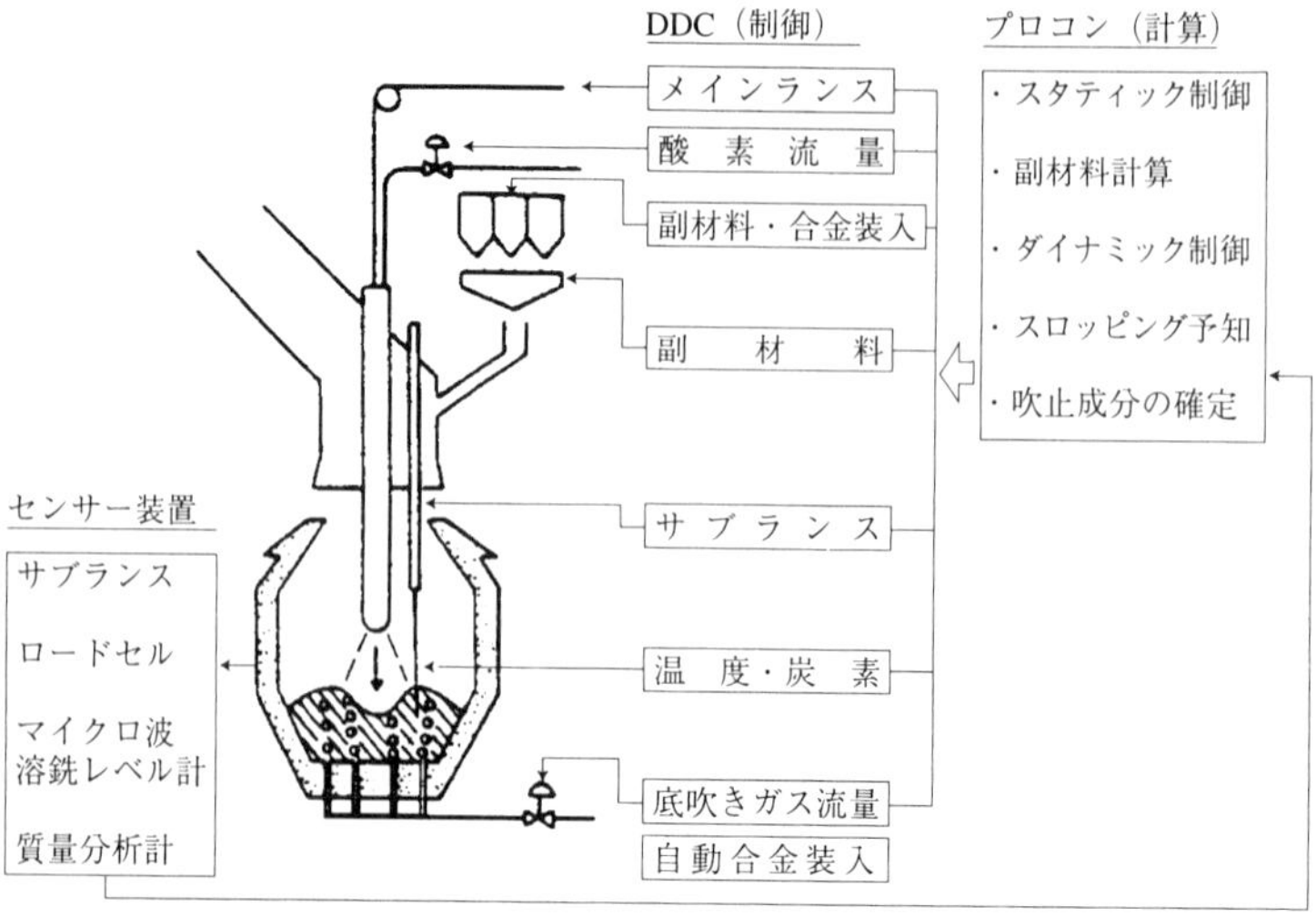

図6－7　転炉のコンピュータ生産（神戸製鋼所加古川製鉄所鉄鋼工場）
（出所）図6－5に同じ、123ページの図3－9より作成。

代にかけてスケールメリットによる高能率化を目指して大型化し、現在高さ一〇〇m以上、内容積四〇〇〇m^3以上、一日の鋼鉄生産量一万トンの世界最高クラスの高炉が主流になっている」。このような大型高炉は熟練工の経験と勘によっては操業不可能であり、コンピュータ制御は必然的である[7]。現在では、高炉全体に一〇〇〇点以上のセンサーが取り付けられ、炉壁の温度、還元ガスの温度分布や圧力、成分、装入原料の表面プロフィール、熱風の湿分などが測定されている。炉壁の温度は温度センサーである熱電対で測られるが、これは電線のようなもので、なかに二種類の金属の線が入っていて、熱で発生する電圧から温度を測定する。厚さ一・五メートルもある高炉の耐火レンガ壁を外から貫通して炉内に通し、約二〇〇個取り付けられる。高炉のプロセスコンピュータがこれらのセンサーからの情報を受け取り、フィードバック制御しているのである[8]。

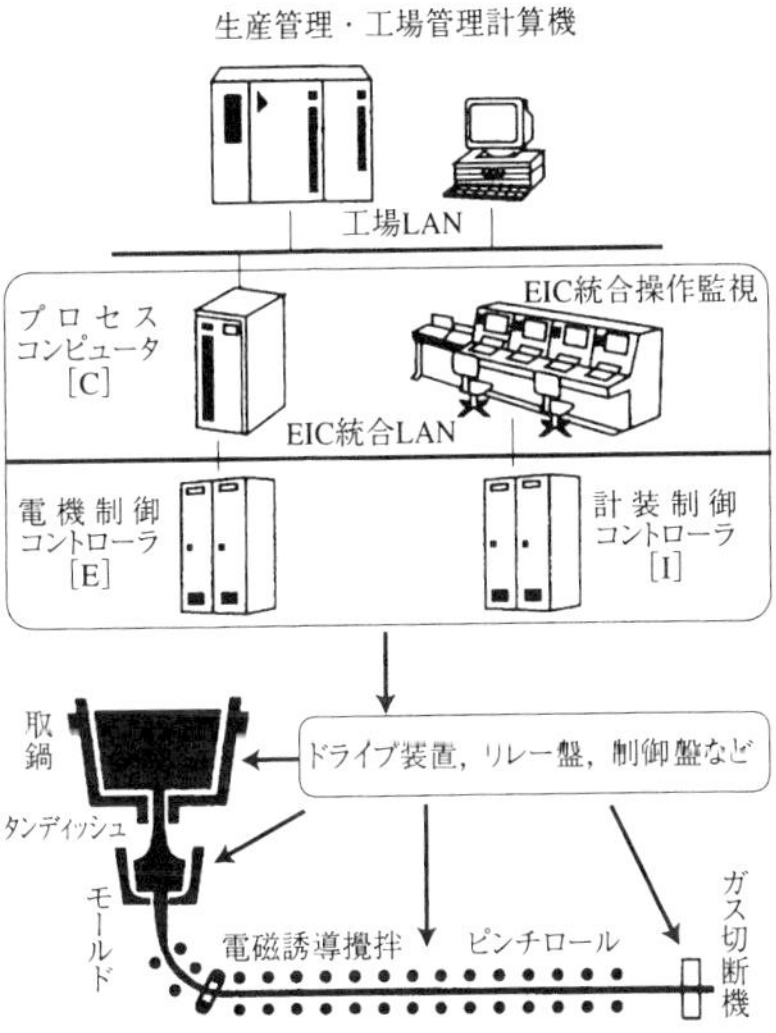

図6－8　川崎製鉄水島製鉄所連続鋳造工場のコンピュータ生産

（出所）図6－5に同じ、135ページの図3－14より作成。

次に、高炉でできた銑鉄を転炉に入れて酸素を吹き込むことで鋼をつくる。転炉では図6―7にあるようにさまざまな「センサー装置」からの情報がパソコンとプロセスコンピュータに送られ、吹錬計算、副原料投入、酸素流量変更や排ガス処理操作を行なう。以前はオペレータの「手動作業」であったこれらの作業は、現在はプロセスコンピュータとDDCによる自動操作、制御に代わったのである。

転炉から出てきた溶鋼から直接には圧板、薄板などの鋼材がつくれないので、図6―8の下図のように連続鋳造設備に入れて冷却し帯状になってでてきたところをガス切断機で切って、鋼片（スラブ、ブルーム、ビレット）という半製品にする。この連続鋳造設備がプロセスコンピュータによって制御されている。

その後、半製品の鋼片のうちスラブは、薄板製造工程や厚板製造工程に入る。スラブは圧延され、自動車や電機製品、飲料缶・ドラム缶などの容器類などに使われる薄板、船舶や橋、社会インフラを支える大型構造物に使われる厚板になる。薄板をつくるには、熱間圧延工場（ホットストリップミル）で数台の粗圧延機、数台の仕上圧延機で一直線に圧延して厚さ一九～二六センチのスラブを約一～二三ミリの板の帯にし、最後にこの板を冷却してコイル状に巻き取る。この工程はプロセスコンピュータによって、「加熱炉計算機制御」、「加熱炉焼却制御」、「ミルライン計算機制御」、「コイル巻取温度制御」、「粗自動板幅制御」、「自動形状制御」が行われている。(9)

熱延工場でつくられた薄板類のうち熱延薄板類として直接に自動車や建築に使われる物以外は、冷間圧延工程に入る。冷間圧延工程は、厚さ二～六ミリの熱延薄板を常温のままで〇・三五～二・四ミリの薄さまで圧延し、表面を均一にする工程である。冷間圧延機のコンピュータ自動形状制御は次のとおりである。第一に、プロセスコンピュータがプリセット計算を行い、圧延板の「目標形状／影響計数」、圧延条件を「制御演算装置」に送り、このコントロールが圧延機の「形状制御アクチュエータ」(実行器)に「操作信号」を出しプリセットする。第二に、圧延機出側に設置された「形状検出器」が圧延機の幅方向伸び率差を検出し、「形状検出信号」を「制御用演算装置」に送る。第三に、これにもとづきこのコントローラが「形状制御アクチュエータ」に操作信号を出し、フィードバック形状制御を行う。冷延工場は全行程が「オートメーション機器」でコンピュータ制御されている。(10)

最後に、厚板圧延工場もコンピュータ制御されている。厚板圧延は「長年の経験と熟練が必要だった」が、現在では「平坦度(形状)制御モデル」をはじめとして、「厚み制御モデル」、「幅制御モデル」、「荷重予測モデル」、「ロール摩耗予測モデル」、「サーマルクラウン予測モデル」が開発され、「一〇〇%自動圧延」が可能になっている。(11)

(2) 石油化学工場のコンピュータ生産(12)

石油化学や石油精製の巨大独占企業のプラントでは、当初から省力化、自動化されていたが、いまやコンピュータ制御生産となっている。図6―9によれば、「工場の

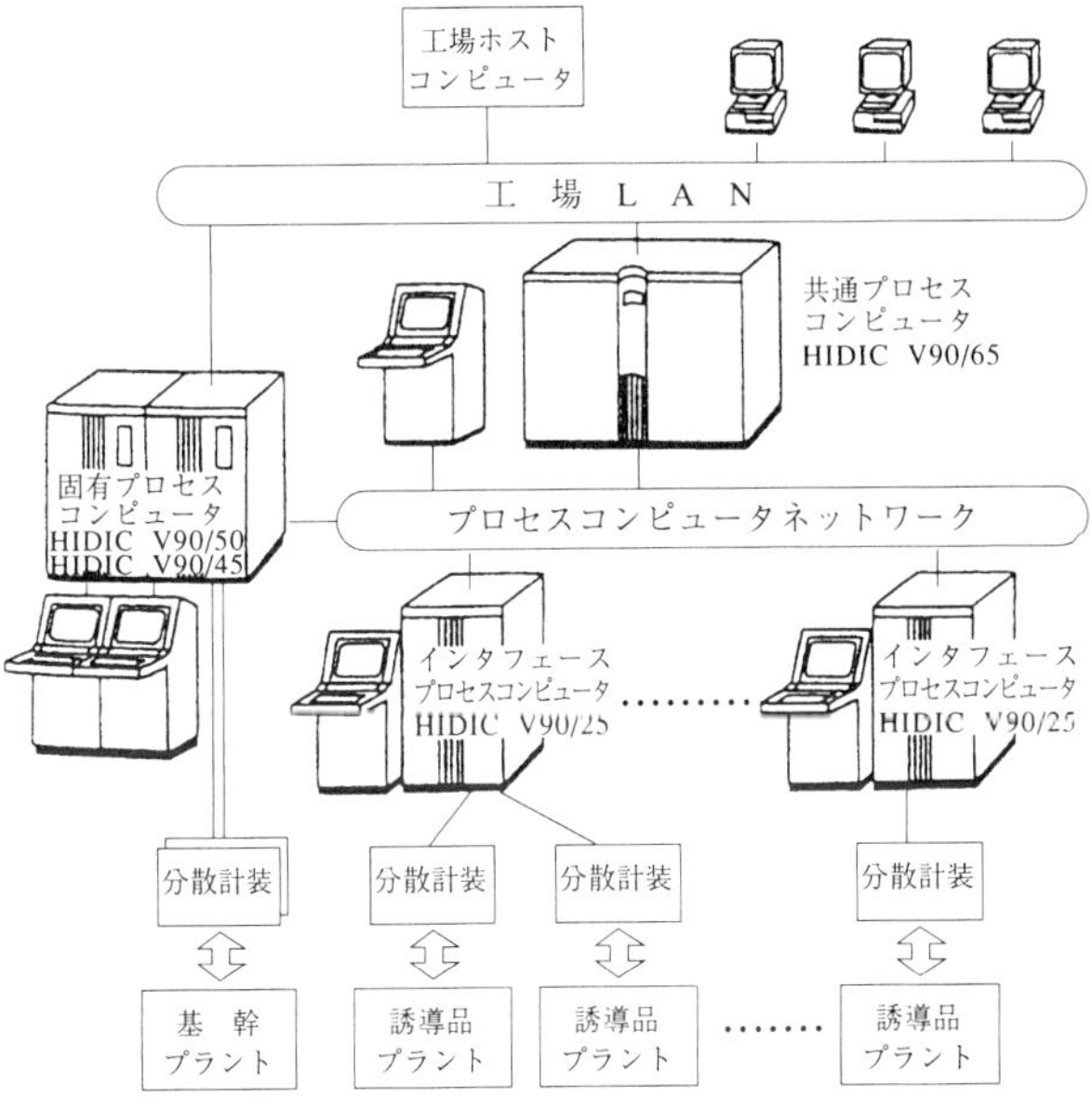

図6－9　三菱化学水島工場のコンピュータ生産
（出所）図6－5に同じ、198ページの図5－16より作成。

ホストコンピュータ」の生産指令にもとづき「固有プロセスコンピュータ」が、「分散計装」を介して「基幹プラント」（エチレン）を制御し、「共通プロセスコンピュータ」が、各種「インターフェイスプロセスコンピュータ」「分散計装」を介して「誘導品プラント」を制御する。このように工場全体がコンピュータ制御され、製品が生産されているのである。

(3)　半導体工場のコンピュータ生産(13)

半導体工場の各工程はオンライン化されたコンピュータで管理されている。「ホストコンピュータ」が「生産管理」（生産計画、物流管理）と「データ収集・解析」を行ない、生産情報を「FA LAN」を介して各「ローカルコンピュータ」に流し、これらローカルコンピュー

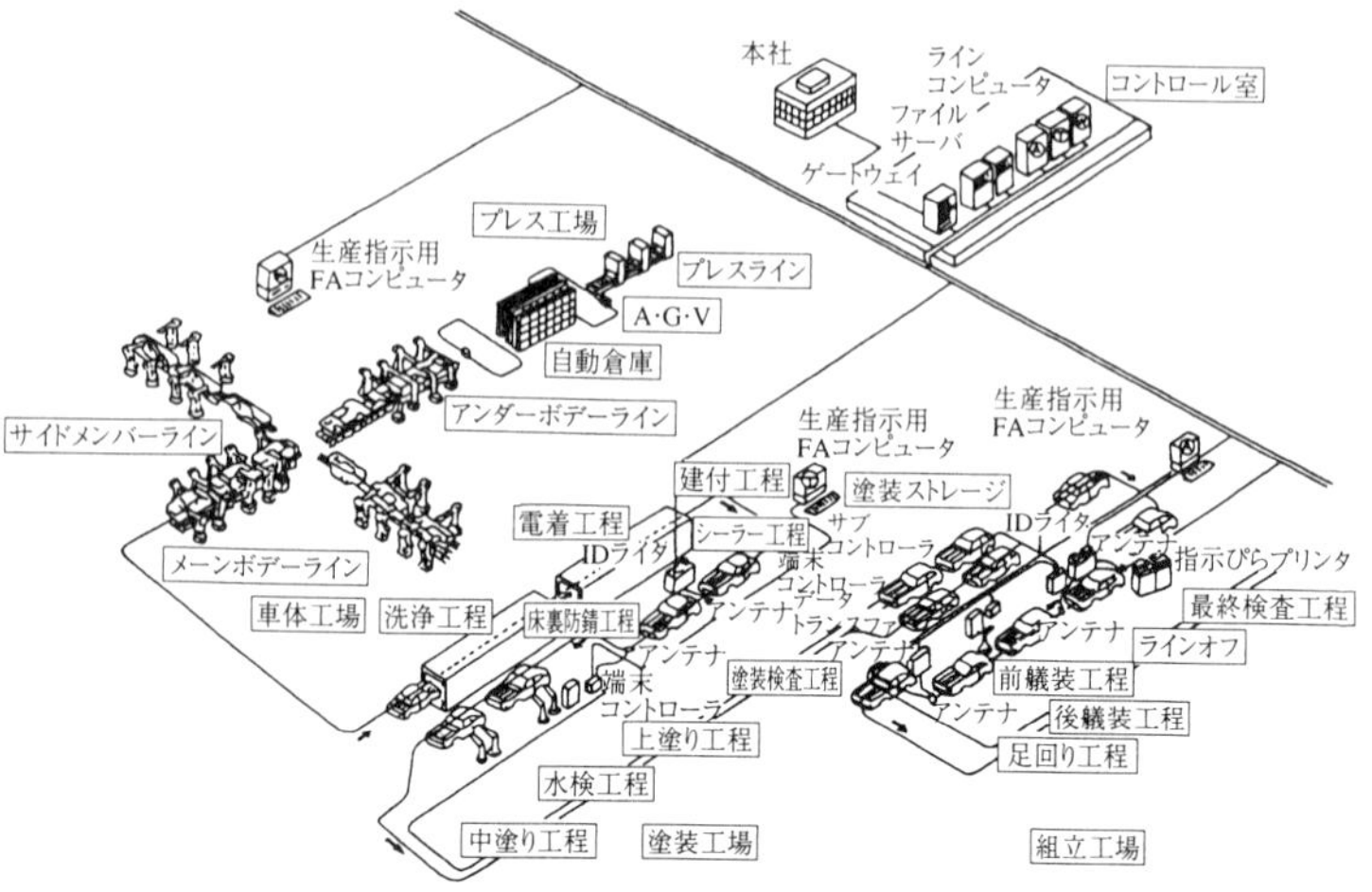

図6-10　トヨタ自動車の車両工場のコンピュータ生産
（出所）図6-5に同じ、245ページの図7-8より作成。

タが「コントローラ」を介して「工程間搬送」「拡散路」「洗浄機」「搬送」「ストッカ」などを制御する。

(4)　自動車のコンピュータ生産(14)　図6—10によれば、本社のホストコンピュータからの生産指示がこの車両工場の「コントロール室」の「ファイルサーバー」に貯えられ、コントロール室のプレス工場・車体工場用、塗装工場用、組立工場用の三つの「ラインコンピュータ」がLANを介してそれぞれ各ラインにある三つの「生産指示用FAコンピュータ」に生産指示を与え、FAコンピュータが各工程指示を与え、PCや制御装置を介して指示器、自動機、ロボットを制御する。

以上みてきたように、現代のオートメーションは、個々の機械の数値制御を越え、機械群、工場全体のコンピュータ制御生産となっている。このコンピュータ制御生産こそ、資本主義的生産様式の発展であり、独自な資本主義的生産様式であって、新しい生産様式である。コンピュータ生産様式は機械制生産様式を前提・基礎にして、それを内に含んでいる。しかし、これはマルクスのいう「自動機械体系」とは異なり、機械の管理・制御を労働者ではなくコンピュータが行なう。コンピュータ生産様式の労働は、コンピュータの管理・制御労働であり、機械の「付き添い」、「監視人」、「番人」をする現場労働者を徹底的に減らすことができる。だからこそ前節でみたように、必然的に労働生産力の飛躍的発展をもたらし、相対的剰余価値の生産となる。「巨人企業は技術革新を通して生産様式を変革し、まず特別剰余価値を取得し、新しい生産様式が普及すると、コスト低減に見合う独占価格低下を実行せず、独占価格を生産価格以上に保って独占的超過利潤を獲得し、独占価格が独占間競争によって生産価格に近づくと、相対的剰余価値を手に入れるのである[15]」。

さらに、コンピュータ制御生産は、賃金労働者に不利に展開し、資本のもとへの労働の実質的包摂を深化する。労働者は機械のみならずコンピュータに従属するのであり、コンピュータの指示によって作業する。コンピュータ制御生産の導入目的は、まずもって省力化・省人化にあるのだから、人員削減によって労働者に労働強化を強制し、また巨額の設備投資の回収のためにも長時間労働を強制するのである。

注

（1）以下の記述は、松石勝彦『資本論と産業革命』青木書店、二〇〇七年、同『新版 現代経済学入門』青木書店、二〇〇二年、同『コンピュータ制御生産と巨大独占企業』青木書店、一九九八年、をまとめたものである。

（2）A.Ure, The Philosophy of Manufactures, 1835, reprinted 1967（『工場の哲学』と略記）。

（3）松石前掲『資本論と産業革命』一六九―一七〇ページ。

(4) 同右、一六九ページ。
(5) 松石前掲『新版　現代経済学入門』一七九ページ。
(6) 松石前掲『資本論と産業革命』一九〇—二〇六ページ。
(7) 松石前掲『コンピュータ制御生産と巨大独占企業』一〇七ページ。
(8) 同右、一一五ページ。
(9) 熱間圧延については、同右、一三七—一五三ページを参照。
(10) 冷間圧延については、同右、一五三—一六七ページを参照。
(11) 厚板製造工程については、同右、一六七—一七八ページを参照。
(12) 同右、一九三—二〇一ページ。
(13) 同右、二一三—二一九ページ。
(14) 同右、二四〇—二五五ページ。
(15) 同右、五二ページ。

（柴田　努）

第4編　賃金論

第7章　現代の労働賃金

I　労働力の価値（または価格）の労働賃金への転化

1　労働賃金論の意義と位置づけ

第5章「絶対的剰余価値の生産」と第6章「相対的剰余価値の生産」では、剰余価値の生産が明らかにされた。剰余価値の生産の核心、ポイントは、労働が形成する新価値（付加価値＝v＋m）が、労働力の価値vを上回るという点にある。だから、剰余価値の生産の分析では、労働力の価値という範疇は絶対的に必要な要素であり、これなくしては剰余価値の生産はとけない。

いまわれわれは、すでに剰余価値の生産の分析を終えてしまったのであるから、もはや労働力の価値という概念にこだわる必要はまったくない。むしろ、労働力の価値にもとづく剰余価値論を基礎として、剰余価値論のさらにいっそうの展開として、より具体的な労働賃金（Arbeitslohn）について積極的に明らかにすべき段階に達したのである。労働力の価値は、古典派経済学やそのほかの俗流経済学が見落とした抽象的な範疇である。彼らは、「労働の価値」とか「労働の価格」、あるいは「労働の自然価格」などの言葉を用いたが、労働力の価値という概念はついに正確に把握することはできなかった。他方、労働賃金、すなわち労働の価格は、彼らも用いるように、あるがままの現実の具体的な姿である。このような意味での労働の価格＝労働賃金を、より抽象的な概念である労働力の価値または価格の転化形態、現象形態として把握することが必要である。抽象的なものから具体的なものへと上昇する経済学の方法はここでも採用される。労働賃金論は、この上昇過程における、剰余価値論よりもより具体的な発展形態であり、次章で検討する蓄積論に先立つ前段階である。

労働賃金論は、位置的には第５章、第６章の剰余価値論と、次章の資本蓄積論とのあいだにある。労働賃金論は、資本蓄積論への「橋渡し」であり、「媒介環」でもある。すでに述べたように、剰余価値の分析では労働力の価値（ｖ）を基準として、付加価値（ｖ＋ｍ）がそれを上回る点に最大のポイントがある。だから、剰余価値論では、労働力の価値という概念を把握することが決定的に重要となる。それに対し、次章では剰余価値の資本への再転化、すなわち資本の蓄積にともなう賃金の上昇や労働賃金の一般的な運動が分析の対象にのせられる。資本蓄積論は、労働者の失業や貧困の問題を分析するため、労働賃金の分析を前提とする。それゆえ、本章における労働賃金の分析では、労働力の価値というより抽象的な概念から、より具体的な労働の価格、労働賃金という現象形態を明らかにする。労働賃金の分析があってはじめて失業や貧困の問題をとくことができる(1)。

2　労働力の価値（または価格）の労働賃金への転化

資本主義社会の表面では、労働賃金は労働力の価値ではなく、労働の価格として支払われると感じるのがふつうである。「ブルジョア社会の表面」（ＫⅠ五五七ページ）では、労働者の賃金は「労働の価格」として、一定量の労働に支払われる一定量の貨幣として現れる。労働に対する報酬、労働の価格が労働賃金である。労働賃金は、労働力の価値という本質が現象として転倒した形で現れたものである。換言すれば労働力の価値（または価格）の現象形態、転化形態こそ、労働の価値（または価格）であり、労働賃金にほかならない。

労働力の一日あたりの価値が一万六〇〇〇円であり[2]、これは四時間労働を表す貨幣表現だとしよう。このとき、労働者が八時間働くとすると、彼の労働賃金は、八時間労働に対する報酬として現れる。労働賃金は八時間労働に対する報酬、すなわち一万六〇〇〇円である。注意すべきは、労働者は八時間労働で生み出された付加価値（ｖ＋ｍ）に該当する、三万二〇〇〇円を受け取るわけではないという点である。付加価値すべてが労働者に渡されてしまえば、剰余価値は生産されないし、資本家の取り分もなくなってしまう。

それゆえ、労働賃金という概念は、じつは「不合理な表現」（ＫⅠ五六　ページ）である。労働賃金では、支払い労働（労働力の再生産費）と不払い労働（剰余労働）の区別はいっさいなくなり、全労働が支払い労働として現れる。「労働賃金という形態は、労働日が必要労働と剰余労働とに分かれ、支払い労働と不払い労働とに分かれるいっさいの痕跡を消し去る」（ＫⅠ五六二ページ）のである。すなわち、四時間の労働を表している一万六〇〇〇円という価値（労働力の日価値）は、支払われない四時間を含む八時間の一労働日全体の価値（または価格）として現れる[3]。だから、労働力の価値（または価格）が労働の価値（または価格）、すなわち労働賃金という形態に転化することを理解することは「決定的に重要」（ＫⅠ

五六二ページ）である。

労働賃金という形態の本質が労働力の価値（または価格）であることを理解することはむずかしいが、私たちが日常的に接している現象形態である労働賃金を理解することはたやすい。これは、労働力商品の取引でも、資本家と労働者は貨幣と労働を交換しているようにみえるからであり、また、労働者が賃金を受け取るのは、労働者が実際に労働を提供したあとであるという事情があるからである。さらに、資本家自身もよりやすく商品を仕入れてより高く売るということから利潤が生じると考えている。だから、現象形態である労働賃金は、ふつうの思考形態でかってに再生産される。それに対し、労働賃金の本質である労働力の価値、その現象形態、転化形態としての労働賃金は科学的分析によってはじめて明らかにされるのである。

3　労働賃金の二つの支配的な基本形態

労働力の価値（または価格）の転化形態である労働賃金は、資本主義社会では主として二つの支配的な基本形態をとる。（１）時間賃金と（２）出来高賃金である。

⑴　時間賃金

労働力の販売は、一カ月二二日労働などのように「一定の時間を限って」（ＫⅠ五六五ページ）、すなわち「時間決め」で行われる。それゆえ、労働力の日価値、月価値などの形態は、日賃金、月賃金などの「時間賃金」に転化する。

さきにみたように、労働力の一日あたりの価値（労働力の日価値）が一万六〇〇〇円で、四時間労働の価値生産物を表し、一日あたりの労働時間が八時間であるとしよう。このとき、一労働時間の価格（労働の価格、労働賃金）は、一万六〇〇〇円÷八時間＝二〇〇〇円である。このとき、たとえば、労働時間が二時間延長されて一〇時間に延びるとするとしよう。そうすると、一時間あたりの労働の価格（労働賃金）は一万六〇〇〇円÷一〇時間＝一六〇〇円である。このように、一時間労働の価格は、八時間労働では、二〇〇〇円になったり、一〇時間労働では、一六〇〇円になったりする。(1)

もしある労働者が一人分ではなく、一・五人分の仕事を行うとしよう。このとき、市場にある労働力の供給は変わらなくても、労働の供給量は増大することになる。やがて、労働者のあいだの競争は、資本家が労働の価格を押し下げることを可能にし、この労働の価格の低下は、また逆に資本家が労働時間を延長することを可能にするのである。

(2)　出来高賃金

出来高賃金は、時間賃金の転化形態である。ある労働者が八時間労働し、八個の生産物を生産し、一個あたり二〇〇〇円、八個で一万六〇〇〇円の出来高賃金をもらうとしよう。そうするとこの一万六〇〇〇円の出来高賃金はさきの時間賃金と同じことになる。「時間賃金の場合には労働がその直接的継続時間で計られ、出来高賃金の場合には一定の継続時間中に労働が凝固する生産物量で労働が計られる」（ＫⅠ五七六ページ）。

出来高賃金は、一見すると労働者の作業能力に規定されているかのようにみえる。そのため、労働者がより多く賃金を受け取ろうと一生懸命働き、労働の強度が高まったり、資本家による監督労働が不要になったりする。出来高賃金では、資本家と労働者とのあいだに「仲介者」が入り、仕事の下請け制度が発達する。また、資本家と主要な労働者とが出来高あたりでいくらという価格で契約を結ぶような形態も発展する。それゆえ、出来高賃金は、「資本主義的生産様式に最もふさわしい労働賃金の形態」（ＫⅠ五八〇ページ）である。とはいえ、のちにみるように、チームでの労働や職場での共同作業が支配的な場合に、出来高賃金は必ずしも適合的とはいえない。

注

（1）労働賃金の意義と位置づけについて詳しくは、松石勝彦『新版　現代経済学入門』青木書店、二〇〇二年、一九二―一九四ページ、同『マルクス経済学』青木書店、一九九〇年、五五―六二ページを参照。

（2）労働力の生涯の再生産費は、たとえば生涯賃金二・四億円などのように決定される。労働者が二〇歳から六〇歳まで仕事を行うと仮定すると、年間所得は約四〇〇万円である。年間所得四〇〇万円は一月あたりの賃金に換算すると三三・四万円となり、一日あたりの労働賃金は約一万五二〇〇円となる。

（3）資本主義以前の封建社会の下では、必要労働と剰余労働との区別は明瞭である。たとえば、農民が彼自身のために行う労働と封建領主のために行う強制的な労働とは、空間的にも時間的にもはっきりと区別される。奴隷労働の場合には、彼が行うすべての労働が彼の主人のための労働である。しかし、資本主義社会では剰余労働または不払い労働でさえも、支払われるものとして現れる。

（4）労働賃金の「一般法則」（KＩ五六七ページ）としては次のようになる。第一に、日労働や週労働などの量が与えられていれば、日賃金や週賃金は労働の価格によって決まり、労働の価格そのものは、労働力の価値の変動につれて、または労働力の価格が労働力の価値からずれるのにつれて変動する。第二に、労働の価格が与えられていれば、日賃金や週賃金は日労働や週労働の量によって定まる。かくして、時間賃金の度量単位は「労働力の日価値を慣習的な一労働日の時間数で割った商」（KＩ五六七ページ）である。

Ⅱ　現代の日本経済と労働賃金

１　賃金と利潤

一般に、賃金は利潤（剰余価値）と対抗関係にある。賃金が上昇すれば、利潤（剰余価値）は減少するし、逆に利潤（剰余価値）が増加すれば、賃金は減少する。労働者が原料に新しく付加した「付加価値」（ｖ＋ｍ）は、賃金ｖと剰余価値ｍにわかれ、ｖが増えれば、ｍが減り、ｖが減れば、ｍが増えるのである。(1)

この点を日本経済の状況を分析することで確認しよう。財務省『法人企業統計調査』によれば、一九七〇年から二〇〇七年の三七年間で、全産業の経常利益は六兆一二七八億円から五三兆四八九三億円へと八・七倍にも増加した。一方、厚生労働省『毎月勤労統計調査』によれば、同じ三七年間で労働者の現金給与総額は七万五六七〇円から三七万七七三一円へと四・九倍に増加した。企業の利潤である経常利益も、労働者の賃金も三七年間でともに上昇したが、利潤の伸び幅にくらべて賃金の伸び幅は小さい。ようするに、利潤の増大と比例して賃金が正確に上昇したのではなく、賃金の伸びを上回るペースで利潤が増大したのである。

バブル経済崩壊後の一九九〇年代以降の経常利益と実質賃金の対前年比増減率の推移をみてみよう。全体的な傾向として、経常利益が増加するときに、賃金は減少し、逆に経常利益が減少するときに、賃金は増加している。とはいえ、賃金の増減は経常利益にくらべて小さい。とくに、二〇〇二年以降の景気の拡

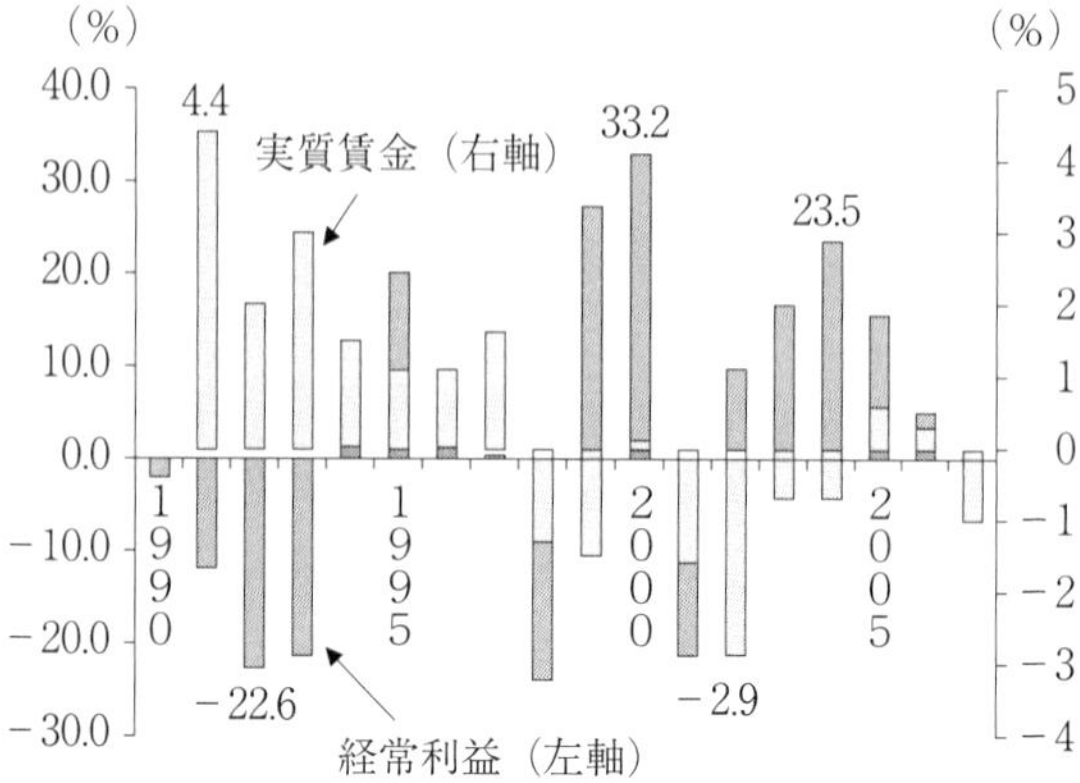

図7－1　実質賃金と経常利益の推移（対前年比増加率、全産業）

（出所）財務省『法人企業統計調査』各年版、厚生労働省『毎月勤労統計調査』各年版より筆者作成。

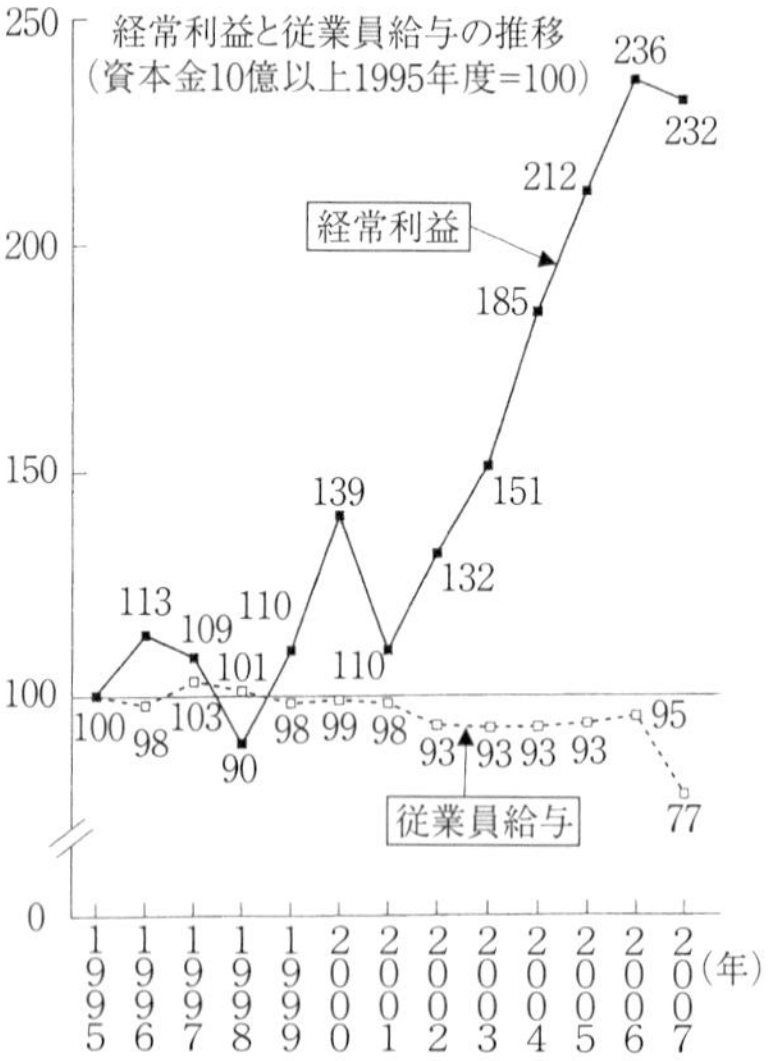

図7－2　大企業（資本金10億円以上）の経常利益と賃金

（出所）財務省『法人企業統計調査』各年版。

大期に注目すると、二〇〇四年には経常利益が二三・五％も増大しているのに、賃金が〇・七％減っている。経常利益が毎年前年比増にあるにもかかわらず、賃金が減っているのである（図7―1）。

資本金一〇億円以上の大企業の経常利益と従業員給与の伸び率を比較すると、利潤と賃金の伸び率の差はより顕著である。一九九五年から二〇〇七年で経常利益は二三・二倍に増加したのに対し、従業員給与は〇・七七倍と低下している（一九九五年を一〇〇とする）。これはのちにふれるように大企業がこぞって低賃金である非正規労働者を活用した点が大きい（図7―2）。

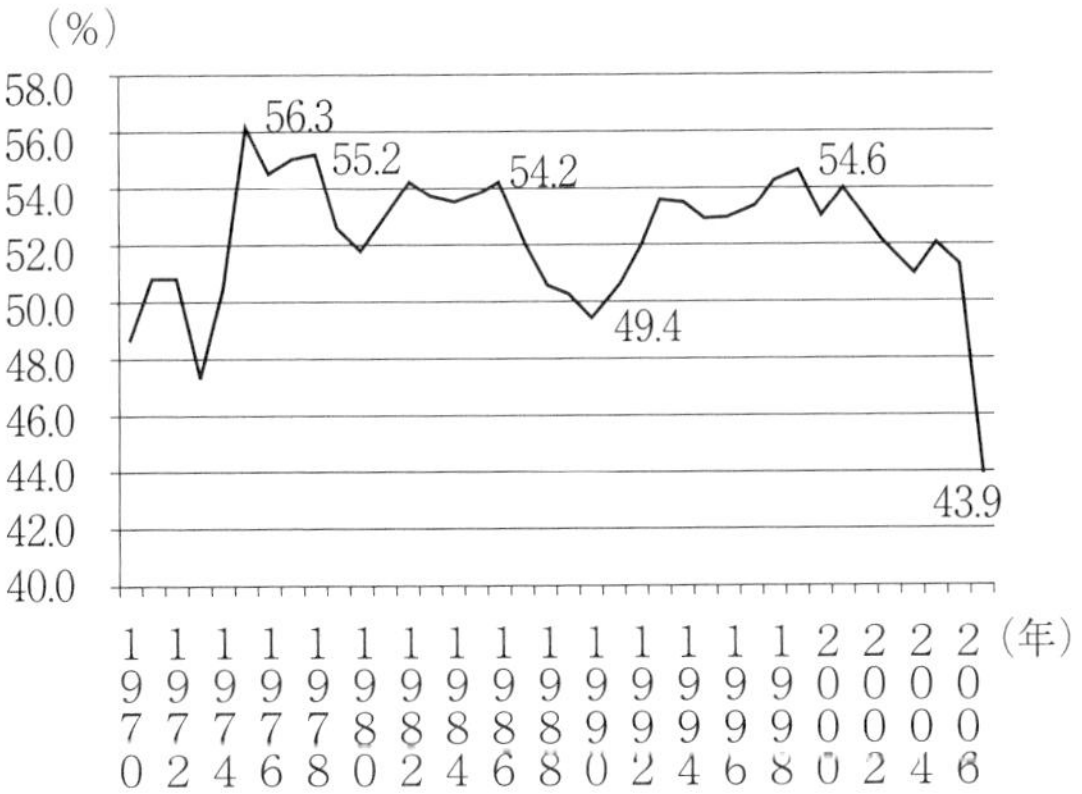

図7－3　労働分配率の推移（労働分配率は付加価値に対する従業員給与の割合）

（出所）財務省『法人企業統計調査』各年版より筆者作成。

2　労働分配率

賃金と利潤の関係を示すに表す指標のひとつに「労働分配率」がある。「労働分配率」とは、付加価値（v＋m）に占める賃金（v）の割合である。労働分配率をみる際に留意しなければならないのは、その定義の方法である。厚生労働省の『労働経済白書』では、分子の人件費に「役員給与」も含めて計算している(2)。この定義では、付加価値に対する賃金の割合は正確にわからない。労働分配率は水増しされて高い水準に見積もられるだろう(3)。そのため、ここでは付加価値に占める人件費のうち、役員報酬などを除いた従業員給与を分子にして計算する(4)。

一九七〇年から二〇〇六年までの三六年間の労働分配率の推移をみると、一九七五年（五六・三％）、一九八二年（五四・二％）、一九八六年（五四・二％）、一九九九年

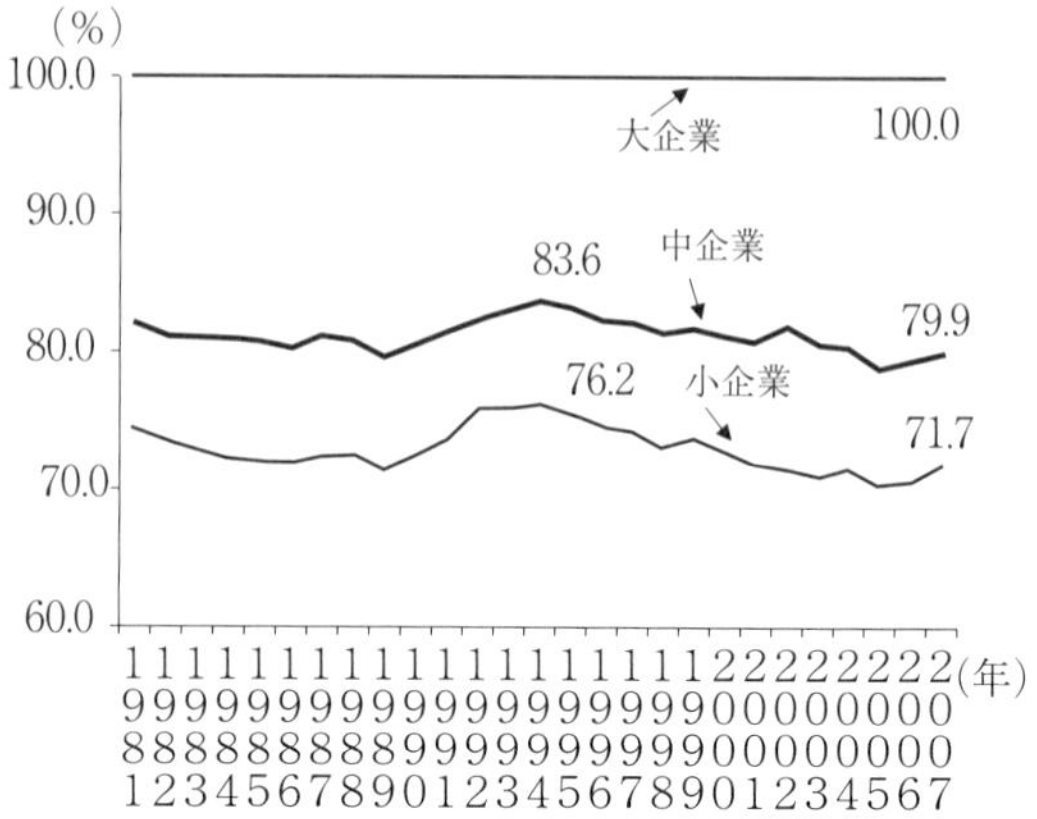

図7－4　企業規模別の賃金格差（全産業の「きまって支給する現金給与額」）

（出所）厚生労働省『賃金構造基本統計調査』より筆者作成。

（五四・六％）の四カ所で、それぞれ山がみられる。二〇〇六年ではこの三六年間でもっとも低い四三・九％にまで低下している（図7―3）。

一般に、労働分配率の分子をなす従業員給与は簡単には削減することがむずかしいため、景気拡大期には労働分配率は低下し、景気後退期には労働分配率は上昇する傾向をもつ。とはいえ、二〇〇二年以降の景気拡大期には、これまでみることのできなかった水準で労働分配率が低下している。これは一般の景気拡大にみられる労働分配率の低下傾向という要因だけではなく、労働市場の構造変化を加味しなければ理解ができないだろう。のちにみるように、二〇〇〇年代以降、日本企業は正社員の採用を抑制する一方、不安定で低賃金であるアルバイト、パート、派遣、業務請負、契約社員など非正規社員に切り替える傾向にある。そのため、賃金下落が起こり、労働分配率が低い水準にとどまっているのである。

3　企業規模別賃金格差

日本では、企業規模別の賃金格差が非常に大きい。大企業、中小企業間の賃金格差の推移を製造業でみ

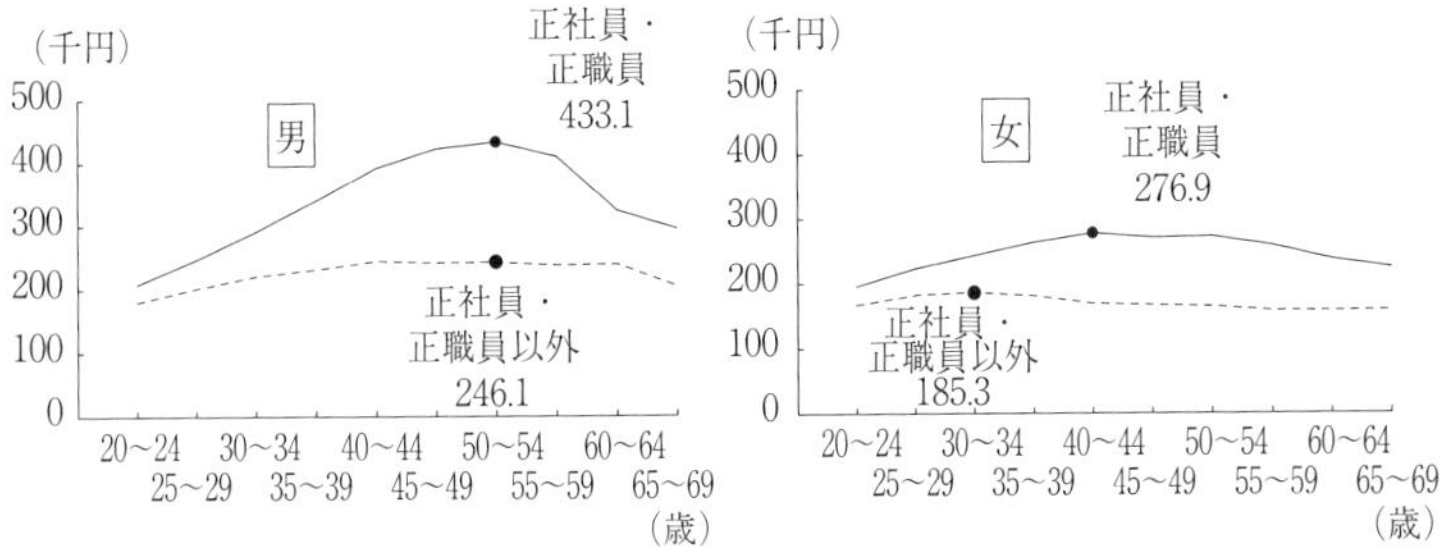

図7－5　日本の賃金カーブ（男女別、雇用形態別、2008年）

（出所）厚生労働省『平成20年賃金構造基本統計調査』（2009年3月公表）。

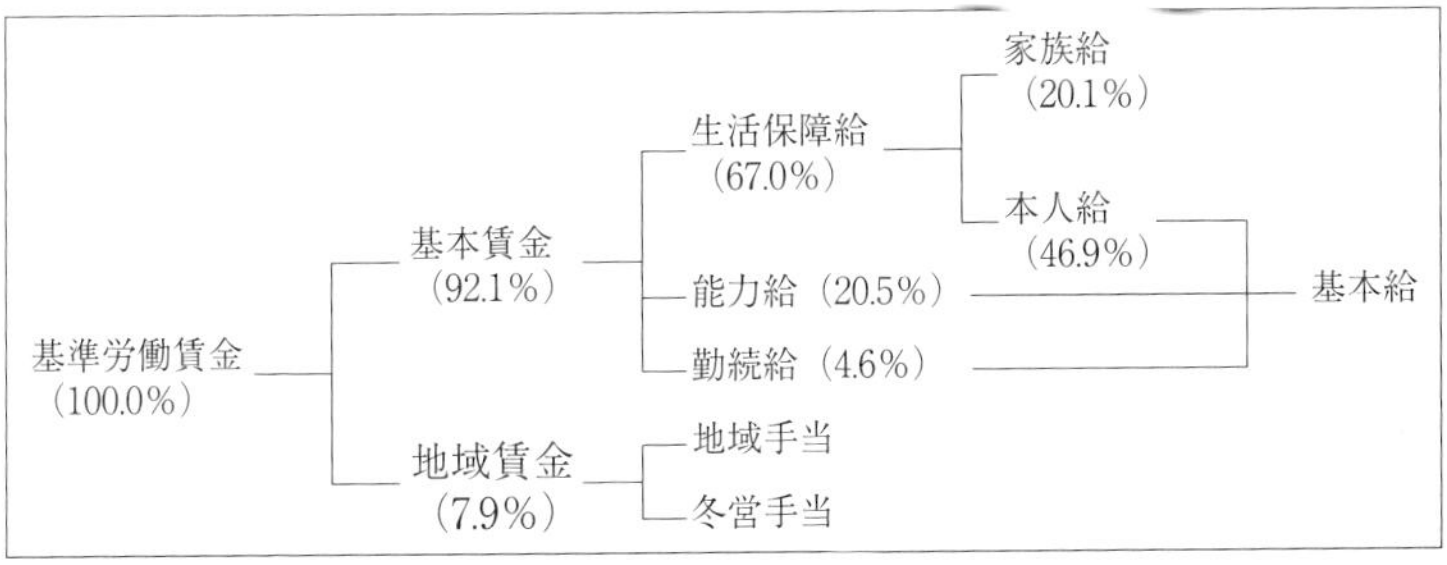

図7－6　電産型賃金の概要

（出所）河西宏祐『電産型賃金の世界』早稲田大学出版部、1999年、109ページより作成。

ると、一〇〇〇人以上規模の企業に対して、一〇〇~九九九人規模の企業でおおよそ八割程度、一〇~九九人規模の企業でおおよそ七割程度の賃金水準である。とくに二〇〇〇年代以降は一〇〇~九九九人規模、一〇~九九人規模、いずれにおいても一〇〇〇人以上規模との格差の拡大傾向がみられる（図7―4）。

4　年功賃金と成果主義賃金

⑴　年功賃金　日本では勤続年数や年齢とともに賃金は通常、上昇カーブを描く。これは年功賃金である。厚生労働省『平成二〇年　賃金構造基本統計調査』によれば、男性正社員の月額賃金は、二〇~二四歳の二〇・七万円からしだいに上昇し、

三五～三九歳では三三・九万円、中高年層の五〇～五四歳では四三・三万円まで上がる。その後、五〇～五四歳をピークに賃金カーブは低下し、六〇～六四歳では二九・四万円に下落する。一方、女性の場合は賃金カーブが途中で「寝た」状態になる。女性正社員の場合、二〇～二四歳の賃金は一九・五万円で、同年齢の男性正社員との格差はそれほど大きくない。しかし、賃金上昇のピークは四〇～四四歳の二七・六万円で止まる。賃金上昇のピークは、男性正社員が四三・三万円（五〇～五四歳）であるのに対し、女性正社員は二七・六万円（四〇～四四歳）にすぎず、最大で一六万円弱の格差が存在する（図7―5）。このように、年功賃金は、男性の正社員を中心とする賃金支払い形態である。これは、日本企業が女性労働者の昇格・昇給管理を男性にくらべて差別的に扱ってきたこと、「性別役割分業」の規範が強固であることなどに起因している。

注意しなければならないのは、年功賃金はもともと、女性に対して差別的な賃金であったわけではないということである。敗戦直後の労働者の飢餓状態を脱するために、一九四六年に電気産業労働組合が経営側に要求し獲得した賃金は、その名称をとって「電産型賃金」とよばれる。「電産型賃金」の基本賃金は、①生活保障給、②能力給、③勤続給から構成されたが、もっとも比率が高いのが「生活保障給」の六七・〇％であった。生活保障給は本人の「年齢」（年齢給）と「家族数」（家族給）から構成され、「資格、職階制度、ならびに学歴、性別」に関わりなく、すべての労働者に支給される性格をもった（図7―6）。[5]「『同じ年齢ならば同じ必要生計費だから同じ賃金を！』という考え方」[6]が当時の日本の労働者の要求だったのである。ようするに、年功賃金の起源である電産型賃金は、「年齢」や「家族数」などの客観的指標を用いることで、経営側が労働者間の格差や選別を行うことに抵抗したのである。

日本の経営者団体、とくに日経連は、賃金原資が増大するとして「電産型賃金」に批判的であった。一九六〇年代には職務給を導入することで電産型賃金の問題点を崩そうという動きもあった。(7) 結局のところ、職務給の導入は挫折するのであるが、その後日本企業では、賃金決定基準の際に、「能力」の比重を上げる「能力主義管理」の方向性がとられる。一九七〇年代以降定着した「能力主義管理」賃金の下では、企業内の資格制度として「職能資格制度」が整備された。職能資格制度とは、従業員の職務遂行能力を「職能資格」として格付けし、ランクごとに賃金額を決める仕組みである。労働者がランクづけられる職能資格は上司の「人事査定」によって決定され、上司は、部下の能力（能力考課）や態度・意欲（情意考課）、そして成果・業績（業績考課）を評価する。(8) 企業のなかでジョブローテーションや企業内訓練を行うにつれて、職務遂行能力は高まる傾向にあるから、勤続が長くなるとともに、「能力」は上昇し、職能資格はしだいに上がっていく。そ

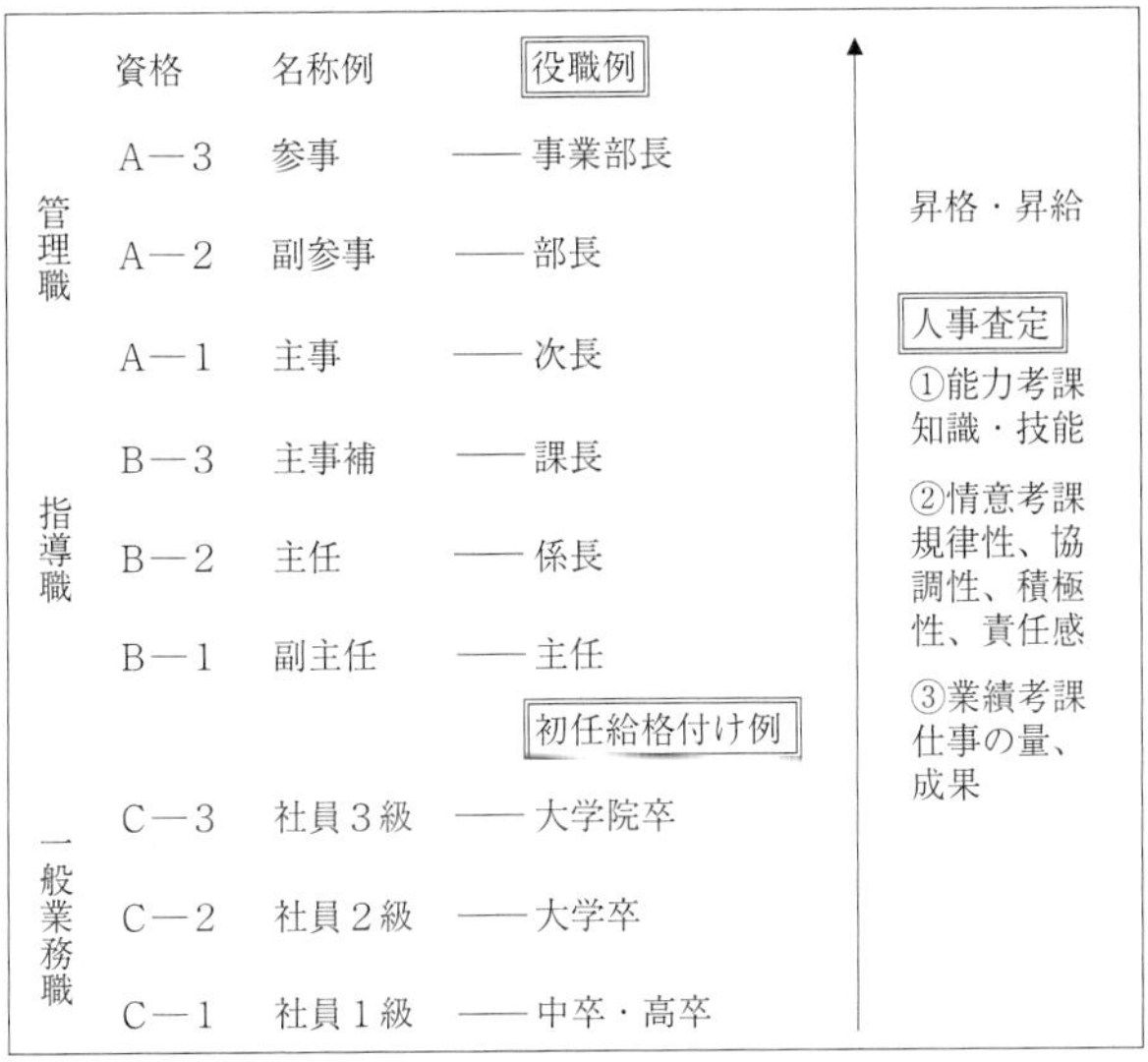

資格
名称例
役職例
管理職
A—3
参事
事業部長
A—2
副参事
部長
A—1
主事
次長
指導職
B—3
主事補
課長
B—2
主任
係長
B—1
副主任
主任
初任給格付け例
一般業務職
C—3
社員3級
大学院卒
C—2
社員2級
大学卒
C—1
社員1級
中卒・高卒
昇格・昇給
人事査定
①能力考課
知識・技能
②情意考課
規律性、協調性、積極性、責任感
③業績考課
仕事の量、成果

図7-7　職能資格制度と人事査定

（出所）筆者作成。資格と役職は必ずしも厳密に対応するわけではない。

のため、「能力主義管理」の下でも賃金は結果として「年功賃金」となった（図7―7）。このように、電産型賃金と能力主義管理賃金の違いは、前者が「査定なし」の万人に平等な年功賃金であったのに対し、後者は「査定付き」の労働者間の競争を加味した年功賃金であるという点にある。(9)

(2)　成果主義賃金

近年、日本企業は賃金の決定基準において、「能力」よりも業績や成果をより重視するようになっている。労務行政研究所の『成果主義下の人事考課制度の最新実態』（二〇〇二年一〇月）によれば、一九九四年から二〇〇二年の間で、「能力考課」や「情意考課」の比重は下がり、かわって「業績考課」への比重が高まっている。昇給に占める割合をみると、「情意考課」の比率が、一般職では三〇・四％から一八・九％へ、総合職では二五・八％から一六・三％へと、さらに課長で一二・七％から六・九％へと下落している。それに対して、「業績考課」の比率は、一般職で、一八・〇％から三二・三％へ、総合職で三一・九％から三五・三％へ、課長では四三・一％から五三・五％へと上昇している（図7―8）。このように一九九〇年代中ごろから、二〇〇〇年代にかけて賃金決定に占める年齢や能力の比重は下がり、業績が重視されている。これらの動きは総じて年功賃金から成果主義賃金への変化とよぶことができる。

新しい賃金制度、すなわち成果主義賃金を決める際には、上司と部下が個人面接を行い、達成度を評価するツールとして目標管理制度が重宝されている。目標管理制度が成果主義賃金のカギである。ただ、実際には日本の成果主義賃金は、企業業績の回復のため、一定のリストラや人件費の切り下げとセットになって行われた。人件費を一定もしくは削減した上で、上司と部下が仕事の内容について相談し、ある期間までにこれくらいの業績を上げるか約束し、賃金決定の基準とする。ようするに、これまでの「能力」を基準とした賃金を「成果」や「業績」に応じて決定する仕組みへとシフトするものが成果主義賃金にほか

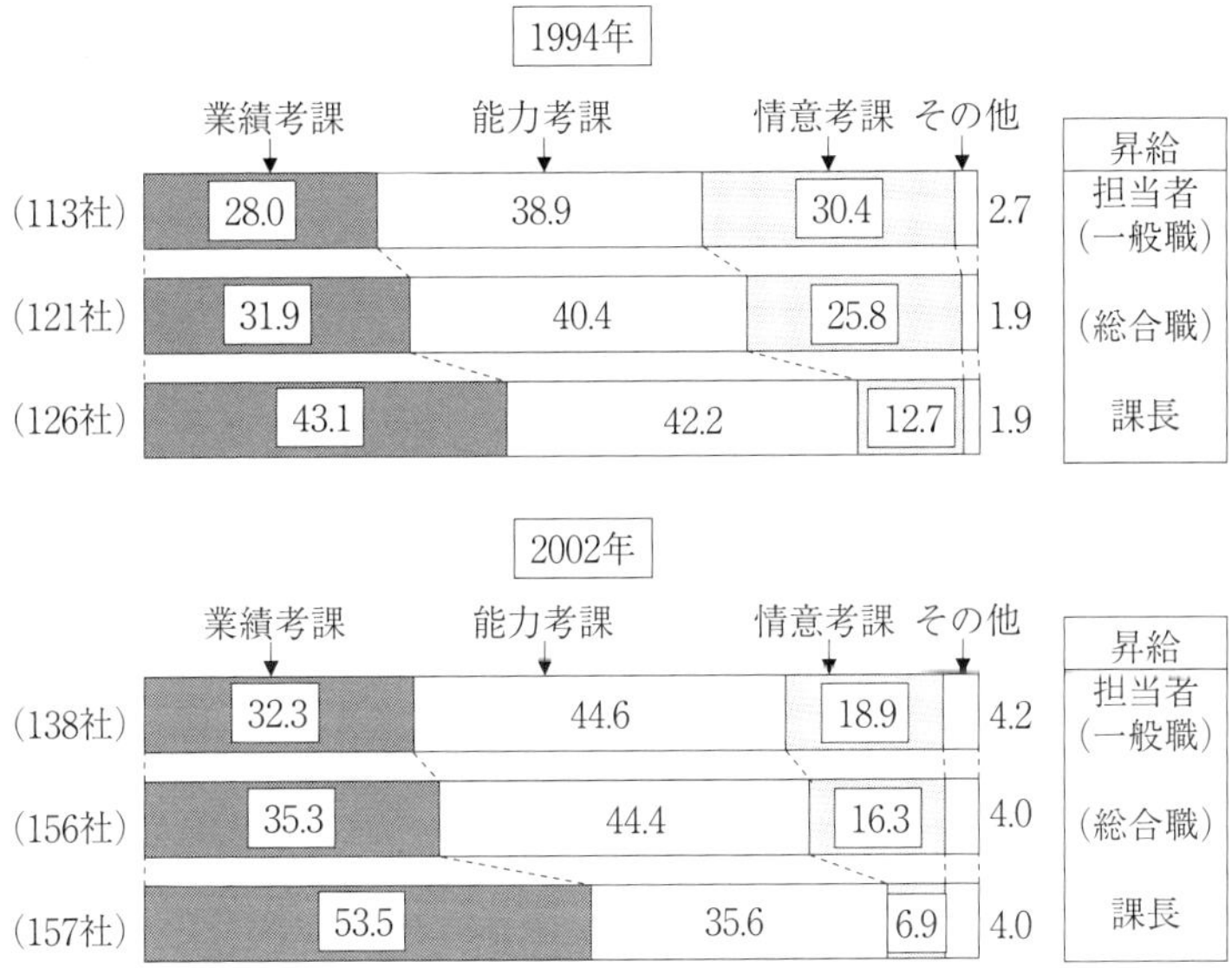

図７－８　賃金決定基準における業績考課比重の高まり

（出所）労務行政研究所『成果主義下の人事考課制度の最新実態』2002年10月、より作成。

ならない。

年齢や勤続ではなく、成果に応じて賃金を支払うことは一見すると合理的だし、若年層を中心として労働者の納得も得られそうにみえる。実際、企業は「従業員のやる気を引き出すため」（七七・八％）、「評価・処遇制度の納得性を高めるため」（五九・八％）、「従業員の個々の目標を明確にするため」（五三・六％）、などの理由で成果主義賃金を導入している（複数回答、労働政策研究・研修機構『現代日本企業の人材マネジメント』二〇〇六年）。しかし、厚生労働省の最近の調査をみると、業績の比重が徐々に下がりつつあり、かわって年齢や能力の比重がふたたび上がりつつある。それは、成果主義賃金の問題点も徐々に明らかになってきているからである。成果主義賃金の問題点はいくつか考えられるが、最大公約数的な意見をまとめれば次のとおりである。

第一に、成果主義賃金では、労働者は短期間で成果の上がる目標を定めがちで、長期的な視点に立って仕事を行うことが少なくなる。第二に、成果主義賃金では、個人単位での「成果」が問題となることが多いため、職場でのチームワークが少なくなり、労働生産性の低下をもたらす。第三に、成果主義賃金が導入されたのは、もともと人件費の抑制を目的としていたために、頑張った人でも賃金が下がることが多く、納得性が得られることが少ない。第四に、上司の人事査定が主観的なものであるために、自分の仕事がきちんと査定をされているか、透明性に疑問符がつく点である。第五に、成果主義賃金が裁量労働制や変形労働時間制と結び付くと、労働時間管理が希薄になり、長時間労働や過労、場合によっては過労死・過労自殺を免れないという点である。

労働者に対するアンケートのなかでは、成果主義賃金に対する不満として、「仕事への努力が正しく評価されない」「自分の能力が正しく評価されない」「賃金の決め方の説明が行われない」などの理由が挙げられている（労働政策研究・研修機構『経営環境の変化の下での人事戦略と勤労者生活に関する実態調査』二〇〇七年）。

第4章でみたように、労働賃金は本来、労働者本人の再生産費、家族の再生産費を含むものでなければならない。しかし、賃金決定において業績、成果を重視するとすれば、賃金が労働者の生活を保障するという視点が後退してしまう。一九九〇年代以降、多くの企業で採用されるようになった成果主義賃金は、賃金決定に占める「能力」や「年齢」要素の後退、「業績」比重の高まりであり、年功賃金へのアンチテーゼである。それゆえ、成果主義賃金をめぐる問題点は、たんに労働者間での公平性や査定結果に対する納得性の確保という点だけではなく、根本的には、労働者の再生産費を社会全体でいかに保障していくかという中・長期的な問題も含んでいるのである。

注

(1) 企業の利潤を測る指標として、営業利益や経常利益、あるいは純利益などの指標があげられる。営業利益は、売上高から原材料費、人件費、資本費などを差し引いたもうけである。それに対し、経常利益は営業利益に配当金、受取利息、為替差益などの営業外利益を含んだ企業活動全体からのもうけを指す。グローバル化が進む現代経済では、為替損益や配当金も考慮した経常利益をみることが重要である（鈴木政俊『経済データの読み方新版』岩波新書、二〇〇六年、七〇ページ）。

(2) 厚生労働省『平成一九年版労働経済白書』国立印刷局、二〇〇七年、四六―四七ページ。なお、労働分配率の定義を考える際には、二〇〇六年六月に施行された会社法の影響も考慮する必要がある。会社法では役員賞与は利益処分から費用へと変更になり、事実上「人件費」扱いとなったからである。

(3) 『労働経済白書』が人件費に「役員報酬」を含めていることについて、森岡孝二氏は「役員報酬は配当と同様に利益処分の一部分であって、人件費に含めるべきではない」と述べている（森岡「株主資本主義と派遣切り」『経済』二〇〇九年七月、二〇ページ）。賛成である。

(4) これ以外には、労働分配率の定義を、雇用者報酬／要素諸費用表示の国民所得に求めるやり方、雇用者報酬／名目GDPに求めるやり方などがある。この定義では、前者よりも名目GDPを分母にした後者の方が労働分配率の水準は低い。

(5) 河西宏祐『電産型賃金の世界』早稲田大学出版部、一九九九年、五―六ページ。

(6) 熊沢誠『能力主義と企業社会』岩波新書、一九九七年、二七ページ。

(7) 当時の職務給をめぐる論争については、鬼丸朋子「日本企業における職務給問題」『桜美林エコノミックス』五〇・五一号、二〇〇四年三月、四―六ページを参照。

（8）日本の人事査定における能力概念は〈生活態度としての能力〉とよばれる。熊沢誠氏は「たえまない新技術の導入、職務割り当ての転変、ノルマの増大、ひんぱんな配転、単身赴任、そして出向……、それらを引き受けるためにはチャレンジ精神だけでなく、体力増強も勉強も、アフターファイヴにおいては私生活上の都合よりもたとえば残業やQCサークル活動を優先させる志向」が必要であると指摘している（熊沢誠『能力主義と企業社会』岩波新書、一九九七年、三九―四〇ページ）。

（9）下山房雄氏は年功賃金をめぐる戦後の過程を次のように整理している。「四六年の電産十月闘争が労資関係に刻み込んだ年齢・家族基準の生活給的年功賃金は、日経連主導の賃金管理によって六〇年代半ばにはすでに今日の支配的年功賃金＝職能給に変革されていた。それはまず五〇年代の定昇制度復活で勤続と昇給査定による企業への従属動因を含む年功賃金へ変革され、さらには六〇年代の職務職能給化によって職能資格による賃金年功カーブの差別化……と昇格査定による能力主義的年功賃金つまり今日の支配的賃金体系に変革されたのである」（下山房雄『現代世界と労働運動』御茶の水書房、一九九七年、二四〇ページ、傍点は引用者）。

Ⅲ　女性労働と労働賃金

1　女性の労働力化と男女間賃金格差

女性の労働力率は、女性の社会進出、共働き世帯の増加などの要因によって増加傾向にある。総務省統計局『労働力調査』によれば、二〇〇八年の女性の労働力人口は、二七六二万人で、その内訳は、就業者が二六五六万人、完全失業者が一九六万人である。男性の労働力人口は、三八八八万人（就業者三七二九万人、完全失業者一五九万人）で、全労働力人口六六五〇万人に占める女性の割合（労働力人口率）は、四一・五％である。女性の労働力人口率は、一九五〇年代から一九六〇年代初頭にかけて四〇％台を推移し、その後、一九七六年には三七・三%まで低下した。しかし、一九八〇年代後半にはふたたび四〇%台に回復し、二〇〇八年現在は過去最高水準の四一・五%に達している（図7—9）。求職活動中か現在仕事をしている人のうち、一〇人に四人が女性である。

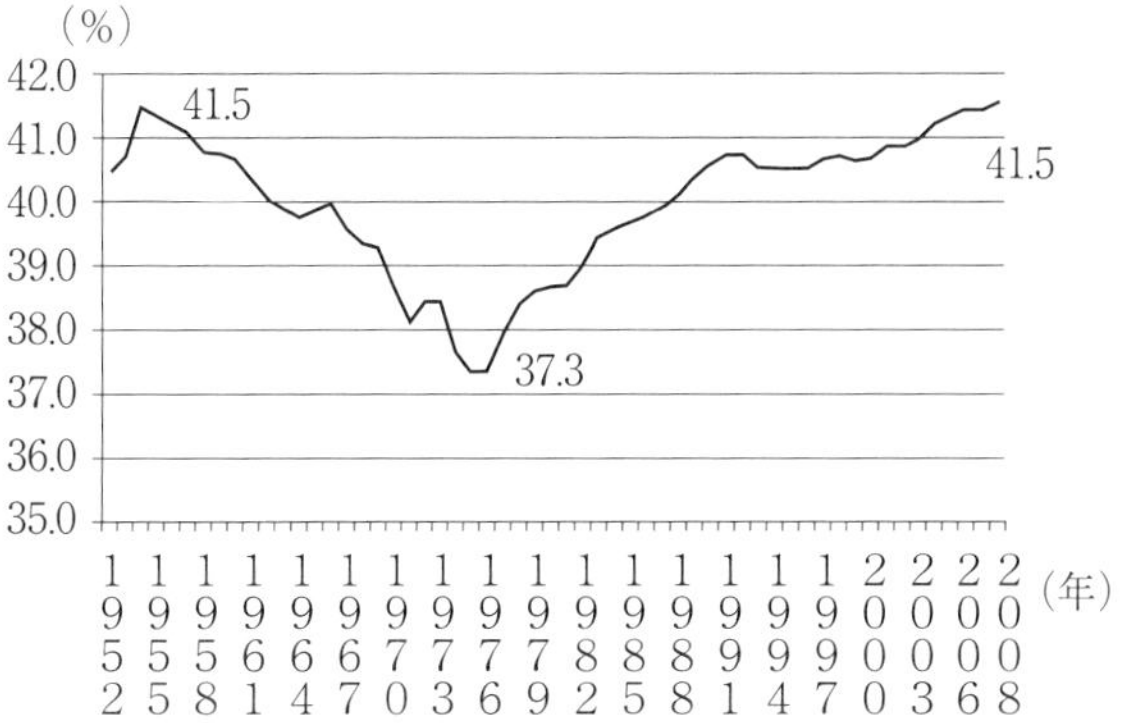

図7－9　女性の労働力人口率の推移

（出所）総務省統計局『労働力調査』長期時系列データより筆者作成。

それにもかかわらず、日本の女性労働者は低賃金の割合が高い。国税庁『民間給与実態調査』によれば、二〇〇八年の年収三〇〇万円未満の割合は男性で、二二・三%であるのに対し、女性は六六・四%と過半数を占める。また、厚生労働省の『賃金構造基本統計調査』と『毎月勤労統計調査』を用いて、男女間賃金格差をみると、男性一般労働者の賃金を一〇〇としたときの女性一般労働者の賃金水準は、一九八〇年には五五・三%で、一九九〇年年代には五割台を推移した。その後、一九九五年に六〇%を超え、二〇〇四年には六五・七%にまで格差は縮小する。二〇〇四年では、男性一般労働者の賃金が三六・七万円であるのに対し、女性一般労働者の賃金は二四・七万円にとどまる。女性労働者の賃金水準は男性労働者の賃金水準の七割に満たない。

パートも含む全労働者でみると、男女間賃金格差はもっと大きくなる。男性一般労働者と女性短時間労働者（パートタイム

表7－1　性別一般労働者・全労働者の賃金額の推移（1980～2004年）

（単位：千円・%）

	一般労働者			パートを含む全労働者		
	女性	男性	女／男	女性	男性	女／男
1980	122.5	221.7	55.3	123.9	227.0	54.6
1981	130.5	235.3	55.5	130.6	240.4	54.3
1982	136.2	246.1	55.3	135.4	251.7	53.8
1983	141.2	254.4	55.5	139.4	261.3	53.3
1984	146.6	265.1	55.3	144.4	272.7	53.0
1985	153.6	274.0	56.1	148.5	280.5	52.9
1986	158.9	280.8	56.6	154.2	289.0	53.4
1987	164.8	286.1	57.6	159.6	297.4	53.7
1988	169.5	296.1	57.2	159.0	304.5	52.2
1989	176.7	310.0	57.0	164.1	316.4	51.9
1990	186.1	326.2	57.1	156.5	306.4	51.1
1991	195.7	340.6	57.5	165.0	320.1	51.5
1992	203.6	345.6	58.9	171.0	327.9	52.1
1993	207.5	349.4	59.4	173.8	332.9	52.2
1994	213.7	357.1	59.8	177.8	340.4	52.2
1995	217.5	361.3	60.2	180.2	345.9	52.1
1996	221.3	366.1	60.4	182.9	349.6	52.3
1997	225.3	371.8	60.6	185.0	353.8	52.3
1998	226.8	367.9	61.6	185.1	352.0	52.6
1999	230.7	367.2	62.8	180.2	349.4	51.6
2000	235.1	370.3	63.5	181.3	353.1	51.4
2001	237.1	373.5	63.5	181.1	350.4	51.7
2002	238.8	367.7	64.9	180.1	346.0	52.1
2003	239.4	368.6	64.9	180.0	346.5	51.9
2004	241.7	367.7	65.7	175.9	342.8	51.3

注1　賃金は「決まって支給する現金給与」（所定内給与＋所定外給与）を用いた。

2　一般労働者とは、一般的な所定労働時間が適用されている常用労働者をさす。

3　一般労働者の1980～1981年は事業所規模10人以上、それ以降は5人以上が、またパートを含む全労働者は1989年まで事業所規模30人以上、1990年以降は5人以上が対象。

（出所）厚生労働省『賃金構造基本統計調査』、『毎月勤労統計要覧』より作成。

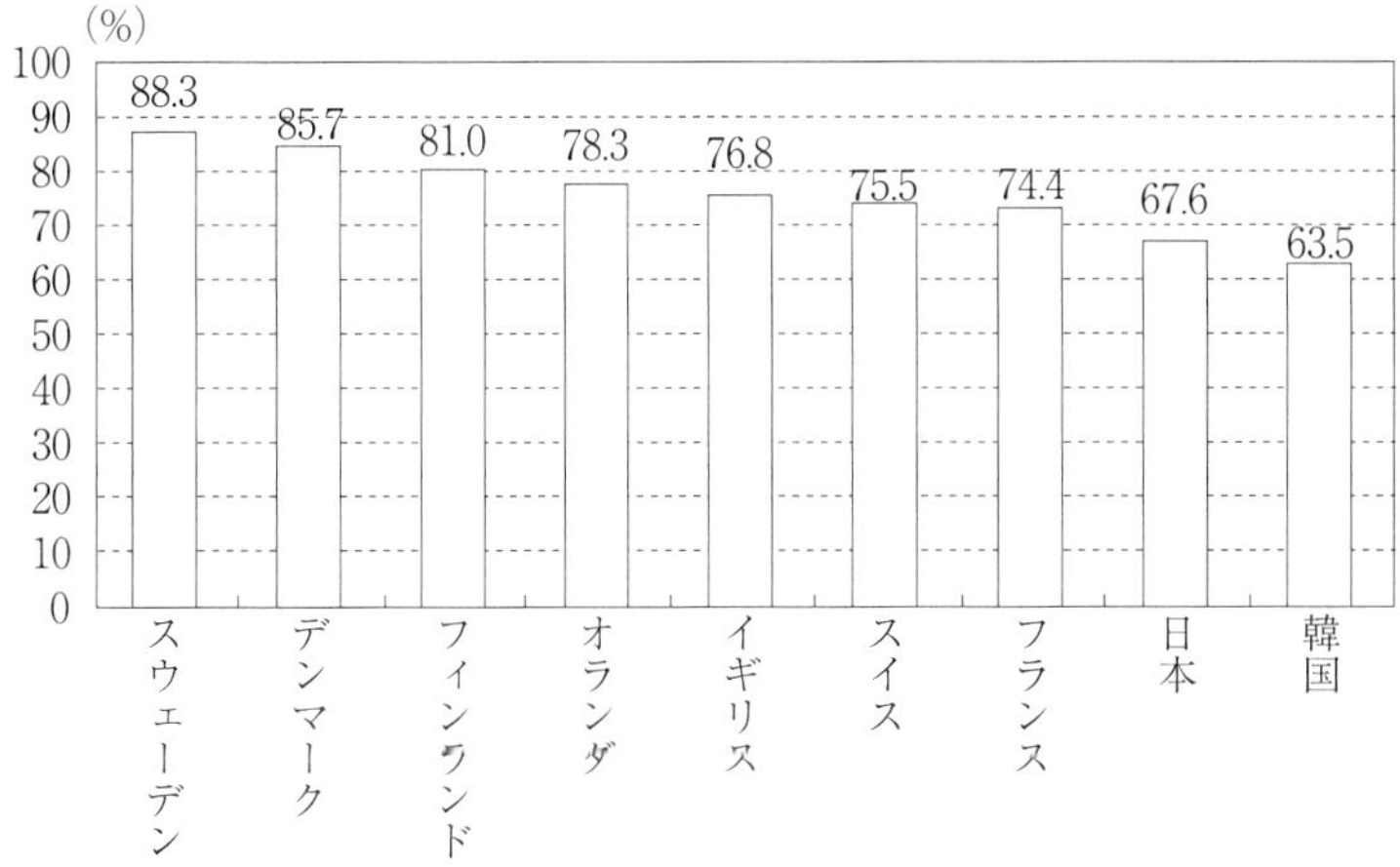

図7-10　男女間賃金格差の国際比較（2000～2004年）

注1　全産業の賃金額を使った。しかし、労働者の範囲など必ずしも統一されていないので単純に比較はできない。

2　対象年はオランダ2000年、フィンランド、スイス、フランス、韓国が2002年、デンマーク2003年、その他は2004年である。

（出所）ILO『LABORSTA』より作成。

労働者）とを比較すると、一九八〇年に五四・六％だった格差はその後二〇年間拡大しつづけ、二〇〇四年には五一・三％となっている。二〇〇四年では、パートを含む男性労働者の賃金が三四・三万円であるのに対し、女性労働者の賃金は一七・六万円の水準にとどまる（表7―1）。これはのちに述べるように、女性労働者の多くが、男性と同じ正社員としての仕事をつづけることがむずかしく、短期雇用のパートタイムや派遣労働、契約労働に従事せざるをえない、雇用形態別の格差に原因があると考えられる。なお、産業別にみると、金融・保険業（五五・九％）、製造業（六一・四％）などで男女間賃金格差が大きい[1]。

　このように大きな男女間賃金格差は、諸外国ではあまりみられない。賃金格差が大きいのは韓国（六三・五％）や日本（六七・六％）

などアジアだけの現象で、フランス（七四・四％）、イギリス（七六・八％）、オランダ（七八・三％）などヨーロッパ諸国では格差が相対的に小さい。フィンランド、デンマーク、スウェーデンなどの北欧諸国では、それぞれ八一・〇％、八五・七％、八八・三％と男女間賃金格差は八割の水準に抑えられている（図7―10）。

2　女性のＭ字型就労

女性の就労状況を端的に示すのが、女性の年齢階級別にみた労働力率の推移である。女性労働者は、若年期に仕事に就くが、結婚とともに退職をする割合が高い。そして、子育てと育児が一段楽した後、ふたたび、仕事につく人びとが多い。そのため、一九七五年、一九八五年、一九九五年、二〇〇八年のいずれの年をとっても、女性の労働力率は二〇代後半と四〇～五〇台でピークに達している（図7―11）。一九七五年と二〇〇八年とを比較すると、二〇代後半の労働力率が、四二・六％から七六・一％へと飛躍的に増加しており、この点で女性の労働力化は進展したと考えられるが、それでも労働力率のカーブは、三〇代半ばで底になっている。このような女性の労働力率の推移の形態は、Ｍ字型カーブ（あるいはＭ字型就労）とよばれる。

国際比較を行うと同じ女性でも、スウェーデンやドイツでは、平均して労働力率が七～八割前後であり、くぼみが存在せず、台の字型になっている。労働力率ではその水準に違いがあるものの、アメリカも含めて諸外国では女性の労働力率のカーブはＭ字型にならない。むしろ台形に近い形になっている。Ｍ字型就労は日本と韓国のみに特徴的な女性の働き方である（図7―12）。

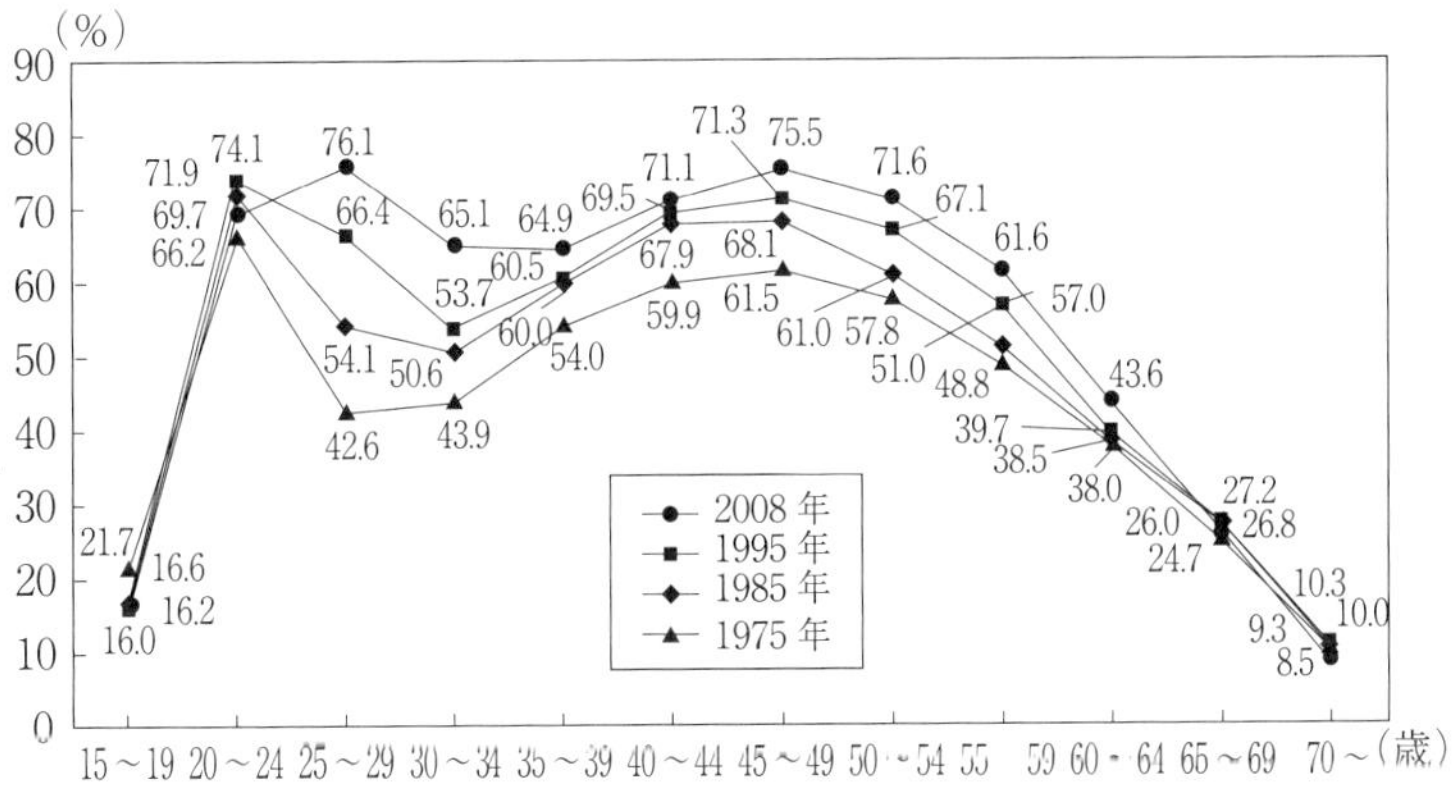

図７-11　女性の年齢階級別労働力率の推移（1975年、1985年、1995年、2008年）

注１　総務省『労働力調査』より作成。

２　「労働力率」…15歳以上人口に占める労働力人口（就業者＋完全失業者）の割合。

（出所）内閣府『平成21年版男女共同参画白書』22ページ。

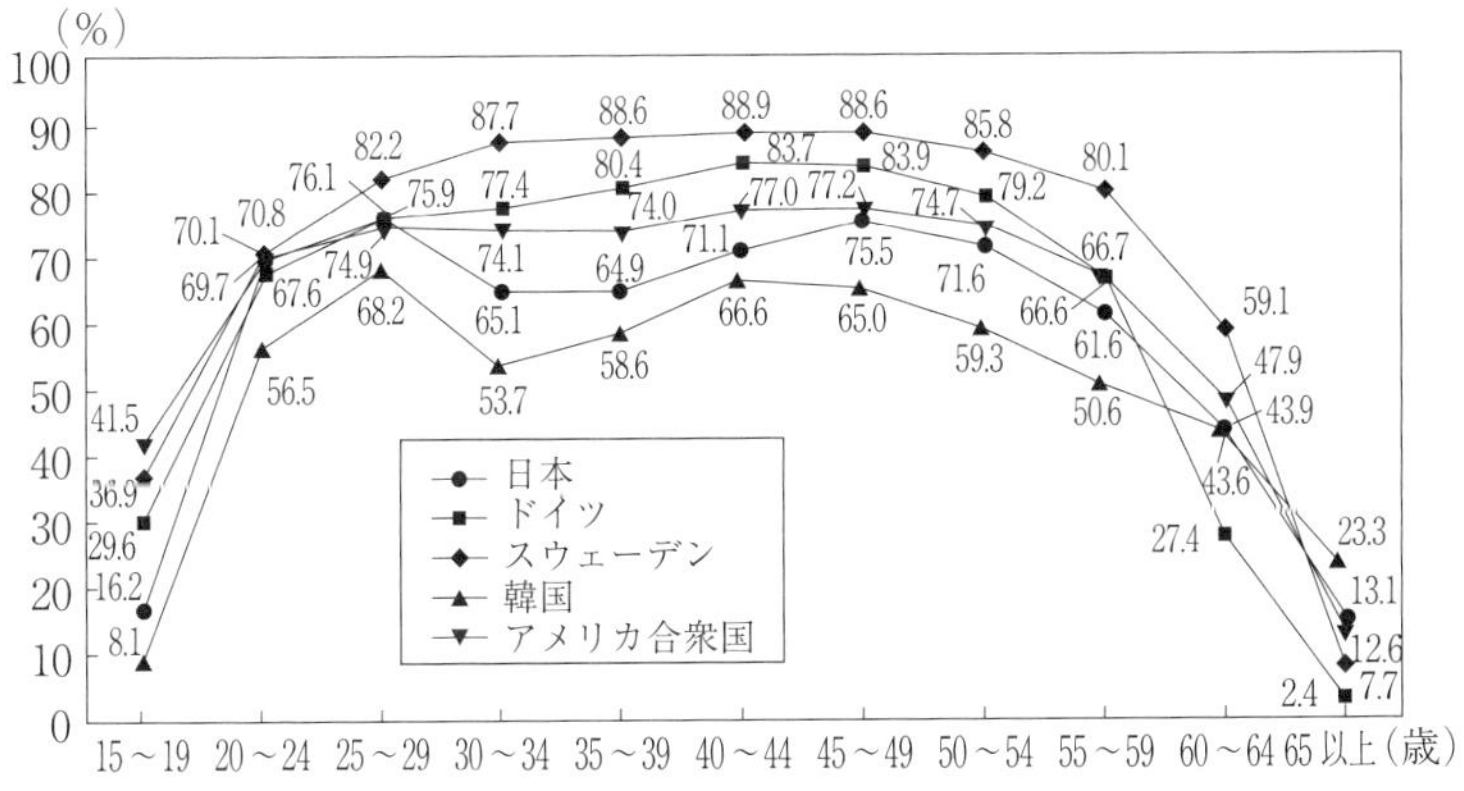

図７-12　女性の年齢階級別労働力率の国際比較

注１　「労働力率」…15歳以上人口に占める労働力人口（就業者＋完全失業者）の割合。

２　アメリカ合衆国の「15～19歳」は、16～19歳。

３　日本は総務省『労働力調査』（2008年）、その他の国はILO『LABORSTA』より作成。

４　日本以外は、各国とも2007年時点の数値。

（出所）内閣府『平成21年版男女共同参画白書』23ページ。

3　コース別雇用管理

以上みてきたような、男女間の大きな賃金格差の存在、女性のM字型就労などの特徴は、日本企業が女性に対して男性とは異なる昇格・昇給カーブを適用したり、女性労働者を結婚とともに退職においやる「結婚退職制」を制度化したり、あるいは一般職・総合職といったコース別の雇用管理を適用したりすることなどの要因が大きい。その結果、すでに、図7—5でみたように、日本の女性労働者は男性正社員とくらべて年功賃金カーブの恩恵を受けることが少ないのである。

以下、女性労働をめぐる政策と企業の対応を簡単に振り返ろう。日本では、入社と同時に女性に対して結婚退職の念書を書かせる「結婚退職制度」などの慣行が存在したが、一九六六年に住友セメント事件の高裁判決は、それらが雇用差別であるとの判決を下した。その後、一九七九年に国連女性差別撤廃条約に日本政府が批准し、その際、性差別禁止に関わる法律が存在しなかったことから、一九八五年に男女雇用機会均等法（以下、雇用機会均等法）が成立した。雇用機会均等法は、判例により性差別だとされた性別管理による定年制やＯＪＴを除いた教育訓練、解雇については禁止したものの、採用、昇進、配置における均等待遇は事業主の努力義務とされた。

日本企業は、こうした政策動向に対して、定型的職務に女性を集中させ、また特定の就業コースに誘導するという対応をとった。すなわち、女性労働者を、「お茶くみ」や「コピー取り」などの単純な定型的職務に従事させるとともに、昇進・昇格ルートが途中で切れてしまう「一般職」へといざなうことで、賃金上昇を抑えたのである。仮に、女性労働者が男性と同じ「総合職」に入ったとしても、それは少数の女性に限定されていた。こうして形式的には、雇用機会均等法に抵触することなく、事実上、男女間でキャリアルートを分けることで、日本企業は男女間の賃金格差を再編したのである。こうした一般職、総合職に代表されるキャリアルートの違いは、一般に「コース別雇用管理」とよばれる。

一九九七年に雇用機会均等法が改正され、採用、昇進を含むあらゆる場面での雇用管理上の差別が、努力義務から禁止事項へと強化された。また、二〇〇六年には雇用機会均等法が改正され、男女双方に対する差別の禁止や妊娠・出産等を理由とする解雇、その他不利益取扱いの禁止が定められた。それにもかかわらず、男女間の賃金格差は明確に存在している。それは、依然として日本企業が女性を一定年齢でやめることを想定して、そのバッファー（調整弁）としてパートタイムなどの非正規雇用を活用しているからである。

4 パートタイム労働と低賃金

女性が出産・育児を終え、ふたたび労働市場に参入する際の就労形態は、パートタイム労働（あるいは次にみるように近年では派遣労働）が選択されることが多い。総務省統計局の『労働力調査』によれば、一九八五年から一九九五年の一〇年間で、パートタイム労働者は、三六〇万人から五六三万人へと約一・六倍に増加した。また、一九九五年から二〇〇五年の一〇年間でも、五六三万人から七八〇万人へと約一・四倍増加している。景気拡大期である二〇〇二年から二〇〇七年の五年間をみても、パートタイム労働者は七一八万人から八二二万人へとおよそ一〇四万人増加している。二〇〇八年では、パートタイム労働者八二一万人のうち、九〇・〇％にあたる七三九万人が女性である。男性のパートタイム労働者も増加傾向にあるとはいえ、パート労働者のおよそ九割は女性である（図7―13）。

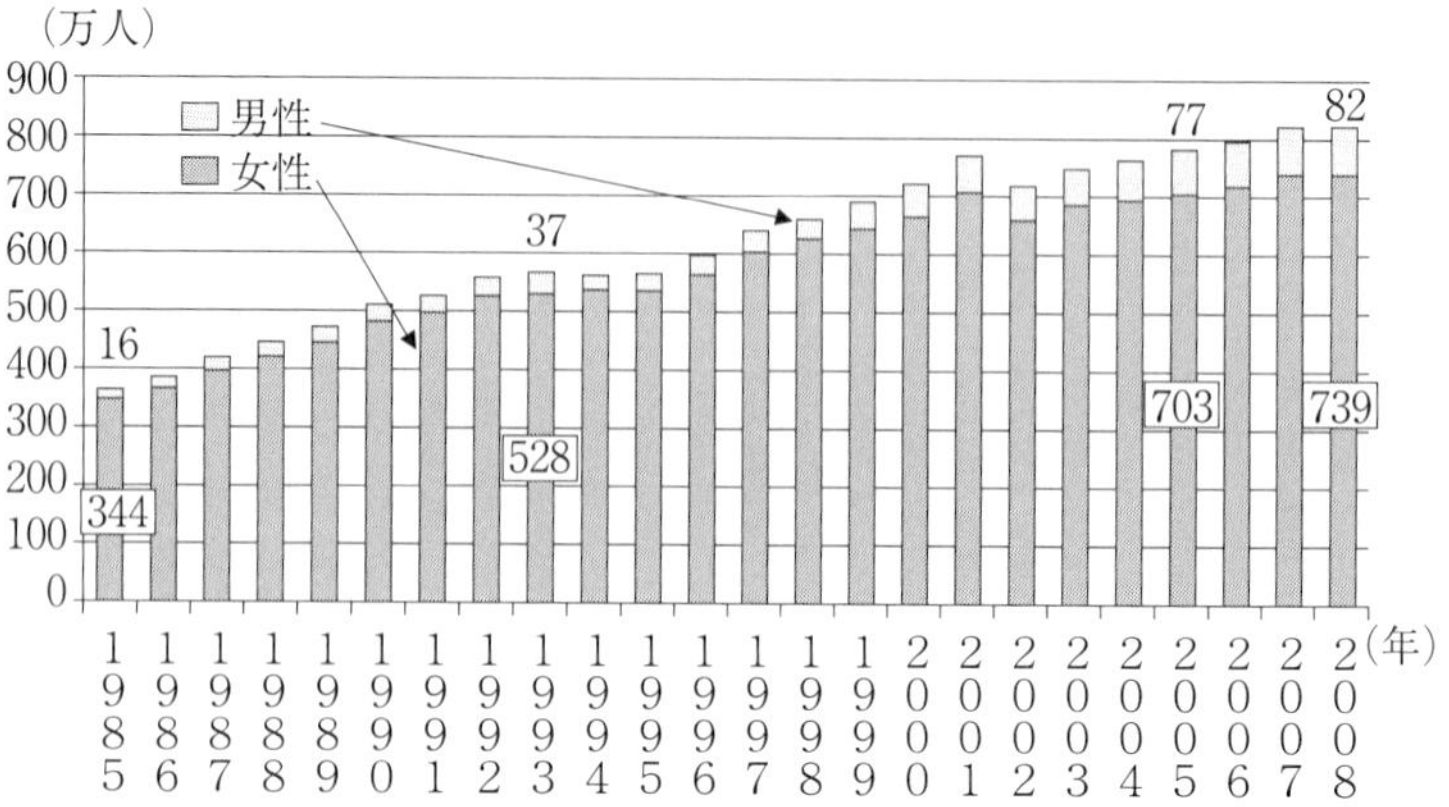

図7-13　パートタイム労働者の推移

注　1999～2001年は2月集計、2002～2008年は年平均のデータを利用。
(出所) 総務省統計局『労働力調査』長期時系列データ (基本集計) の表9より筆者作成。

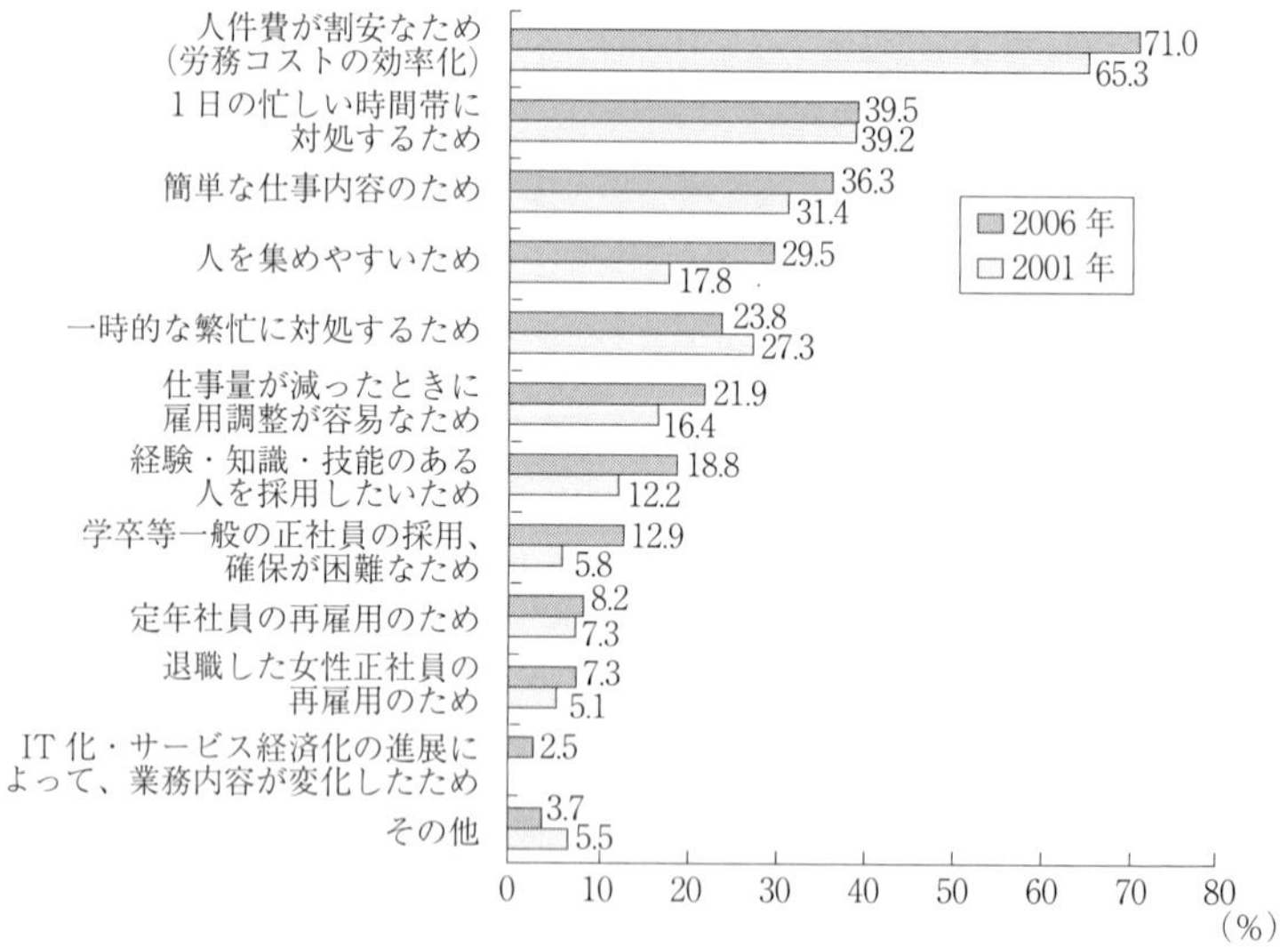

図7-14　パートの雇用理由別事業所の割合 (複数回答、2006年)

(出所) 厚生労働省『平成18年パートタイム労働者総合実態調査の概況』。

パートタイム労働者のなかには、正社員と同じくらい働く長時間パート（いわゆるフルタイム・パート）も全体の二割程度存在している。その一方、使用者がパート本人の意思に反して、就労時間を短縮し、社会保険の適用や、ボーナス・退職金の支給を免れる例も少なくない。同時に、パートタイム労働者のなかには、生活に必要な収入を得るために、二つ以上の仕事を掛けもちしている人もいる。

パートタイム労働は低賃金である。総務省統計局『労働力調査』によると二〇〇八年では、パートタイム労働者、八二一万人のうち、八九・四％（七三四万人）が年収二〇〇万円以下である。パートタイム労働者で年収二〇〇万円以下である人のうち、九二・一％（六七六万人）は女性である。パートタイム労働という働き方は、女性の低賃金労働と不可分に結びついている。

企業がパートタイム労働を利用する理由は何があるのだろうか。厚生労働省の『平成一八年パートタイム労働総合実態調査』によれば、もっとも多い理由が「人件費が割安なため」（七一・〇％）であり、二位の「一日の忙しい時間帯に対処するため」（三九・五％）以下を大きく引き離している（図7―14）。そのため、パートタイム労働者の時間あたり賃金は一般労働者の賃金の六割程度にとどまっている。[2]

二〇〇七年にパート労働法が改正された。①業務内容と責任、配置転換などが正社員と同じで、雇用期間の定めのない短期間パートについては差別的取り扱いが禁止され、②業務内容と責任が正社員と同じ短時間パートについては、正社員と同一の教育訓練を実施すること、および正社員と同一の方法で賃金を決定するよう努力すること、③上記①と②以外の一般の短時間パートについては、正社員との均衡を考慮して賃金を決定することなどが定められた。ただし、改正パート労働法では、正社員と同様に働くフルタイム・パートの存在は除外されている。日本のパート労働法の均等待遇の実行力は国際的にみても弱い。ヨーロッパでは、すでに一九九七年に母性保護、雇用の終了、年次有給休暇、病気休暇などについても正社員と同等の取り扱い（均等待遇）を求める「パートタイム労働指令」が成立している。パート労働者の低賃金を解決するためには、少なくともヨーロッパレベルの均等待遇政策が必要である。

注

（１）厚生労働省雇用均等・児童家庭局『男女間賃金格差レポート』二〇〇九年九月、五ページ。

（２）以上の記述は石畑良三郎・牧野富夫編著『よくわかる社会政策』ミネルヴァ書房、二〇〇九年、九〇―九一ページを参照。

Ⅳ　派遣労働、業務請負、契約労働と労働賃金

１　派遣労働と低賃金

派遣労働とは、「自己の雇用する労働者を、当該雇用関係の下に、かつ、他人の指揮命令を受けて、当該他人のために労働に従事させる」（労働者派遣法第２条）雇用形態を指す。派遣労働は、派遣労働者と雇用契約を結ぶ会社（派遣会社）と、実際に、派遣労働者の指揮命令を行う会社（ユーザー企業）とが別の主体であるため、「間接雇用」と呼ばれる。第二次世界大戦後は、派遣労働と実態として近い内容をもつ「労働者供給事業」は、職業安定法によって禁止されてきた。それは、民間の職業紹介所による職業紹介が、労働者の賃金の一部をピンハネしたり、中間搾取したりするという問題点を含んでいるためであり、また雇い主が果たすべき雇用主としての責任（労災保険、健康保険、作業管理上の責任など）が不明

確になる恐れがあったからである。

一九八五年に日本では、労働者供給事業の一部を労働者派遣事業として取り出し、許可・届出を行うことで合法化する労働者派遣法が成立した。労働者派遣法は、女性の事務・ファイリング作業などを想定して、雇用機会均等法の成立とセットで行われ、当初は専門業務に限定するポジティブリスト方式をとった。しかし、一九九〇年代中ごろ以降、日本では労働者派遣事業を拡大する政策が採られ、一九九九年には対象業務の原則自由化（ネガティブリスト化）、二〇〇三年には製造業への派遣の解禁措置が取られた。

労働者派遣法の規制緩和と連動して、派遣労働者数は増加傾向にある。一九九九年から二〇〇八年の九年間で、派遣労働者総数（「労働者派遣事業所の派遣社員」数）は、二八万人から一四〇万人へと五倍に増加した。同じ期間に、女性の派遣労働者数は二一万人から八五万人へと四・〇倍に、男性の派遣労働者数は七万人から五五万人へと七・九倍に増加している。二〇〇三年に製造業への派遣が解禁されて以降は、男性の派遣労働者が飛躍的に増加している。派遣労働はもともと事務処理など女性の仕事であったが、近年では自動車や電機メーカーなどが派遣労働を利用することが多くなった結果、男性の派遣労働者も増加しているのである。二〇〇八年秋のリーマンショックを契機とした製造業における派遣切りの影響で、[1]二〇〇九年（一〇―一二月）は二〇〇八年比で三八万人ほど派遣労働者が減少し、一〇二万人となっている（図7―15）。

派遣労働は、労働者が派遣会社と恒常的に契約を結ぶ「常用型」派遣と、仕事があるたびに、派遣会社と雇用契約を結ぶ「登録型」派遣がある。厚生労働省の調査では、派遣労働者の賃金の全国平均値は一日あたり、常用型で一万二九九七円、登録型で九五三四円である。時給に換算するとそれぞれ約一六二五

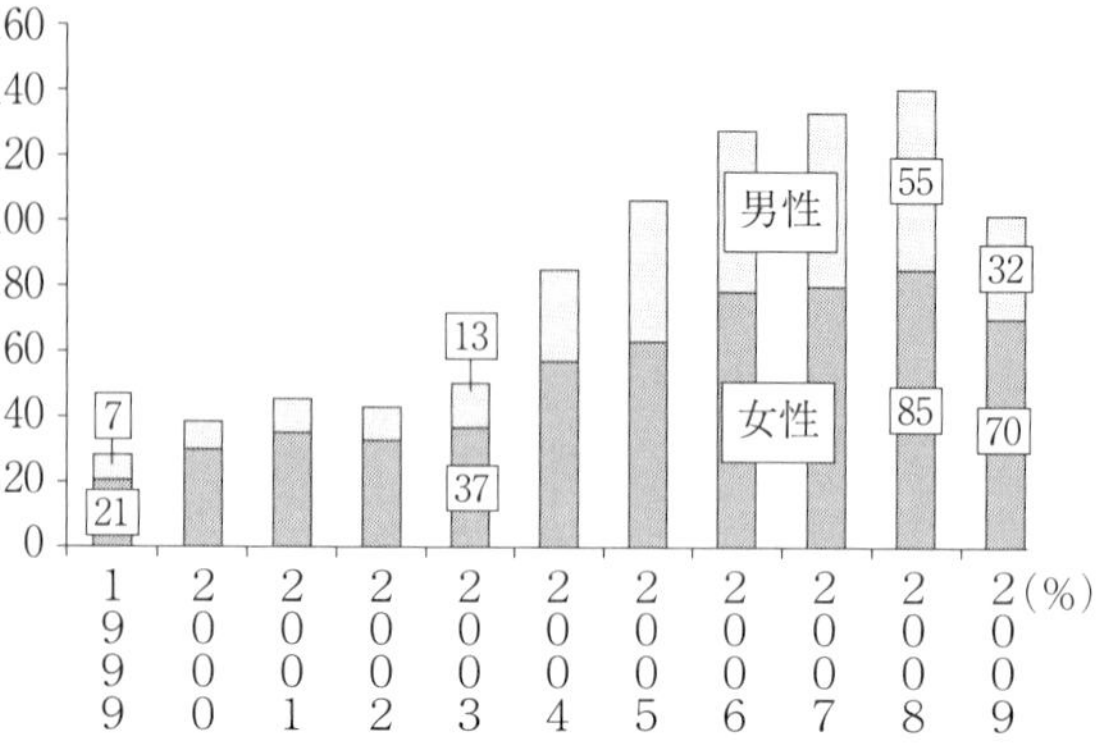

図7-15　派遣労働者数の推移（万人）

注　1999～2001年は8月集計、2002～2008年は年平均のデータを利用。
（出所）図7-13と同じ。ただし、2009年は10～12月平均値。

正社員の人件費 ＞ 派遣料金 ＞ 派遣労働者の賃金
派遣会社の競争 ＝値崩れ、労働ダンピング

図7-16　派遣労働者の賃金決定の構造

（出所）山垣真浩「労働－新自由主義改革の現状と問題点」櫻谷勝美・野崎哲哉編『新自由主義改革と日本経済』三重大学出版会、2008年、73ページの図をもとに筆者が加筆。

円、一一九二円である。[2] 調査と同じ年の年間平均労働時間は一六九〇時間であるから、[3] 時給に労働時間を掛けた値が派遣労働者の年収の目安となる。常用型派遣は年収二七四・六万円であるのに対し、登録型派遣が二〇一・五万円である。

総務省『労働力調査』によれば、二〇〇八年の派遣労働者に占める年収二〇〇万円以下の割合は四九・三％で、パートタイム労働よりも低い水準にある。しかし、派遣労働者の賃金には、交通費や国民健康保険、国民年金などの費用が含まれていることが多い。それゆえ、派遣労働者が自己負担する割合を除いた可処分所得で計算すると正社員との賃金格差はきわめて大きい。さらに、近年では、自らの収入で生計

を立てる生活自立型の派遣労働者も増大していることから、派遣労働がワーキングプア問題と密接に関連していることがわかる。

派遣労働者の賃金は、時間賃金的な要素がきわめて強く、同種の正社員とくらべて賃金が低く抑えられる仕組みを構造的にもっている。すなわち、ある企業が自ら労働者と直接雇用契約を結ぶのではなく、派遣会社に派遣労働者を依頼するとすれば、それは一定期間において正社員を雇って支払う賃金よりも派遣料金がよりやすくなるからである。同時に、派遣先企業から派遣会社に支払われる派遣料金の一部は、派遣会社が利潤として取得し、その残りが派遣労働者に賃金として支払われる。派遣会社自体も民間企業としてつねに顧客を奪い合うために競争をしている。ときには、派遣料金の安さを武器に派遣先への売込みをかけることもあるだろう。こうして、法的な規制がまったく存在しないとすれば、派遣労働者の賃金は正社員の賃金よりも恒常的に低くなる仕組みをもつ（図7―16）。

派遣労働者の低賃金を是正し、現在問題となっているワーキングプア問題を解決するためには、ヨーロッパでは一般的な、派遣先の同種の仕事を行う正社員との均等待遇を定めること、違法行為に対するみなし雇用を義務化すること、専門的業種などの業種規制を行うことなどの労働規制が必要不可欠である。[4]

2　請負労働と賃金

業務請負とは、アウトソーシングの一種で、業務を丸ごと他の企業に任せる方式である。より正確には、「請負業者（請負元）が工場や事業所等の注文主からある特定の仕事を請け負い、自社（請負業者）の労働者を自らの責任と自らの直接指揮命令のもと注文主の工場・事業所等で就労させ、その仕事を完成させる」ものを指す。[5] ようするに、発注主の作業場、あるいは工場のなかで、請負業者が作業工程の一部分を担い、請負労働者を指揮命令することで作業を完成させる形態が業務請負にほかならない。

業務請負あるいは請負労働と派遣労働とは一見すると似ている。その違いは、派遣先（請負先）が労働者を直接指揮命令できるか否かにある。すなわち、派遣労働では派遣先企業（ユーザー企業）は派遣労働者を直接指揮命令できるのに対し、請負労働（業務請負）ではそれができない。請負労働者の作業管理に直接責任をもつのは、請負企業である。

注文主が形式的には業務請負を装いながら、実質的には請負労働者を指揮命令することは、職業安定法で禁止されている労働者供給事業に該当する。二〇〇六年夏に『朝日新聞』の報道によって明るみになった大手の製造業による「偽装請負」は、派遣労働であれば課されるいくつかの規制（たとえば、派遣労働者の雇用契約期間の上限規制）を免れるための違法行為であった。

業務請負は高度成長期以降、構内下請労働として、建設業、鉄鋼・造船業などの装置産業、あるいは倉庫・出荷・梱包など周辺的な単純作業で拡大した。バブル崩壊後の今日では、製造業の量産組み立て産業（自動車、電機・電子機器産業）などで業務請負の活用が進んでいる。たとえば、厚生労働省の二〇〇四年の調査によれば、製造業の請負労働者の数は、八六・六万人であると見積もられている。

請負労働者の年齢は、その三分の二が三五歳未満である。請負労働者の大部分は、転職者から構成されており、新規学卒で請負労働者となったものは少ない。[6] 請負労働者の賃金は、時間賃金形式が圧倒的で、平均賃金は一〇〇〇円強、七割以上が一二〇〇円未満である。一日、一月、一年あたりの賃金は、それぞれ平均で九〇五五円、一九万九〇〇〇円、二六三万一〇〇〇円であり、製造業の生産労働者の平均月収とくらべてもかなり少ない。そして、これらの賃金は勤続年数を重ねるごとに上昇するわけでもない。さらには、正社員の場合には支給が一般的な「賞与・一時金」や「退職手当」も支給されないケースが多く、通勤手当についても実費相当を支給されているケースは三割にすぎない(7)。このように、請負労働者の賃金は低く、雇用の不安定性と低賃金の双方の特徴をもっている。

近年では、実際は企業に雇われているにも関わらず、名目上、独立した個人事業主（自営業者）に切り替えるケースが増えている。情報産業のシステムエンジニアの一部、バイク、自転車、トラックなど宅配便・運送業の労働者(8)、飲料水の販売員などがそれにあたる。自転車メッセンジャーの場合、個人請負では報酬は売り上げに応じた歩合制、雇用契約の場合は時給制（時給一〇〇〇～一五〇〇円前後）とされている(9)。また、アルバイトの若者を形式上、個人事業主にすることで残業代を支払わずにすまそうとする飲食店の業者も現れている。こうした形態で働く人は全国で五〇万人から七〇万人、あるいは二〇〇万人ともいわれているが、公式統計が存在しないため全体像は把握することがむずかしい(10)。これらのケースでは、労働者を個人事業主や個人請負に切り替えることで、賃金コストを安くしようとしている。しかし、実質的に雇用関係があるにもかかわらず、労働法の適用を免れるために個人事業主を利用することは違法である(11)。

3　契約労働と賃金

契約労働は、正社員と同じような仕事をしているが、雇用期間に定めのある雇用の人びとを指す。雇用契約の任期が一年だったり、三年だったりしてその上限に定めのある人びとは契約社員などとよばれる。

もともと、労働基準法では、「一定の事業の完了に必要な期間を定めるもののほかは、一年を超える期間については締結してはならない」として、期間に定めのない雇用が原則であること、契約労働は一定の条件を満たすものを除いては締結されてはならないことが定められてきた。しかし、一九九八年には労働基準法が改正され、高度の専門知識・技術・経験をもつ労働者や六〇歳以上の労働者に限って、契約労働が三年に延長された。また、二〇〇三年の労働基準法の改正では、原則として契約労働が一年から三年に延長されるとともに、九八年改正で対象とされた契約労働が三年から五年に延長された。

このような契約労働に関する規制緩和の影響で、多くの産業で契約社員が利用されている。厚生労働省の『平成一九年就業形態の多様化に関する総合実態調査結果』によれば、契約社員は教育、学習支援業（三〇・九％）、情報通信業（二九・三％）、金融・保険業（一八・九％）、医療、福祉（一四・二％）などの産業で多い。そして、企業は「専門的業務に対応するため」（四三・六％）、「即戦力・能力のある人材を確保するため」（三八・三％）、「賃金の節約のため」（二八・三％）等の理由で契約社員を雇用している。一方、労働者が契約社員を選んだ理由は「専門的な資格・技能を活かせるから」（三七・〇％）に次いで、「正社員として働ける会社がなかったから」（三一・五％）をあげている。さらに、契約社員に対し「正社員と比較した賃金」についての意識を聞くと、「低く納得できない」が三〇・三％でもっとも高く、「低いが納得できる」（一六・九％）を引き離している。

『平成一五年就業形態の多様化に関する総合実態調査』によれば、契約社員の賃金は一〇万～二〇万円未満が四五・三％でもっとも多く、二〇万～三〇万未満が二七・六％である。企業は人件費の削減のために正社員を絞り込み、雇用契約上定めのある契約社員に転換しているのである。

以上、第Ⅲ節の第4項、第Ⅳ節の第1―3項でみてきた、パートタイム労働、派遣労働、請負労働、契約労働は、非正規雇用である。非正規雇用は正規雇用とくらべて、賃金が低いだけでなく、雇用契約が短期間で短いため雇用が不安定である。一九八四年に、役員を除く雇用者に占める非正規雇用の割合は一五・三%だったが、一九九五年以降増加し、二〇〇〇年には二六・〇%、二〇〇八年は三四・一%にのぼっている。男女別でみると、女性の非正規雇用が役員を除く雇用者に占める割合は、一九八五年に三二・一%、一九九七年に四一・七%であり、二〇〇八年では五三・六%にのぼっている。男性では、一九九七年にはじめて一〇%を超え、二〇〇八年では一九・二%が非正規雇用である。女性の二人に一人、男性の五人に一人が非正規雇用である（図7―17）。

雇用形態別の年収二〇〇万円未満の数をみると、二〇〇八年では非正規雇用の七四・一%、正規雇用でも一二・四%が年収二〇〇万円未満である（図7―18）。年収二〇〇万円未満とは、夫婦二人と子ども一人の世帯では、都心部の生活保護基準に相当する。働いているにもかかわらず、生活保護基準以下の生活しか送れない。すなわち、ワーキングプア（就労・貧困世帯）の増大である。一九九〇年代半ば以降、日本企業は正規社員の割合を減少させ、非正規雇用を増やす一方で、経常利益を大幅に伸ばし、役員報酬、株主配当を増やしている（前掲図7―2）。今日のワーキングプアの増大は、一九九〇年代中ごろ以降の日本企業の雇用戦略と不可分に結びついている。それゆえ、ワーキングプア問題を解決するためには、日本企業の役員報酬、株主配当に厚い利益配分を見直すこと、その上で、常用雇用を基本原則とする雇用ルールを一般化しつつ、諸外国で一般的である同種の仕事を行う正規雇用と非正規雇用とのあいだの均等待遇政策を導入することが必要不可欠である。

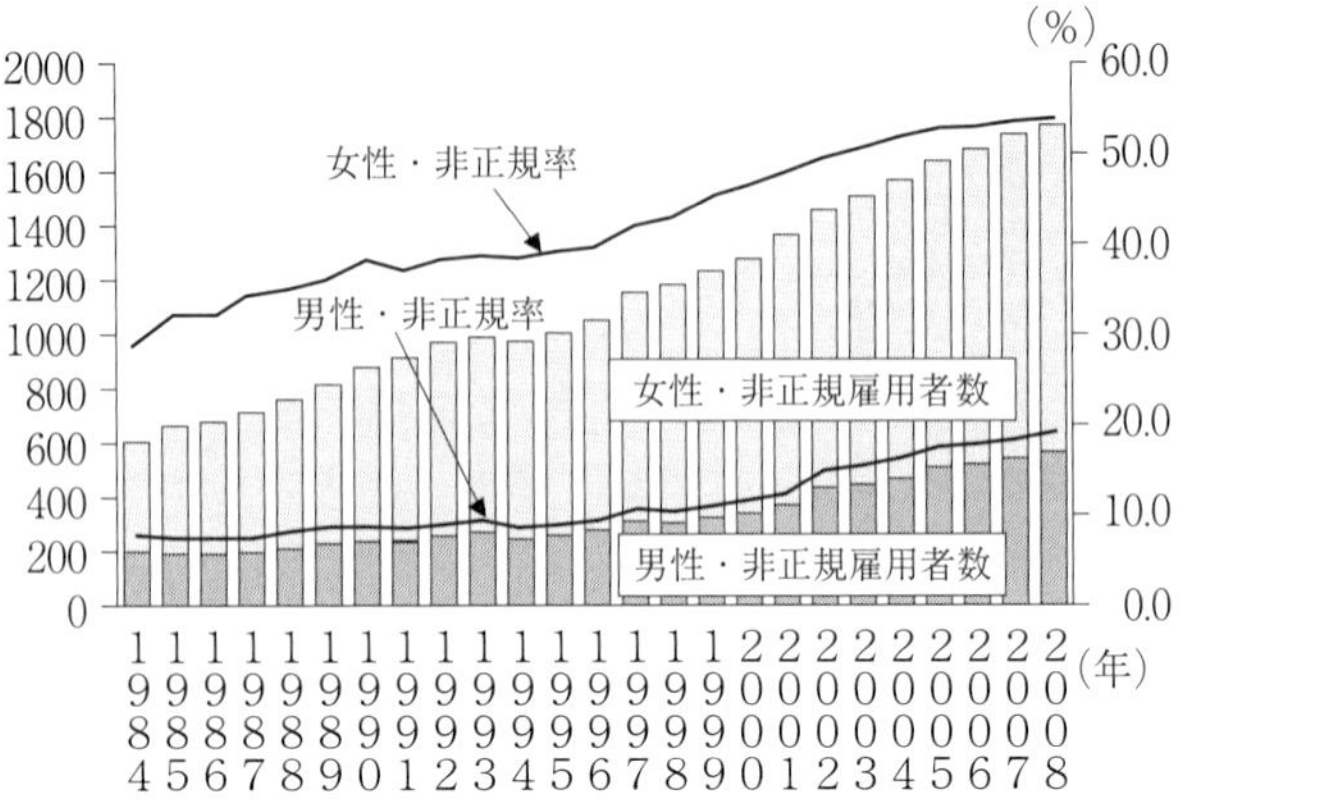

図7-17　男女別非正規雇用者の役員を除く雇用者に占める割合の推移

注　1999～2001年は2月集計、2002～2008年は年平均のデータを利用。
（出所）総務省統計局『労働力調査』長期時系列データ（基本集計）の表9より筆者作成。

	正規の職員・従業員	非正規の職員・従業員	パート・アルバイト	パート	アルバイト	労働者派遣事務所の派遣社員	契約社員・嘱託	その他
総数	3,399	1,760	1,152	821	331	140	320	148
100万円未満	92	714	608	410	198	22	35	49
100～199万円	328	591	410	324	86	47	100	34
200万未満計	420	1,305	1,018	734	284	69	135	83
総数に占める割合								
100万円未満	2.7%	40.6%	52.8%	49.9%	59.8%	15.7%	10.9%	33.1%
100～199万円	9.6%	33.6%	35.6%	39.5%	26.0%	33.6%	31.3%	23.0%
200万未満計	12.4%	74.1%	88.4%	89.4%	85.8%	49.3%	42.2%	56.1%

図7-18　雇用形態別年収200万円未満の労働者数（2008年、男女）
（出所）総務省統計局『労働力調査年報』2009年より筆者作成。

注

（1）派遣切りに大きな影響を与えたのはトヨタ自動車の業績である。トヨタ自動車は、二〇〇八年一一月に二〇〇九年三月期の営業利益の予想を従来より一兆円下げ、六〇〇〇億円になると発表した。同時に、一一月時点で六〇〇〇人雇用している期間従業員を二〇〇九年三月までに三〇〇〇人に半減すると発表した（『日本経済新聞』二〇〇八年一一月七日付）。

（2）厚生労働省『平成一九年　労働者派遣事業の事業集計報告』。なお、NPO派遣労働ネットワークの調査では、一九九四年に一七〇四円だった時給は一貫して低下し、二〇〇八年では全国平均で一二八八円、首都圏で一五〇九円と厚生労働省の調査より低い水準となっている。

（3）厚生労働省『平成一九年毎月勤労統計調査』全国平均労働時間（所定内）の数字。

（4）非正規労働者の保護政策の有効性については、永田瞬「非正規労働と労働者保護—均等待遇政策の検討」経済理論学会編『季刊経済理論』第四六巻第二号、二〇〇九年七月を参照。

（5）白井邦彦「業務請負と労働問題」法政大学大原社会問題研究所編『日本労働年鑑第七七集』二〇〇七年、旬報社、四一—四二ページ。

（6）白井前掲論文、五三ページ。

（7）白井前掲論文、五五—五六ページ。

（8）バイク便ライダーの労働現場を参与観察した阿部真大氏は、「請負契約のもとで働く運送業従事者の多くは、被雇用者のいない自営業主（いわゆる『ひとり親方』）であるが、その数は、全体的な自営業主の減少傾向に反して増えつづけている」（阿部真大『搾取される若者たち——バイク便ライダーはみた！』集英社新書、二〇〇六年、二二ページ）として、その数を二〇〇二年時点で一九万三〇〇〇人と見積もっている。

（9）神野賢二「自転車メッセンジャーの労働と文化」中西新太郎・高山智樹編『ノンエリート青年の社会空間』大月書店、二〇〇九年、一一三ページ。

（10）風間直樹『雇用融解』東洋経済新報社、二〇〇七年、一七六ページ。

（11）　石畑良三郎・牧野富夫編著『よくわかる社会政策』ミネルヴァ書房、二〇〇九年、九四―九五ページ。

V　労働賃金の国際比較

製造業の労働賃金を各国で比較すると、二〇〇五年の時間あたり賃金は、日本が二三〇二円、アメリカが二一・六ドル、イギリスが一三・七ポンド、ドイツが二四・〇ユーロ、フランスが二〇・一ユーロである。これを各国の為替レートで換算し、日本を一〇〇とした場合の水準をみたものが、図7―19である。これによると、日本が一〇〇であるのに対し、アメリカが一〇三、イギリスが一二〇、ドイツが一四三、フランスが一二〇となる。イギリスの賃金は日本より二〇％高く、ドイツに至っては四三％も高い。

次に、OECDの消費購買力平価を下に、消費者物価上昇率で推計すると、日本の賃金はもう少し安くなる。日本を一〇〇とするとアメリカが一二二、イギリスが一一九、ドイツが一五二、フランスが一二三である。日本とくらべて、アメリカでさえも賃金が二二％高く、ドイツは五三％、フランスは二三％高い。日本の賃金水準は先進国のなかでは最低レベルである。

最後に、日本の賃金水準をアジア諸国、南米諸国などと比較したのが図7―20である。グローバリゼーションが進展するなかで、一九九〇年代半ば以降、各国の企業は生産拠点をより賃金の安い国へと移転しつつある。

一九九五年では、日本を一〇〇としたときの賃金水準（時間あたり労働費用）は、中国（香港）が二〇・四、台湾が二五・五、韓国が三〇・七、シンガポールが三二・八、メキシコが七・三である。中国の大都市の香港であっても日本の賃金の二〇・四％にすぎず、メキシコに至っては一〇分の一以下の七・三％の水準である。しかし、二〇〇六年では日本を一〇〇としたときに、中国二八・二、台湾三一・八、韓国七二・九、シンガポール四二・四、メキシコ一四・一であり、賃金格差が縮小している。韓国や中国の目覚ましい

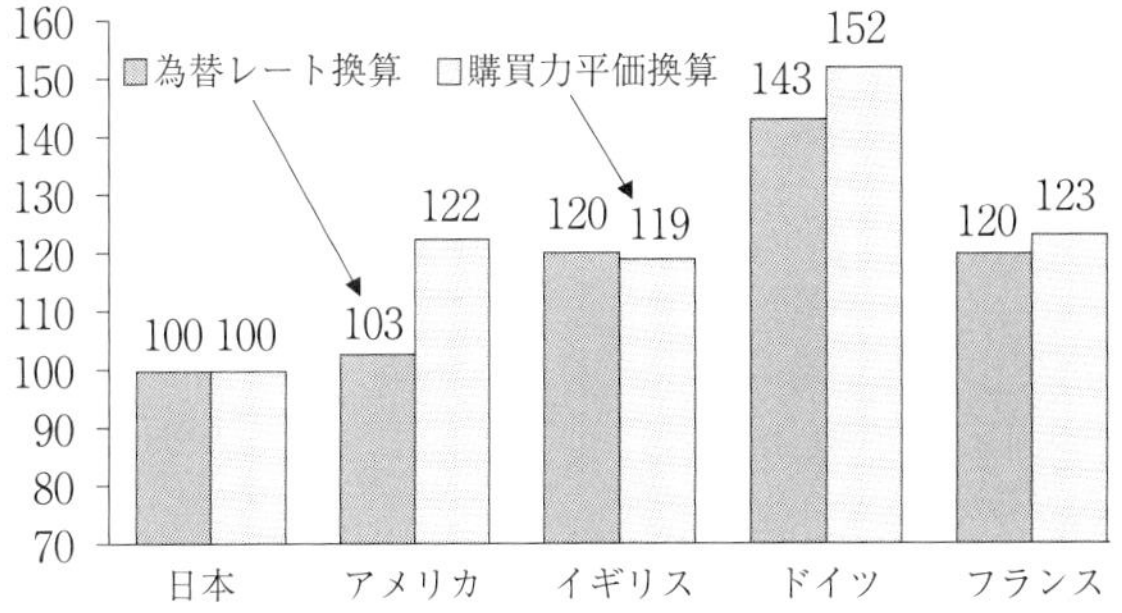

図７-19　製造業時間あたり賃金の国際比較（為替ルート換算、購買力平価換算、2005年）

注　為替レート換算、購買力平価換算、それぞれ日本を100としたときの賃金水準。

（出所）労働政策研究・研修機構編『データブック国際労働比較2009』表５-１より筆者作成。

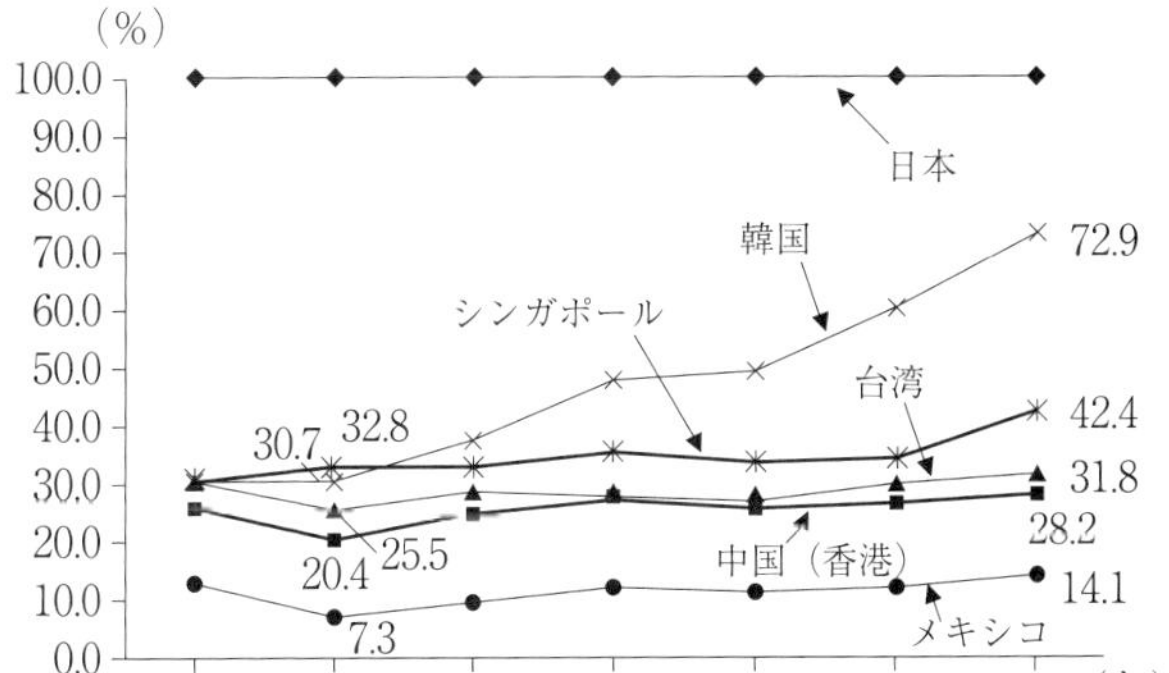

図７-20　製造業生産労働者の時間あたり労働費用の国際比較

注　日本を100としたときの水準。

（出所）労働政策研究・研修機構編『データブック国際労働比較2009』表５-９より筆者作成。

経済発展が賃金格差を縮小したひとつの理由として考えられるが、最大の要因は日本企業が正社員ではなく、非正社員を活用することで賃金コストを大幅に削減した点にある。

（永田　瞬）

第5編　蓄　積　論

第8章　資本蓄積と失業・貧困

Ⅰ　単純再生産

第5章と第6章では、剰余価値の生産を説明した。第7章では、その剰余価値生産の説明に必要な労働力の価値または価格を、世のなかにあるがままの労働賃金に転化した。本章では、この剰余価値の生産と労働賃金を前提にして、資本蓄積が労働者階級の運命に及ぼす影響、すなわち失業と貧困を説く。

どんな社会でも、生産過程は、たった一回きりではなく、継続的である。社会は消費をやめることはできないので、生産をやめることはできない。だから、生産過程は同時に再生産過程である。この再生産過程は、資本家が剰余価値をすべて収入として消費し、蓄積しないと仮定すれば、単純再生産である。単純再生産は、同じ規模での生産過程の単なる繰り返しである。しかし、この単純再生産を考察するだけで、次のような新しい特徴が明らかになる。

(1)　**消費された生産手段の現物補填**　再生産過程を継続するためには、一年間に消費された生産手段、つまり労働手段、原材料、補助材料を年々の生産物量から現物で補填する。

(2)　資本の再生産　資本主義的な再生産においては、再生産に前貸しされた資本を再生産しなければならない。

(3)　可変資本の再生産　生産過程の初めに資本家は労働力を一定期間（一週間、一カ月）購買し、その一定期間の終了後に、絶えずこの購買を更新する。しかし、労働者の賃金はいつも後払いである。だから、労働者は、自分がすでに生産した労働生産物のなかから可変資本部分を労働賃金として支払われるだけである。それゆえ、可変資本は、資本家が自分の資本から前貸しした貨幣ではない。しかし、資本主義的生産過程の最初の歴史的開始時には、資本家は、他人の不払労働によらない本源的蓄積によって貨幣所有者となって、労働力の買い手として市場に乗り込んできた。本源的蓄積においては、産業資本は、高利資本や商業資本家によって中世以来溜め込まれた貨幣財産を一挙に資本に転化した結果、生まれた(1)。

(4)　剰余価値による総資本の入れ替え　総資本が一〇〇〇ポンドで、年々生産される剰余価値を二〇〇ポンドとすれば、五年たつと、剰余価値は一〇〇〇ポンドになり、総資本に等しい。そこで、発想を転換して、この五年間に資本家は自分の総資本を消費し、剰余価値を資本に変えている、と考えてもいい。だから、蓄積を無視しても、生産過程の単なる継続である単純再生産は、一定期間後に、どの資本をも蓄積された資本、または資本化された剰余価値に必ず転化させるのである。資本は、資本が生産過程に入ったときには、たとえその資本の使用者である資本家が個人的に働いて得た財産であったとしても、遅かれ早かれ、資本は等価なしに取得された価値、他人の不払労働の体化物に変質してしまうのである。

(5)　賃金労働者の再生産　第4章「貨幣の資本への転化」ですでにみたように、その転化のためには、商品生産と商品流通という歴史的な前提以外に、一方の側には価値または貨幣の所有者（資本家）、他方の側には価値を創造する実体（労働力）の所有者（賃金労働者）が、言い換えれば、一方の側には生産手段と生活手段の所有者、他方の側には単に労働力だけの所有者が、互いに買い手と売り手として相対《あいたい》しなければならなかった。だから、労働生産物と労働との分離、客体的な労働諸条件と労働力との分離が、資本主義的生産過程の事実として与えられた基礎であり、出発点であった。この分離を行い、資本主義的生産過程の基礎、出発点となるのが、本源的蓄積である。この最初の出発点は、単純再生産によって資本主義的生産特有の成果として絶えず新しく生産され、永久化される。労働者は絶えず客体的な富を資本として、すなわち労働者にとっては外的な、労働者を支配し、搾取する力として再生産し、他方、資本家もまた絶えず労働者を賃金労働者として再生産する。このような労働者の絶えざる再生産は、資本主義的生産の不可欠の条件である。

労働力と引き換えに渡される資本（可変資本）は、労働者によって生活手段に転化されるが、この生活手段の消費は、労働者の筋肉、神経、骨、頭脳を再生産し、労働者を再生産する。労働者階級の絶えざる再生産は、資本の再生産のための絶えざる条件である。労働者階級は資本の付属物である。労働者階級の再生産は、世代から世代への技能の伝達と集積を含んでいる。

資本主義的再生産過程は、労働力と労働条件との分離を再生産し、労働者を搾取する条件を再生産し、永久化する。再生産過程は、労働者には生きるために労働力を売ることを強制し、資本家には金もうけのために労働力を買うことを可能にする。資本主義的再生産過程は、商品だけを再生産し、剰余価値だけを再生産するのではなく、資本関係そのものを再生産する。すなわち一方には資本家を再生産し、他方には賃金労働者を再生産する。

注

（1）松石勝彦『資本論と産業革命』青木書店、二〇〇七年、第5章第Ⅶ節の本源的蓄積を参照のこと。そこでは、大塚久雄氏の主張される中産的生産者層の両極分解は、かたつむりの歩みにすぎず、「資本の前史」（ＫⅠ七九〇ページ）である本源的蓄積のときの産業資本の創生を説明できないことを明らかにした。また、『資本論』第Ⅰ部第24章第六節「産業資本家の創生記」では、「高利と商業によって形成された貨幣資本」の「産業資本への転化」（ＫⅠ七七八ページ）が説かれていると論じた。

Ⅱ　剰余価値の資本への転化

1　剰余価値の資本への転化＝資本蓄積＝拡大再生産

以上第Ⅰ節では、剰余価値はすべて資本家の収入として消費されてしまうと想定した。しかし、剰余価値は一部が資本として使用される。わかりやすくするために、本項では、剰余価値がすべて資本に転化すると想定しよう。先に第4―6章では、どのようにして資本から剰余価値が生じるかをみたが、ここでは、どのようにして剰余価値から資本が生じるかをみる。剰余価値の資本への再転化は資本の蓄積である。

ある紡績資本家が一万ポンドの資本を前貸しし、そのうち五分の四を綿花と機械などに前貸しし、五分の一を労働賃金に前貸しするとすれば、図8―1の⑴のようになる。

いま、剰余価値率を一〇〇％とすれば、最初の資本一万ポンドの年生産は、⑵になる。この年生産の年生産物を糸二四万重量ポンドとすれば、剰余価値は、年生産物二四万重量ポンドの糸のうち、その六分の

(1)	最初の１万ポンドの資本＝8,000ｃ＋2,000ｖ
(2)	最初の資本１万ポンドの年生産＝8,000ｃ＋2,000ｖ＋2,000m＝12,000ポンド
(3)	第１の追加資本2,000ポンドの年生産＝1,600ｃ＋400ｖ＋400m＝2,400ポンド
(4)	第２の追加資本400ポンドの年生産＝320ｃ＋80ｖ＋80m＝480ポンド

図８－１　剰余価値の資本への転化の例解

一の四万重量ポンドの糸である剰余生産物または純生産物にあることがわかる。この年生産物の販売によって、(2)の剰余価値二〇〇〇ポンドも実現される。

次に、この二〇〇〇ポンドの剰余価値を資本に転化しよう。(1)と同様に(3)でも、紡績資本家は、第一の追加資本二〇〇〇ポンドのうち五分の四の一六〇〇ポンドを綿花と機械などの購入に前貸しし、五分の一の四〇〇ポンドを紡績労働者の購入に前貸しする。スミスやリカードは、剰余価値の資本化または蓄積を、すべて追加可変資本(mc)または追加労働力への転化としたが、誤りである。

二〇〇〇ポンドの第一の追加新資本は、紡績工場で機能し、(3)のように、また新しく四〇〇ポンドの剰余価値を生み出す。

このように、貨幣の資本への転化は、拡大された規模での再生産となる。(2)プラス(3)は、拡大再生産である。

しかし、(3)が成立するためには、一六〇〇ｃのための追加的生産手段(綿花と機械など)と、四〇〇ｖのための追加的生活手段(労働者の衣食住)が市場になくてはならない。この追加的生産手段と追加的生活手段は、他のいろいろな資本が自分の剰余生産物の形で市場に供給している。たとえば、機械メーカーは、一年間に消費した自分の機械の補填用の機械[1]や、可変資本部分の現物である生活資料と交換するための機械を生産するだけでなく、また剰余価値に相当する剰余生産物である追加的機械をも生産している。生活手段の生産も同様である。社会的総資本はいろいろな資本が必要とする物を互いに供給しあっているのである。

さらには、追加的労働力が必要である。資本主義的生産の機構がその供給を保障する。労働者の普通の労働賃金は、第4章でみたように、労働者自身の生活を維持するだけでなく、繁殖を十分に補償する。つまり、賃金は、妻子の扶養を含む生活費である。

こうして、剰余価値の資本への転化は完了する。蓄積は累進的規模での資本の再生産であり、前節でみた単純再生産の循環は、シスモンディのいう「らせん（スパイラル, spirale）」[2]に変化する。

2　商品生産の所有法則の資本主義的取得法則への転換

(1)式の最初の資本一万ポンドの所有者は、その資本をどこから手に入れたのか？　所有者自身の労働と彼の祖先の労働とによってである。これが経済学の代弁者たちの答えである。いままでは、商品生産の諸法則、商品流通の諸法則に従って、商品所有者は自分の商品を自分の労働によって所有していると想定してきた。つまり、自己労働に基づく所有を想定してきた。それで、右の答えでいいようにみえる。しかし、この答えは霧がかかっている。真相は本源的蓄積論で暴露《ばくろ》される。

しかし、追加資本については、透明である。以上みたように、(1)式の一万ポンドの「最初の資本（英 original capital, 独 Das ursprüngliches Kapital oder Originalkapital）」は、(2)式のように、二〇〇〇ポンドの剰余価値を生み、それが資本化されて、二〇〇〇ポンドの追加資本第一号になる。この追加資本第一号二〇〇〇ポンドは、(3)式のように、四〇〇ポンドの剰余価値を生む。これが再び資本化され、第二の追加資本四〇〇ポンドとなり、(4)式のように、八〇ポンドの新しい剰余価値を生む。以下同様にして、えんえんとつづく。

このように、第一の追加資本二〇〇〇ポンド、第二の追加資本四〇〇ポンド、第三の追加資本八〇ポンド……等々の追加資本は、その一つ前の剰余価値の資本化である。労働者階級は、彼らの今年の剰余価値によって、次の年の資本をつくりだしたのである。資本が資本を生み出すのである。スミスは『国富論』第1編第9章の利潤論の第11パラグラフにおいて、「金《かね》は金《かね》を生む（money makes money）」ということわざを引いているが、この金《かね》は資本の意味であり、資本が資本を生むのである。

(2)式のように、原資本一万ポンドの一部分である可変資本二〇〇〇ポンドによって、労働力の購買をなし、この労働力を使用して、剰余価値二〇〇〇ポンドを生み出し、この剰余価値が資本化して、(3)式の追加資本第1号二〇〇〇となった。この労働力の購買は、商品交換の諸法則に従っている。つまり、資本家は自分の労働によって獲得したとされる貨幣（可変資本）を所有し、その貨幣で労働力を購買する。他方、労働者は自分の商品である労働力を所有し、それを資本家に一日、一週間というような時間決めで販売する。労働力は価値どおりに売買される。法律的には、この労働力の売買は、労働者の側では自分の労働能力の処分権の行使であり、貨幣または商品の所有者（資本家）の側では自分に所属する価値の処分権の行使である。

この商品交換の諸法則に従って、すでに第1―4章でみてきたように、商品生産と商品流通が行われている。商品生産と商品流通は、資本主義的生産と資本主義的商品流通の一つの抽象であり、基本エレメントである。単純商品生産と単純流通と呼ばれているものである。だから、商品生産と商品流通に基づく取得の法則または私的所有の法則が成立している。商品所有者は、商品生産において、それぞれ自分の労働によって商品を取得し、私的所有している。商品所有者は、商品流通において、自分の労働によって取得し、私的所有している商品を、同じく他人が彼の労働によって取得し所有する他人の商品と等価交換して、他人の商品を取得し、所有する。以上が、商品生産と商品流通とに基づく取得の法則または所有の法則である。

しかし、これまで述べてきたように、(3)式の二〇〇〇ポンドの追加資本第1号は、決して商品所有者が商品生産において自分の労働で取得し、所有する貨幣（生産手段と生活手段）ではない。この追加資本第1号二〇〇〇ポンドは、一つ前の年の商品生産(2)において労働者が生産した剰余価値二〇〇〇ポンドを資本化したものである。だから、右で述べた商品生産と商品流通に基づく取得の法則または所有の法則は、剰余価値の資本化によって、本項の題名である「資本主義的取得法則」（KⅠ六一三ページ）に変身するのである。

一般化すれば、次のようになる。

「商品生産と商品流通に基づく取得の法則と所有の法則は、それ独自の内的な不可避的な弁証法によって、その直接の対立物に転換する。」（KⅠ六〇九ページ）

この一文において、最初の「商品生産と商品流通に基づく取得の法則と所有の法則」は、すでに右で説明ずみである。最後の「その直接の対立物」とは、「商品生産と商品流通に基づく取得の法則と所有の法則」と対立する資本主義的な取得法則である。真ん中の「それ独自の内的な不可避的な弁証法」とは、最初の「商品生産と商品流通に基づく取得の法則と所有の法則」を基礎・前提にして、初めて剰余価値生産が成立し、次いで剰余価値の資本への転化が成立するのであるから、最初の「商品生産と商品流通に基づく取得の法則と所有の法則」が「それ独自の内的な不可避的な弁証法によって、その直接の対立物」、すなわち資本主義的な取得法則に転換する、ということになる。弁証法というのは、「商品生産と商品流通に基づく取得の法則と所有の法則」→剰余価値の生産→剰余価値の資本への転化→資本主義的な取得法則というように、発生史、転化として、資本主義的取得法則が生成するからである。弁証法は、もともと、物事が流転《るてん》し変化する、発展する、という考え方である。

第一に、(3)式の追加資本第1号二〇〇〇ポンドをみれば、簡単にわかるように、この追加資本第1号のうち労働力と交換される可変資本部分四〇〇ポンドは、取得された他人の労働生産物の一部分である。追加資本第1号の二〇〇〇ポンド全体が、労働者が生産した剰余価値であるから、二〇〇〇ポンドのうちの可変資本四〇〇ポンドもまた、他人である労働者がつくった労働生産物の一部、剰余生産物である。

第二に、この可変資本部分四〇〇ポンドは、(3)式からわかるように、労働者によって単に四〇〇ポンドとして補填されるだけでなく、新しい剰余価値四〇〇ポンドをともなって補填されなければならない。つまり、四〇〇v＋四〇〇m＝八〇〇ポンドとなって補填されなければならないのである。

だから、資本家と労働者との間の等価交換関係は、単に商品流通あるいは流通過程に属する外観、単なる形式にすぎない。内容そのものとは無縁な、内容を神秘化する形式である。労働力の絶えざる売買は形式である。内容は、右で述べた「第一に」と「第二に」である。すなわち、資本家が、いつも等価を支払わないで、労働者がつくった剰余価値二〇〇〇ポンドを取得し、このうち四〇〇ポンドを労働力と交換し、さらに新しい剰余価値四〇〇ポンドを生産させる、ということである。所有は、資本家の側では、他人の不払労働を取得する権利として現われ、労働者の側では自分自身の生産物を取得することの不可能として現れる。商品生産や商品流通では、所有は自分の労働に基づくものとして現れたが、いまや、所有と労働とが分離しているのである。この所有と労働との分離は、外見上は商品生産における両者の同一性から生じた一法則の必然的結果である。

以上が、資本主義的な取得の法則である。資本主義的な取得の法則は、商品生産の本来の諸法則と矛盾するようにみえるが、これらの法則の侵害から生じるのではなく、むしろ逆にこれらの法則の適用から生じるのである。これが「それ独自の内的な不可避的な弁証法」であり、これによって「商品生産と商品流通に基づく取得の法則または私的所有の法則」は「資本主義的な取得法則」に変身するのである。変身は、元の身を変え、新しい身になるが、元の身がなければ、不可能である。

第4章でみたように、ある価値の資本への最初の転化は、交換の諸法則に沿っている。一方の契約者（労働者）が、自分の労働力を売り、他方の契約者（資本家）がそれを買う。商品生産では、売り手と買い手とが互いに独立して相対《あいたい》するのである。しかし、労働力が商品化すると、商品生産は一般化されて、典型的な生産形態、つまり資本主義的生産となる。商品生産が、それ自身の内的諸法則に従って、資本主義的生産に成長していくのと同じ程度に、商品生産の所有法則は資本主義的取得の法則に転換する。(3)

3　剰余価値の資本と収入とへの分割

以上、第I節では、資本家が剰余価値を全部消費してしまうとし、第II節では剰余価値をすべて蓄積するとして考察した。しかし、剰余価値 m は、資本家によって収入として消費される部分 mk と資本として蓄積される部分 ma とに分割される。つまり、剰余価値は収入と資本とに分割される。さらには、前述の(1)～

(4)式からわかるように、この剰余価値の資本への転化部分maは、追加的不変資本mcと追加的可変資本mvに分割される。

m = mk + ma = mk + mc + mv　………（ⅰ）

（ⅰ）式において、資本家が自分の収入として消費する部分mkを節欲して、蓄積部分maに回せば、それだけ蓄積部分maが大きくなり、資本家はよりもうかる。資本家は、資本を人格化したものである。資本家は「人格された資本」「資本の人格化」（KⅠ六一八ページ）である。だから、価値増殖が資本家の推進的動機であり、彼の使命である。資本家は価値増殖の狂信者である。資本家は労働者を強制して、生産のための生産をやらせる。この生産のための生産は、社会的生産力を大いに発展させて、各個人の完全な自由な発展を基本原理とするより高度な社会形態の現実的土台、つまり物質的生産諸条件の創造となる。資本は、他資本と食うか食われるかの競争を展開し、規模の経済によるコストダウンを目指して生産の規模を大きくし、投資を増やす。競争は、個々の資本家に対して、この資本主義的生産様式の内在的法則を外的な強制法則としてプッシュする。競争は、資本家に資本の拡大を強制して、累進的蓄積を迫る。資本家消費mkの節欲による蓄積maは、必至である。

蓄積せよ、蓄積せよ！　節欲せよ、節欲せよ、剰余価値のうち、できるだけ大きな部分を資本に再転化せよ！　蓄積のための蓄積、生産のための生産！　これが資本家の使命である。

ナッソー・W・シーニアは、「私は生産用具として考えられる資本という言葉に代えて、節欲という言葉をもってする」と述べ、資本を節欲とする。そして、この節欲が資本の利潤や利子の源泉である、とする。いわゆる節欲説である。

4　蓄積の規模を規定する四つの事情

剰余価値が蓄積と収入とに分割される比率〔前節の（i）式ではmaとmkの比率〕を与えられた前提とすれば、蓄積される資本の大きさは、明らかに剰余価値の絶対的大きさによって決まる。剰余価値の八割が蓄積され、二割が資本家消費であるとすれば、総剰余価値が二〇〇〇ポンドなのか、一〇〇〇ポンドなのかで、蓄積される資本は、一六〇〇ポンドか、八〇〇ポンドとなろう。だから、剰余価値の総量を規定する次の四つの事情が重要である。

(1)　労働力の搾取度の増大　労働力の搾取度、または、同じことであるが、剰余価値率が増大すれば、当然、剰余価値総額が増大する。剰余価値総額が増大すれば、maとmkの比率を同じとすれば、蓄積maは増大する。たとえば、資本家は前からいる一〇〇人の労働者を、八時間ではなく、一〇時間労働させる場合は、既存の労働手段で間に合い、労働手段に対応する不変資本部分を増やすことなくして、追加労働は、確実に剰余価値を増大させ、蓄積maを増大させる。

鉱山業では、不変資本の増加なくして、追加労働が同じく剰余価値を増大させ、蓄積maを増大させる。工業では、従来の労働者数による労働量の増大は、原料の追加支出を必要とするが、労働手段は必ずしも追加支出が必要ではない。

一般的結論は次のとおりである。資本は資本自身の生産手段の限界を超えて、自分の蓄積の要素である労働力を拡大し、剰余価値の増大、蓄積の増大をもたらす。

(2)　労働の生産力の上昇　労働の生産力の上昇とともに、商品が安くなるから、一定の価値や一定の剰余価値を表す生産物の総量が増大する。

だから、第一に、一定の剰余価値のうち資本家の消費mkが表す生産物量も増大する。そこで、資本家の消費量が、以前と同じか、あるいは、それより少し多めであっても、価値でみた資本家の消費mkは減少することになり、その分、蓄積maが増大する。(4) この場合は、mkとmaの比率が変わるのである。

第二に、労働の生産性の上昇は、生活必需品の価格を安くして、労働者を安くし、したがって剰余価値率を上昇させる。その結果、剰余価値の総量mが増え、蓄積maが増える。実質賃金が上昇しても、そうなる。なぜなら、実質賃金は決して労働の生産性に比例して上昇しないからである。だから、同じ可変資本価値がより多くの労働力を、それゆえより多くの労働を運動させる。その結果、剰余価値の総量mが増え、蓄積maが増える。また、同じ不変資本価値が、生産手段の価格の低下により、より多くの生産手段、すなわちより多くの労働手段、労働材料、補助材料になって表れ、より多くの生産物の形成者や価値形成者、または労働吸収者となる。それゆえ、追加資本maの価値が不変であれば、また減少する場合でさえも、加速された蓄積が行われる。再生産の規模が素材的に拡大されるだけでなく、剰余価値の生産が追加資本よりも急速に増大する。

(3) 使用される資本と消費される資本との差額の増大

この差額の増大は、資本の増大、つまり資本蓄積とともに生じる。使用される資本とは、建物、機械、排水管、各種の装置、役畜である。これらの使用される資本は、長期あるいは短期にわたり、絶えず繰り返される生産過程のなかで全範囲にわたって機能する。つまり、労働手段の価値量や素材量は増大するのである。他方、消費される資本は、使用される資本の一部分にすぎない。それらの労働手段は、徐々に摩滅するだけであり、それらの価値を一部分だけ失うだけであって、その一部分ずつその価値を生産物に移転するだけである。これらの労働手段は、全部的に使用されながら、部分的にしか消費されない。だから、これらの労働手段は水、蒸気、空気、電気などのような自然力と同様の無償の役立ちをしている。過去の労働のこの無償の役立ちは、生きた労働によって利用されとき、蓄積の規模の増大とともに累積されていく。この使用される資本と消費される資本との差額の増大は、差額の無償の役立ちによって、労働者数の増大を可能にし、剰余価値の総量は増大し、蓄積maが比例的に増大する。

労働力の搾取度が与えられていれば、剰余価値の総量は、労働者の数によって決まる。労働者の数は、資本の大きさに照応する。だから、継続的な蓄積によって資本が増大すればするほど、資本家の消費元本mkと蓄積元本maに分かれる剰余価値の総額も、それだけ増加する。それゆえ、資本家はいっそうぜいたくな生活をできながら、同時により多く「禁欲」できる。結局、蓄積による前貸資本の総量が増え、生産の規模が拡大され、生産のすべてのスプリングがますますエネルギッシュに働く。

5　いわゆる労働元本

すでにみたように、資本は固定的な大きさではない。資本は、社会の富の弾力的な一部分であり、また、剰余価値が資本家の収入mkと追加資本maとに分割される比率に応じて絶えず変動する。機能する資本の大きさが与えられていても、労働力、科学、土地は資本の弾力的な能力を形成する。

ところが、古典派経済学は、社会的資本を固定的な作用をする固定的な大きさと把握する。この偏見を初めてドグマとして固定したのは、ジェレミー・ベンサムである。彼のドグマによれば、生産過程の突然の膨張というありふれた現象や蓄積すら理解できない。ベンサム、マルサス、ジェイムズ・ミル、マカロックは、資本の一部分である可変資本を一つの固定的な大きさとした。可変資本の素材、つまり生活必需品の総量も固定的な大きさとした。これが労働元本説である。この労働元本説は、資本家による自分の消費手段mkと生産手段mcとへの分割について、労働者は文句をいうな、お前たちの労働元本vは一定の固定的大きさに釘づけられているのだ、ということである。賃上げは不可能だということにもなろう。一国の流動資本がその国の労働元本であるという説もある。労働元本説は、労働元本の資本主義的制限をその自然的制限につくり変えているのである。

注

（1）機械の寿命が一年間というと、奇異な感じがするが、マンチェスターの商業会議所の元会頭ポッター氏は、「機械は、大部分は、一二カ月のうちに有利に取り替えられ、改良されるであろう」という（KⅠ六〇〇ページ）。

（2）「絶対的な消費は、それと同一か、あるいはさらに大きい再生産を規定する。円が拡大して、らせんに変化できるのは、この点にある。」(J. -C. -L. Simonde de Sismondi, *Nouveau principes d'économie politique, ou de la richesse dans ses raports avec la population*, tome premiere, Paris, 1819, reprinted 1995, Dusseldorf (Faksimile-Ausgabe, tome 1,2 合冊版), p. 119, 菅間正朔訳『経済学新原理』世界古典文庫、日本評論社、（上）、一九四九年、一二五ページ。

（3）この商品生産の所有法則の資本主義的取得法則への転換の詳細については、松石勝彦『資本論の基本性格』大月書店、一九八五年、一五八—一七一ページを参照。なお、A・スミスの弟子で重要な仕事をしたイーデンは次のようにいう。「土地の自然的生産は、われわれの生活資料にとって十分に妥当ではない。それで、社会の一部分の者は、全員の必要な欲求を供給するために根気よく従事しなければならない。その他の者たちのうちで、少なくともすべての生活必需品を豊富に支配できるある者たちは、かれらのより高い優越を他人の勤労に負っている。社会の労働する側から富裕者を区別するのは、土地や貨幣の所有ではなく、労働に対する支配である。」(Sir Fredric Morton Eden, *The State of the Poor*, 1797, vol. 1, chapter 1, 冒頭) これは、資本主義的取得法則である。

(4) この点はすでにリカード『経済学および課税の原理』の第31章機械論ですでに述べられている(『リカード全集』I、p.390, 訳四四八ページ)。

Ⅲ　資本主義的蓄積の一般的法則——失業と貧困——

1　資本構成が不変の場合、蓄積にともなう労働需要の増大と賃金上昇

本節では、資本の増大つまり蓄積が労働者階級の運命に及ぼす影響を取り扱う。この労働者階級の運命こそ、本節の題名「資本主義的蓄積の一般的法則——失業と貧困——」である。

この問題は、古くて新しい問題である。次節でみるように、現代の日本経済でも、派遣切りや正社員の解雇が強行され、大量の失業者が発生している。失業率は高く、貧困は社会問題になっている。

資本蓄積が進み、資本が増大すれば、雇用は増え、失業が減り、貧困がなくなる、と誰しも思う。しかし、高蓄積の先進資本主義諸国においても、大量の失業者が発生し、失業率が高く、貧困がひどい。働いていても貧困であるワーキングプア、ホームレス、生活保護世帯が広がっている。皮肉にも、資本蓄積こそ、失業や貧困の原因である。資本蓄積は、蓄積に比例する可変資本の増大、それゆえ、雇用の増大をともなわないからである。資本蓄積は、技術進歩、技術革新を必ずともない、労働者需要を相対的に減ら

し、技術的失業（technical unemployment）を生み出す。

だから、労働者の運命―失業と貧困―の研究の最も重要な要因は、資本の構成が資本蓄積過程の進行中にこうむる変化である。

第Ⅱ節第1項の図8―1の⑴式からわかるように、資本は不変資本cと可変資本vから成り立つ。だから、資本の構成は、価値の面からみれば、不変資本cと可変資本vとの比率c／vである。これを資本の価値構成と呼ぶ。また、生産過程で機能している素材の面からみれば、資本は生産手段と生きた労働力から成り立ち、資本の構成は、生産手段の総量と労働量との比率である。これを資本の技術的構成と呼ぶ。この両者の間には密接な相互関連がある。それで、資本の技術的構成の変化を反映する資本の価値構成を、資本の有機的構成と呼ぶ。以下、資本の有機的構成を簡単に資本の構成と呼ぼう。

ある生産部門に投下されるいろいろな個別資本の資本構成は、異なる。これらの諸資本の個別的構成の平均が、この生産部門の総資本の構成である。これらすべての生産諸部門の平均的構成の総平均が、一国の社会的資本の構成である。以下、この社会的資本の構成だけを問題にする。

資本蓄積、つまり資本の増大は、資本の可変的構成部分vの増大を含む。追加資本に転化される剰余価値の一部分は、図8―1の⑶と⑷に明らかなように、可変資本、または追加労働力に再転化される。資本構成が不変という前提のもとでは、資本の増加に比例して可変資本が増加し、図8―2のように、労働需要が比例的に増加して、ついにはP点で労働の普通の供給を上回り、賃金は騰貴する。

「資本の蓄積欲求が労働力または労働者数の増加を上回り、労働者に対する需要がその供給を上回り、それゆえ労働賃金が騰貴することがありうる。それどころか、右の前提がそのまま持続する場合には、結

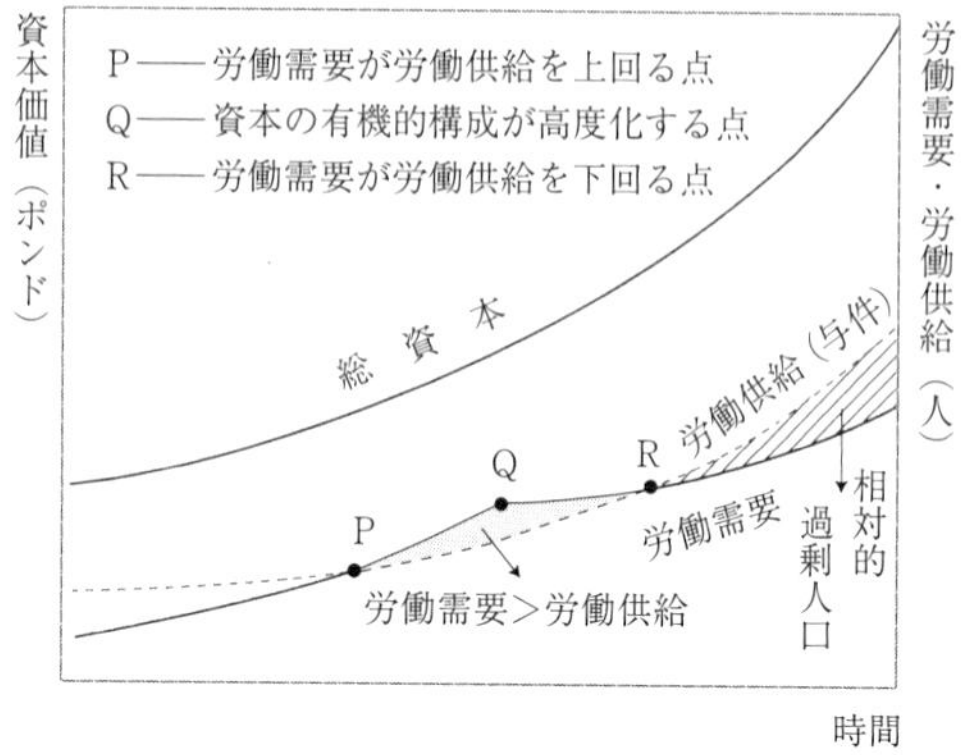

図８－２　相対的過剰人口の累進的生産

注　Ｐ点からＱ点に至るまでのいずれかの点においては、労働需要＞労働供給を反映して、総資本と可変資本それゆえ労働需要が衰えるが、図示すると複雑になるので、省略する。
（出所）松石勝彦「相対的過剰人口の累進的生産の論証」『愛知大学経済論集』第180号、2009年10月、53ページ。

局、そうならざるをえない。毎年、前年よりも多くの労働者が就業させられるから、遅かれ早かれ、蓄積の欲求が労働の普通の供給を超えて増大し始める点、したがって賃金上昇が起こる点が到来せざるをえない。」（ＫⅠ六四一ページ）

この決定的に重要な引用文言で第一に注目すべきは、「労働力または労働者数の増加」が、あらかじめ与えられた与件として前提されている点である。この「労働者数の増加」は「労働の普通の供給」であり、これも与件として前提されている。これらの与件である「労働者数の増加」「労働者の普通の供給」は、「人口の自然的増加」（同六六四ページ）であり、「労働者大衆の自然的増大」（同六七〇ページ）である。「労働者数の増加」は、労働者の自然的増加、労働者人口の自然的繁殖であるから、当然、資本蓄積の与件・前提である。労働者の自然的増加は、スミス、バートン、リカード、マルサス『初版人口論』（一七九八年）において、当然の与件、前提とされている。この与件を前提して、各論者はそれぞれ自分の過剰人口論を展開してきたのである。

第二に注目すべきは、この自然的な繁殖に依存する自然的な「労働者数の増加」「労働の普通の供給」

という与件・前提に対して、資本蓄積は自然的ではなく、人為的社会的であり、能動的である。「蓄積の大きさは独立変数である」（同六四八ページ）。

かくて、図８―２のように、資本蓄積＝総資本の増大に照応する可変資本の増加、したがって労働需要の増加が、自然的増加に依存する労働供給をいつか必ず上回る。それがＰ点である。

先の引用文言を定式化すると、次のようになる。

資本構成一定の蓄積↓可変資本の比例的増大↓労働需要の比例的増大↓労働需要＞与件としての労働供給↓賃金上昇　………（ａ）

この定式は、図８―２のＱ点までである。資本の構成が不変と前提すれば、総資本の増大に応じて可変資本の比例的増大が生じる。可変資本は、労働力の購買に投じられる資本部分であるから、可変資本の比例的増大は、労働需要の比例的増大である。この労働需要の比例的増大は、Ｐ点において、労働者人口の自然的増加に依存する労働供給を上回る。それ以降は、労働需要＞労働供給となり、いわゆる労働力不足が生じる。その結果、賃金が騰貴する。だから、蓄積の大きさは「独立変数」であり、自然的繁殖に依存する労働供給は与件・前提であり、労働賃金の大きさは「従属変数」（ＫⅠ六四八ページ）である。

しかし、この賃金上昇によって、賃金労働者が維持され増殖される事情が、多少有利になるといっても、資本主義的生産の基本性格は全然変らない。依然として、蓄積による拡大された規模での再生産は、拡大された規模での資本関係を―すなわち一方の側にはより多くの資本家を、他方の側にはより多くの賃金労働者を―再生産する。資本の蓄積はプロレタリアートの増加である。資本構成不変という労働者にとって最も有利な蓄積条件のもとでは、労働者の資本への従属関係が、少しはゆるむが、従属関係や搾取はなくならない。金の鎖が少しゆるむにすぎない。

資本の蓄積から生じる労働価格の騰貴によって、剰余価値が減り、蓄積が衰《おとろ》える。この蓄積の衰えは、前節の第3項で述べた「蓄積せよ、蓄積せよ！」に反する。

2　蓄積にともなう資本構成の高度化と可変資本（＝労働需要）の相対的減少

前項では、資本の技術的構成が不変のもとで、資本の増大が生じる一つの特殊的な段階だけをみた。図8―2のQ点までである。しかし、蓄積過程はこの特殊な発展段階を超えて新しい段階に進む。Q点以降は、資本の技術的構成が高度化する。

本書第6章で明らかにされたように、産業革命によって機械の発明が相次ぎ、普及し、機械の時代に入った。機械は人間労働に取って代わる。産業革命の最初のころのハーグリヴスのジェニー紡績機械（一七六五年ごろ発明）は、八紡錘であり、一人の機械紡績工が八人の手紡績工に取って代わった。一七七〇年の特許取得時には一六紡錘、すぐに二〇紡錘、三〇紡錘に増え、やがて一二〇紡錘となった。(1) 一七七〇年ごろの最初のハーグリヴスの紡績工場のジェニー紡績機械は「八四本の糸を同時に紡績」(Henson, 拙著(2)一六〇ページ）した。一三〇錘の大型ジェニーも現れた（同一六〇ページ）。一七六九年特許のアークライトの水力紡績機械は、その名のとおり、大型水車で駆動する紡績大工場向きの自動機械であり、子供労働中心であった（子供労働の悲惨については、同一七一―一八三ページ参照）。一七八一年には、アークライトは、いくつかの工場で五〇〇〇人以上を雇用していた（同一六四ページ）。コーハンの調査(3)では、一七八八年に一四三のアークライト型紡績工場があった（同一六五ページ）。クロンプトンは、一七七九年にジェニー紡績機械と水力紡績機械のハイブリッドである画期的なミュール紡績機械をつくった。最初は二〇〜三〇錘であったが、すぐに一〇〇〜一三〇錘となった（同一三五ページ）。図6―3にみられるような両側ダブルミュールによって一気に四〇〇錘になり、のちに一六〇〇錘、二二〇〇錘、二六四〇錘と増えた（同一三六、一六八頁）。ロバーツは一八三〇年に改良型自動ミュール紡績機械を開発した。

ワットの複働回転蒸気機関は、一七八二年から大工業の動力として用いられるようになり、第二の産業革命となった。図6―3は、一八三五年ごろの複働回転蒸気機関駆動のミュール紡績工場である。両側に「おのおの四六〇錘のペアーミュール」（Ure.『工場の哲学』p. 308）[4]、合計九二〇錘のミュール紡績機械がある。いま、右側の四六〇錘のミュール紡績機械が前方にせり出してきているところである。左側の同じく四六〇錘のミュールは後退している。この大きなミュール紡績機械をたった一人の紡績工が、左の側の少女の糸継工、床の子供の掃除工の協業をえて、面倒みている（山高帽、ステッキの男は監督）。

カートライトは、これまでの手織り機に代わる力織機（蒸気織機）の特許を一七八五年にとった。一八〇三年には一四〜一五歳の少年または少女一人が、二台の蒸気織機を見張るだけで、最良の手織り工の三・五倍の布を織った（拙著『資本論と産業革命』一八四ページ）。一八二二年ごろにロバーツが優秀な力織機をつくってから、力織機が普及した。図6―4は、複働回転蒸気機関駆動の力織機工場である。たった一人の少女の機械織り工が力織機一〇数台を監視し見張りしている。力織機によって八〇万人の手織り工は没落し、困窮し、多くの者が餓死した（同一八五―一八九ページ。KI四五四ページ）。図6―2は、力織機一一〇〇台と四万五八六〇台の精紡績機械をもつオレル氏の紡績織布兼営工場である。複働回転蒸気機関が向って建物右端一〜三階を突き抜けて設置され、右外側の小屋がボイラー室である。右の煙突から煙が出ている。蒸気機関は、一七九五年以降工場生産されるにいたった（同二三八―二四六ページ）。また、一八〇〇年以降、「手による機械の製造」から「機械による機械の製造」が行われるようになり、工作機械製造業が成立していった（同第8章）。

このように、産業革命期に大量の自動機械、自動機械体系、自動工場が成立し、発展し、人間労働を大幅に排除する。大工場は大規模な協業を行い、労働の分割（分業）や結合を組織する。生産過程は科学の技術的応用過程となる。機械制工場を中心とする機械制大工業が成立する。かくて、生産手段の総量が労働力の総量と比べて増大し、資本の技術的構成は高度化する。資本の技術的構成とは、前項の初めに述べたように、生産手段の総量÷労働力の総量である。この技術的構成の高度化は、資本の価値構成の高度化に反映する。資本の蓄積にともなって独自な資本主義的生産様式[5]、ここでは機械制生産様式が発展する。また独自な資本主義的生産様式の発展にともなって資本の蓄積が発展する。機械に基づく独自な資本主義的生産様式とともに、資本の技術的構成が高度化し、資本の構成も高度化する[6]。

このような産業革命時代の特徴である技術進歩、技術革新は、産業革命で終わりではない。それ以後も、マルクスが『資本論』（第I部初版の出版、一八六七年）を書いた時代にも、それ以降も、二〇世紀を通しても、二一世紀の今日でも、内容や程度の差こそあれ、脈々《みゃくみゃく》とつづいている。一九八〇年代からコンピュータ制御生産様式が鉄鋼業や自動車製造業や石油化学工業などで普及している（注5の文献を参照）。だから、資本の技術的構成、資本の構成は、高度化しつづける。

蓄積は、具体的には、個別資本の生産手段の集積である。社会的資本の増大は、多数の個別的資本の増大を通じて行われる。蓄積は、資本として機能する富の総量を増加させ、個別資本家の手におけるこのような富の集積を拡大し、それゆえ、大規模生産と独自な資本主義的生産様式との基礎を拡大する。大規模生産と独自な資本主義的生産様式は、前述のように、資本の技術的構成を変革し、したがって資本の構成を高度化する。個別資本の生産手段の集積の最中に、原資本から枝分かれして新しい自立的資本が生まれる。個々の資本家の家族内の財産分割が大きな役割を果たす。だから、資本の蓄積につれて、資本家の数も増える。個別資本の生産手段の集積は、旧資本の分裂と新資本の形成によって妨げられる。蓄積は個別資本の生産手段の集積であり、また個別資本の相互反発でもある。

集中は、蓄積や集積とはちがう。集中は、資本家による資本家の収奪である。今日でいうＭ＆Ａは資本の集中である。大資本が小資本を飲み込む。信用制度は、最初は控えめの助手、脇役として、社会の表面に散在している遊休貨幣を個々の資本家または株式会社のような共同出資する結合資本家の手にかき集めるが、やがて競争戦における恐るべき武器となって、ついには諸資本の集中のための巨大な社会的機構に転化する。二〇〇七年からすでに始まっていて、〇八年九月一五日のリーマン・ブラザーズの破綻で一挙に火をふいた金融恐慌の主役は、巨大な投資銀行や銀行などの金融機関である。これらの金融機関は、産業資本や商業資本の活動Ｇ―Ｗ―Ｇ′に対して、社会的遊休資金をかき集め、控えめの助手・脇役として貸し付ける、つまりＧ―Ｇ―Ｗ―Ｇ′―Ｇ′を行って、利子をうることをやめて、自らが証券化商品をつくり、売買し、巨額の利益をあげていたのである。競争と信用は集中の最も強力な二つのテコである。集中は多数の資本の融合である株式会社をもたらす。集中は資本の技術的構成における変革を促進し、労働に対する相対的需要を減らす。

旧資本は、時間が経つと更新されるが、そのときは他の資本と同じように、最新の技術を採用する。この場合は、労働需要の絶対的減少が生じる。

　蓄積の進行中に形成される追加資本は、その大きさに比べて、ますますより少数の労働者を吸引する。他方では、新しい資本構成でもって更新される旧資本は、これまで雇用していた労働者をますますより多く反発する（はじき出す）。

3　相対的過剰人口または産業予備軍の累進的生産

　前項でみたように、資本蓄積は、資本構成の持続的な質的変動、すなわち資本の可変的構成部分vを犠牲にしての不変的構成部分cの不断の増加をともなって、進行する。資本の有機的構成c/vが高度化するのである。前項でみたように、独自な資本主義的生産様式が展開し、その結果、労働生産力が発展し、資本の有機的構成の変動が生じているのである。しかし、この資本の有機的構成の変動は、蓄積より速く進む。なぜなら、前項でみた個別資本の集中があり、また原資本の技術的変革があるからである。かくて、蓄積の進行につれて、資本のうちの不変資本部分cと可変資本部分vとの比率c/vが変動する。社会的総資本が一万ポンドと仮定し、資本の構成が一〇〇〇〇ポンド＝五〇〇〇c＋五〇〇〇vだとすれば、cとvの最初の比率は一対一である。この比率は、次のように、上昇する。

　一対一、二対一、三対一、四対一、五対一、六対一、七対一など。

その結果、資本が増大するにつれ、その資本の総価値の$1/2$ではなく、累進的に（progressiv）、

　$1/2$（〇・五）、$1/3$（〇・三三）、$1/4$（〇・二五）、$1/5$（〇・二）、$1/6$（〇・一七）、$1/7$（〇・一四）などだけが、労働力に転化される。その反対に、

1/2、2/3、3/4、4/5、5/6、6/7……などが、生産手段に転化される。

労働に対する需要は、総資本の大きさによってではなく、そのうちの可変資本の大きさによって規定されるから、労働に対する需要は、総資本の増大につれて累進的に低落する（progressiv fallen）。二番目の数字列の括弧（ ）内の数字は、明らかに累進的な低落を示している。労働に対する需要は、総資本の

〇・五→〇・三三→〇・二五→〇・二→〇・一七→〇・一四など

と、明らかに、累進的に低落する。労働に対する需要は、総資本の大きさに比べて相対的に低落し、しかも総資本の大きさの増大にともなって加速的累進的に（in beschleunigter Progression）低落する。たしかに、総資本の増大につれて、その可変的構成部分ｖまたは雇用労働力も増加するが、しかし、絶えず減少する比率で増加する。

前項でみた資本の有機的構成ｃ/ｖの高度化は、それ自体、不変資本ｃの加速的累進的増大と可変資本ｖの加速的累進的低落を示している。資本の有機的構成の高度化は、社会的総資本＝ｃ＋ｖのうち、ｃがますます増大して、ｃの比率がますます増加し、他方、ｖがますます減少し、ｖの比率がますます低落していく、ということである。だから、不変資本ｃは加速累進的に増加していき、可変資本ｖは加速累進的に低落していくのである。可変資本ｖは、労働需要を表すから、ｖの加速的累進的な低落は、労働需要の加速的累進的な低落である。資本の有機的構成の高度化それ自体が、労働需要の累進的減少である。そこで、次の結論が出てくる。

「資本主義的な蓄積は、相対的な、すなわち資本の中位の増殖欲求[7]にとって余分な、それゆえ過剰な労働者人口または追加的な労働者人口を絶えず生産する。」（ＫⅠ六五八ページ）

ここで、労働需要の「加速的累進的な低落」から、どうして相対的過剰人口が結論できるのか、という疑問が生じるかもしれない。ここでも、労働の供給は、図8―2の労働供給曲線のように、与件として前提されている。労働需要の「加速的累進的な低落」が、この前提された与件である労働者の自然的な供給の増加を下回れば、相対的過剰人口は必然的に発生する。

第1項でみたように、加速的蓄積による総資本の加速的増大は、はじめは、資本の構成が不変の場合である。だから、図8―2にみられるように、Q点に至るまでは、可変資本vも比例的に増大し、労働需要も比例的に増大する。そこで、図のP点を超えると、労働需要は、（a）式にみられるように、「労働者数の増加を上回り」、「労働者の供給を上回り」、「労働の普通の供給を超えて増加し始める点、したがって賃金上昇が起こる点が到来する」。賃金上昇は、蓄積の衰えとなり、「蓄積せよ、蓄積せよ」という資本の至上命令に反する。しかし、蓄積過程は、前項でみたように、資本の構成不変のもとでの蓄積という特殊的な発展段階を超えて進み、資本の構成を高度化する。この転換点が図8―2のQ点である。Q点以降は、この資本の有機的構成の高度化によって、労働需要は、右で述べてきたように、累進的に低落する。したがって、労働需要は、必然的にどこかの点において与件・前提である自然増加しつつある労働供給を下回る。その決定的な点がR点である。R点を超えると、資本構成高度化によって累進的に減少しつつある労働需要は、労働者の自然的増加に依存する労働供給を下回り、相対的過剰人口の累進的生産が生じる。

ここでも、第1項同様に、「労働力または労働者数の増加」、「労働の普通の供給」が、あらかじめ与えられた与件として前提されている。「労働者数の増加」「労働者の普通の供給」は、「人口の自然的増加」（KＩ六六四ページ）であり、「労働者大衆の自然的増大」（同六七〇ページ）であり、単なる与件として

前提されているのである。(8)

4　相対的過剰人口は産業予備軍である

以上みた相対的過剰人口の累進的生産は、第3項の表題にもあるように、産業予備軍の累進的生産でもある。相対的過剰人口は、マルサス以来の過剰人口に焦点を当てた用語である。他方、産業予備軍は、この過剰人口が動員され、現役労働者軍に編入される可能性を示す用語である。予備軍は、いったん戦争になれば、動員され、現役軍に編入される。最近のイラク戦争やアフガニスタン戦争では予備軍も動員された。産業予備軍も、産業の熱狂的な繁栄のときは部分的に動員され、現役労働者軍に編入される。過剰労働者人口は、蓄積の必然的な産物であるが、他方では資本主義的蓄積のテコであり、資本主義的生産様式が存在する条件でもある。この過剰人口は、あたかも資本が自分の費用で飼育したかのように、絶対的に資本に所属し、自由に処分可能な産業予備軍を形成する。過剰人口は、現実の人口増加の制限にかかわりなく、いつでも使える搾取可能な産業予備軍でもある。蓄積にともなう労働生産力の発展とともに、資本の突然の膨張力が増大する。たとえば、大量の資本が、鉄道などの新開発部門に熱狂的に殺到する。大量の人間が突然にこの熱狂的な部門に投入されなければならない。産業予備軍がそれを供給する。

約一〇年サイクルの近代的な産業循環（景気循環）は、中位の活気、高圧生産、恐慌、および停滞という四局面から成り立つ。この産業循環は、産業予備軍の不断の形成、活況期と高圧生産期の吸収、および恐慌期と停滞期の再形成に立脚する。生産規模の突然の飛躍的な膨張は、人口の絶対的な増大と関係のない労働者の増加なくしては不可能である。この労働者の増加は、労働者の一部を絶えず遊離させ、雇用労働者数を生産増加と比べて減少させる産業予備軍の累進的生産の方法によって、つくり出される。

資本主義の子供時代には、このような近代の産業循環はみられず、機械がなかったので、資本の構成はきわめて徐々にしか変化しなかった。だから、図8―2のQ点に至るまで資本蓄積に比例した労働需要の増大がみられた。それで、資本蓄積は、図8―2のP点からQ点に至る時期に「労働者人口の自然的諸制限」（KⅠ六六二ページ）にぶつかった。資本主義的生産にとっては、「人口の自然的増加」（同六六四ページ）によって提供される労働力の分量だけでは、決して十分ではない。資本主義的生産は、自由に活動するためには、この「労働者人口の自然的諸制限」にかかわりのない産業予備軍が必要である。

5　労働の需要供給による賃金の変動と産業予備軍

第7章「労働賃金」では、労働の賃金は、労働力の価値の転化形態、または現象形態であることを明らかにしたが、労働の需要供給による賃金の変動は論じられなかった。しかし、この労働の需要供給による賃金の変動は、スミスやリカードやその他の古典派経済学者の「労働の賃金」論では主要部分を占める。この賃金の変動は、労働の需要供給が相対的過剰人口によって規制されるから、第7章の論理段階では論じることができなかったのである。いまや、過剰人口を明らかにしたから、論じることができる。

前述のように、産業循環の周期的変動に応じて産業予備軍が膨張したり、収縮したりする。この産業予備軍の膨張と収縮によって、労働賃金の一般的運動は調節される。労働賃金の一般的運動は、労働者人口の絶対数の運動によって規定されず、労働者階級が現役軍と予備軍とに分かれる比率の変動によって規定され、過剰人口の相対的大きさの増減によって規定され、過剰人口が吸収されたり、遊離されたりする程度によって規定される。一〇年サイクルの産業循環をともなう近代的産業にとっては、労働の需要供給は、資本の膨張と収縮によって規制されるから、その結果、労働市場は、資本が膨張するときは、相対的に労働供給不足として現れ、資本が収縮するときには、供給過剰として現れる。だから、資本の運動は、人口数の絶対的運動に依存する、というスミス（『国富論』第1編第8章「労働の賃金」）などの次の定式のような古典派の見解はドグマである。

資本蓄積→労働賃金騰貴→結婚→出産→労働者人口増加→労働市場供給過剰→労働賃金下落。逆は逆。

気の長い話である。バートンがいうように、熟練した労働者の養成は一一年かかる。(9) この長い期間中に、産業循環が反復され、労働市場の供給不足や供給過剰が発生する。

産業予備軍は、停滞と中位の繁栄との期間中にはだぶつき、現役労働者軍を圧迫し、最好況と興奮の期間中にも余裕があって現役労働者軍の要求を抑え込む。だから、相対的過剰人口は、労働の需要供給が運動する労働市場の背景である。相対的過剰人口は、この労働の需要供給の法則が作用する範囲を資本の搾取や支配に合う限界内に封じ込める。資本主義的生産の機構は、資本の絶対的な増大が、それに照応する一般的労働需要の増加を引き起こさないように配慮する。労働需要は、資本の増大と同一ではないし、労働の供給は労働者階級の増大とは同一ではない。労働需要は資本の構成の高度化によって累進的に逓減するし、労働の供給は人為的な過剰人口の生産によって累進的に増加する。だから、相互に独立する二要因（労働の需要と供給）が互いに作用し合うのではない。資本はこれらの二要因に同時に作用する。資本の蓄積は、一方では労働需要を増大させ、他方では機械による労働者の遊離によって労働者の供給を増大させる。しかも失業者が存在すれば、その圧迫によって就業者はより多く働くから、労働の供給は増える。その結果、ある程度までは、労働の供給は労働者の供給から独立する。このような基盤の上に労働の需要供給の法則の運動は、資本の専制支配を完成する。

6　相対的過剰人口のいろいろな実存形態

労働者は、半ば就業している期間中、またはまったく就業していない期間中は、相対的過剰人口に属する。過剰人口は「失業者または半失業者」（KⅠ六六二ページ）である。ここでは恐慌や停滞期の失業を無視すると、過剰人口は次の三つの形態で存在する。

(1)　**流動的形態**　近代的産業の中心である本来の工場、近代的な分業が行われている近代的マニュファクチュア（＝「本来の工場以外の大規模なすべての作業場」〔KⅠ四八八ページ〕）、冶金工場、鉱山などでは、労働者はときには反発され（＝はじき出され）、ときには再びいっそう大量に吸引される。そのために、生産規模との比率ではつねに低下していくとはいえ、就業者数は一般的に増加する。この場合には、労働者は、はじき出されたり、吸引されたりするから、流動的過剰人口である。後述する現代の日本、アメリカ、フランス、ドイツ、オランダ、韓国（五〇％以上が不安定雇用）などに広くみられる派遣労働者、期間工、有期契約労働者、請負労働者などの不安定雇用者は、この流動的過剰人口である。後述するホームレスも再雇用されるなら、この形態に属する。

(2)　**潜在的形態**　資本主義的生産が農業を征服すると、農業で機能する資本の蓄積や機械の導入によって、農村労働者人口に対する需要は絶対的に減少する。労働者の反発がより多くの吸収によってカバーされない。農村人口の一部分は相対的過剰人口の潜在形態をなし、絶えず都市労働者に移行しようと待ちかまえている。相対的過剰人口のこの源泉は、絶えず湧き出ている。農村労働者は、賃金を最低限にまで押し下げられ、つねに片足を受救貧民並みの赤貧の泥沼に突っ込んでいる。

(3)　**停滞的形態**　へんぴな村々で営まれている釘製造所、レース製造所、麦わらを使ったさなだ編み業や麦わら帽業などの家内労働者は、相対的過剰人口の停滞的形態である。この停滞的過剰人口は、現役労働者軍の一部分であるが、しかし、まったく不規則な就業しかできない。この過剰人口は、資本にとって汲めども尽きない貯水池である。生活状態は、労働階級の標準以下である。労働時間は最も長く、賃金は最も安い。この人口は、大工業や大農業の過剰労働者から絶えず補充される。

最後に、受救貧民。右の相対的過剰人口の三つの実存形態以外に、生活保護を受ける受救貧民がいる。受救貧民は、相対的過剰人口の最も深い沈殿物である。過剰人口から転落し、ドン底に落ち込んだ人たちである。浮浪者、犯罪者、売春婦などの本来のルンペン・プロレタリアートを別にすれば、受救貧民は、三つの種類に分類できる。

第一に、労働能力のある者。受救貧民統計によれば、受救貧民は恐慌のたびに膨張し、景気回復のたびに減少する。現代でも、不安定雇用者は、失業すると、一時的に生活保護を受ける場合が、これに当る。

第二に、孤児と受救貧民の子供。彼らは産業予備軍の志願者であり、たとえば、一八六〇年の大高揚期には急速に大量に現役労働者軍に編入される。

第三に、零落《れいらく》した者、ルンペン、労働不能な者。分業のために転職できなく、転落した者、標準年齢を超えている労働者、危険な機械、鉱山作業、化学工場などの犠牲になった労働傷害者と病人と寡婦《かふ》などである。日本の生活保護を受ける者のうち高齢者、障害者、傷病者などがこれに入る。受救貧民は、現役労働者の廃兵院を形成し、産業予備軍の死重《しじゅう》である。受救貧民の生産は、相対的過剰人口の生産に含まれている。

7　資本主義的蓄積の一般的法則

以上の相対的過剰人口の分析を総括して、資本主義的蓄積の一般的法則を結論しよう。第一に、資本蓄積によって、資本、労働者の絶対的大きさや労働生産力が、大きくなればなるほど、それだけ産業予備軍が大きくなる。第二に、この産業予備軍が、現役労働者軍と比べて大きくなればなるほど、固定的な過剰人口がそれだけ大量になる。固定的な過剰人口とは、労働苦に反比例して貧困が増大していく過剰人口である。最後に、労働者階級中の貧民層と産業予備軍とが大きくなればなるほど、公認の受救貧民がそれだけ大きくなる。これこそが、資本主義的蓄積の絶対的・一般的法則である。

資本主義的な生産と蓄積の機構が、労働者数を絶えず資本の増殖欲求に適合させる。この適合の最初の言葉は、相対的過剰人口または産業予備軍の創出であり、最後の言葉は、現役労働者軍中の絶えず増大する層の貧困と受救貧民の死重である。

相対的剰余価値生産では、労働の社会的生産力を高める方法は、労働者を犠牲にし、部分人間や機械の付属物に格下げし、労働苦によって労働の内容を破壊する。また、生産過程では専制支配を行い、絶対的な服従を強いる。資本が蓄積されるにつれて、労働者の賃金が高かろうが安かろうが、労働者の状態は悪化する。人口の自然的増加に縛られないで、蓄積が自由にできるように、蓄積の大きさに均衡して相対的過剰人口または産業予備軍を絶えず生産するが、この法則は、資本の蓄積に照応する貧困の蓄積を生み出す。一方の極における富の蓄積は、同時に、その対極の労働者階級の側における貧困、労働苦、奴隷状態、無知、野蛮化、道徳的堕落の蓄積である。これは資本主義的蓄積の敵対的性格を示す。

注

（1）Edward Baines, *History of the Cotton Manufacture in Great Britain*, 1835, reprinted 1966, p. 159.
（2）松石勝彦『資本論と産業革命』青木書店、二〇〇七年。
（3）〔P. Colquhoun〕, *Important Crisis, in the Calico and Muslin Manufactory in Great Britain*, explained, 1788, p. 5.
（4）Andrew Ure, *The Philosophy of Manufactures*, 1835, reprinted 1967.
（5）独自な資本主義的生産様式については、松石勝彦『コンピュータ制御生産と巨大独占企業』青木書店、一九九八年、三三一―三三七ページを参照。
（6）『資本論』第I部第七篇第23章第2節では、資本の構成の高度化と機械や機械制生産様式との関係がわかりにくく、フランス語版のほうがわかりやすく改訂されている。最初に、一七八四年のヘンリー・コートのパドル（攪拌）法が「溶鉱炉の大拡張、熱風供給装置などで、同じ労働量によって使用される労働手段一式や原料を増大させた」とし、次に一八六〇年ごろに実用化されたベッセマー転炉について述べ、資本の技術的構成の高度化、その結果として「資本は労働需要を資本自身の大きさに比べて減らす」と説く（パドル法とベッセマー転炉については、注2の拙著、三二五―三三八ページを参照）。
（7）資本の中位の増殖欲求というのは、不況期のような資本の過少な増殖欲求であれば、過剰人口は当然であり、また最繁栄期のような資本の過度の増殖欲求であれば、過剰人口が少ないからである。中位の平均的な資本の増殖欲求にとって過剰な労働者人口を考えればいいのである。
（8）くわしくは、松石勝彦「相対的過剰人口の累進的生産の論証」『愛知大学経済論集』第一八〇号、二〇〇九年一〇月を参照。

（9） John Barton, *Observations on the circumstances which influence the condition of the labouring classes of the society*, 1817, p. 20, 真実一男訳『社会の労働者階級の状態』法政大学出版局、一九九〇年、三〇ページ。

Ⅳ　現代の失業と貧困

1　現代の失業

資本蓄積が加速的に進んできた先進資本主義諸国においては、まさにこの加速的蓄積のおかげで、失業は存在しないとみえる。しかし、事実は逆である。大量の失業者が存在する。これは、現代資本主義の矛盾であり、パラドックスである。

前節で述べた相対的過剰人口は、半失業者と失業者の両方を含むが、半失業者は、次の①、②、③の三条件を満たさず、現代日本の統計では、失業者に入らない。また、（2）農村の潜在的過剰人口や（3）家内工業の停滞的過剰人口は、現代の統計では、就業者であり、失業者ではない。総務省統計局によれば、完全失業者は、次の三つの条件を満たす者である。

① 仕事がなくて正確に調査期間中に少しも仕事をしなかった。

② 仕事があれば、すぐに就くことができる。

③ 調査期間中に、仕事を探す活動をしていた（過去の求職活動の結果を待っている場合を含む）。

この定義はかなり厳しい。①の条件では、一時間でもアルバイトをしておれば、完全失業者にならないし、③の条件では、月末一週間の「調査期間中」に公共職業安定所（ハローワーク）で求職活動をしていないと、完全失業者にならない。就職情報誌や新聞やネットの就職ナビなどによる求職活動をしていても、完全失業者にならない。総務省統計局の「労働力調査（詳細集計）」によれば、「求職方法別割合」は「求人広告・求人情報誌」が約六割と最も高く、「公共職業安定所に申し込み」が五八・三％である（注5の文献、図41）。

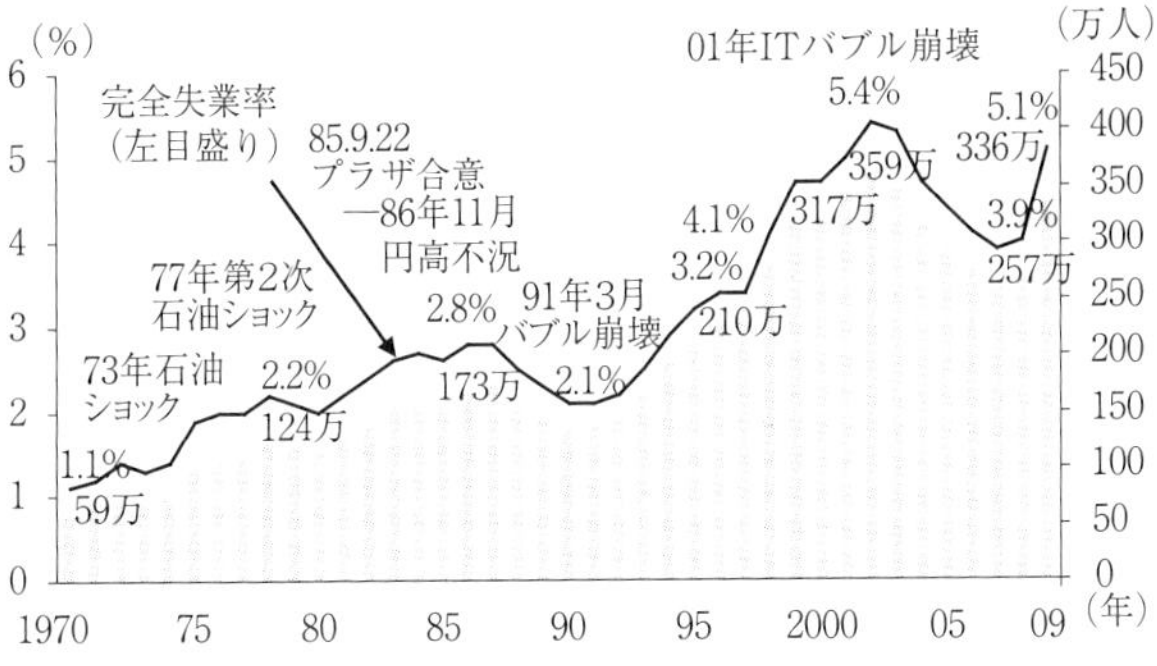

図8－3　完全失業者と完全失業率

（出所）総務省統計局「労働力調査」。

適当な仕事がありそうもないという理由で求職活動をしていないが、就業を希望している潜在的失業者も完全失業者にならない。右の「労働力調査」によれば、この潜在的失業者は一六三万人である。就業希望者で「家事・育児のため仕事が続けられそうもない」一二三万人をいれると、二八六万人に達する（同、表14）。「完全失業者」の「完全」は厳しいのである。

完全失業率は、完全失業者÷一五歳以上の労働力人口　であり、労働力人口は就業者プラス完全失業者数である。

図8—3に明らかなように、日本の完全失業者数と完全失業率は、ともに一九七〇年から二〇〇九年まで、景気循環を貫いて、上昇傾向にある。この上昇傾向は、前節でみたように、基本的には技術進歩、技術革新による資本の有機的構成の高度化を反映したものである。とくに、一九七三年のオイルショックや七五年の戦後最大の不況をきっかけに、コンピュータ制御生産が取り入れ

られ、省力化が図られたことが大きい[1]。

一九五五年から一九七四年までの日本の高度成長期を通して、完全失業者は一〇〇万人以下であり、一九六四年には最少の五四万人であった。完全失業率も七五年まで一%台にとどまった。この高度成長期は、神武景気（一九五五―一九五七年〔昭和三〇―三二〕）、岩戸景気（一九五八年〔昭和三三〕六月―一九六一年〔昭和三六〕一二月）、いざなぎ景気（一九六六―一九七〇年〔昭和四一―四五年〕）の有名な三つの景気を含む二〇年に及ぶ期間である。しかし、一九七一年八月一五日のニクソンショック、一九七三年一〇月のオイルショックのあとの七五年不況のときは、完全失業者は一〇〇万人に突入し、完全失業率も七六年に二%台にはねあがった。七五年は、戦後最大の不況の年であり、鉱工業生産指数はマイナス一一%を記録した。一八八五年九月二二日に、円高ドル安を是正するというプラザ合意が成立し、翌八六年一一月まで円高不況となった。八七年に完全失業者は過去最悪の一七三万人に達し、失業率も最高の二・八%に達した。

一九八六年一二月からのバブル好況は、一九九一年二月をピークに崩壊し、大失業時代に突入した。九五年に完全失業者は、ついに二〇〇万人を突破し、最悪の二一〇万人となった。完全失業率もついに三%を突破し、過去最悪の三・二%となった。企業は大量のリストラ（人員削減）を行い、利益の確保に動いた。九八年、完全失業率は四%を突破し、四・一%となった。九九年、完全失業者はとうとう三〇〇万人を突破し、三〇七万人となった。二〇〇〇年、完全失業者は三二〇万人、完全失業率は四・七%に上った。この年、協栄生命、千代田生命、ライフ、そごうなど大型倒産が相次いだ。二〇〇一年、IT不況になり、マイカル、新潟鉄工所、大成火災海上保険、青木建設などが倒産した。完全失業者は三四〇万人と増え、完全失業率は五％に突入した。〇二年、完全失業者は三五九万人、完全失業率は五・四％と過去最悪となった。

二〇〇九年、雇用情勢の急激な悪化を反映して、完全失業者は、二年連続増加の三三六万人となった。前年と比べて七一万人増え、過去最大の増加幅である。前述の潜在失業者一八六万人を加えると、失業者は六二二万人に上る。完全失業率は六年ぶりに五％台となり、前年と比べて一・一ポイント上昇し、五・一％となった。過去最大の上昇幅である。五・一％は、前述の〇二年の五・四％、〇三年の五・三％に次ぐ過去三番目の高さである。

二〇〇一年のＩＴバブル崩壊後のＩＴ不況が終わって、景気拡張が〇二年二月に始まった。しかし、内需は伸び悩み、日本経済は、大企業による自動車などの機械類の輸出を中心に景気拡張をとげてきた。実質ＧＤＰ中の財貨・サービスの輸出÷ＧＤＰ＝輸出依存度は、八〇年に八％弱、二〇〇〇年に一一％程度であったが、〇八年に一六％に上昇している。(2) しかし、アメリカで〇七年にサブプライムローンの破綻から生じた〇七年一二月からの景気後退、それに続く〇八年九月のリーマン・ショック以降の未曾有の世界同時金融・生産恐慌によって、日本の輸出は、〇八年秋以降、自動車などの輸出が急激に落ち込んだ。〇八年はマイナス成長となった。それで、派遣切りなどで〇九年に完全失業者と完全失業率が、ともに大幅に増えたのである。

また、厚生労働省発表によれば、求職者一人に対して何件の求人があるかを示す有効求人倍数は、〇九年平均で〇・四七倍であり、過去最悪である。〇・四七倍とは、求職者一人に対して企業側の求人がたった〇・四七件しかないということである。

表8－1　年齢別完全失業率（男性、2009年）

16―64歳	15―24歳	25―34歳	35―44歳	45―54歳	55―64歳	65歳以上
5.5%	10.1%	6.5%	4.4%	3.9%	5.6%	3.3%

（出所）総務省統計局「労働力調査　年齢階級別完全失業率」（ホームページ）より。

以上みた〇九年の完全失業者、完全失業率、有効求人倍率の最悪の状態は、自動車、電機などの派遣切り、非正規切りや最近の正社員の解雇などを反映した厳しい数字となっている。

完全失業率が、〇九年の男性が一六―六四歳で五・五％だとしても、年齢別の格差がある。表8―1によれば、一五―二四歳の若者が一〇・一％と非常に高い。また、二五―三四歳の若者も六・五％と高い。若者の三人に一人が派遣労働者であるという矛盾の現れである。他方、五五―六四歳の中高年も五・六％と高い。

〇九年八月五日発表の厚生労働省の「派遣労働者の実態調査」によれば、一五―三四歳の若者の派遣労働者は、派遣労働者全体の四八・六％を占める(3)。この若者たちが派遣切りなどにあっていて、失業率が高いのである。二〇一〇年三月二日発表の厚生労働省の非正規労働者の雇い止め調査によれば、「非正規労働者の雇止め」等は、二〇〇八年一〇月から二〇一〇年三月までの累計（実施予定を含む）で、「派遣」が一四万七〇〇四人、「契約（期間工など）」が六万四四五人、「請負」が二万二四一人、「その他」が三万四九〇八人、計二六万二五九八人に上る（4ページ）。「派遣」では、雇用期間中の「中途解雇」が六万二五九〇人いて、全体の八三・七％を占める。「その他」では六七・二％、「請負」では四八・六％と高い。自動車などの期間工が多い「契約」でも「中途解雇」が二三・六％もある。雇い止めのもう一つの大きな原因「期間満了」も、期間が満了すれば、再雇用しないのであるから、非正規に与えるダメージは大きい。「製造業」

が、「派遣」の雇い止めの九六・九％、「契約」の八四・八％、「請負」の八九・一％、「その他」の四五・六％を占めるから、大量の雇い止めの最大原因は製造業である。(4)

総務省「労働力調査（詳細集計）」によると、雇用者に占める非正規労働者の割合は、〇九年平均で三三・七％であり、三人に一人が非正規労働者である（図2と表1）。(5)若者の二人に一人が派遣など非正規雇用につき、雇用期間は短く、その期間中も「中途解雇」という派遣切りにおびえ、安い賃金で不安な生活を送る。登録型派遣の派遣元との雇用契約期間は、「一カ月を超え三カ月以下」が二九・四％、「三カ月を超え六カ月以下」が二〇・三％であり、合わせて半年以下が約五割を占める（注3調査、二〇ページの表25）。賃金は、時間給が一〇〇〇円未満一九・三％、一〇〇〇―一二五〇円未満三五・五％、一二五〇―一五〇〇未満二一・三％であり、一五〇〇円未満が計七六・一％に上る。全体の平均時間給は一二九〇円と安い（同二一ページの表27）。一日八時間労働、月二二日労働とし、平均時間給一二九〇円で計算すると、一日一万三二〇円、一カ月二二万七〇四〇円となる。所得税一〇％を差し引けば、月二〇万四三三六円にしかならない。しかも、約五割の派遣労働者は雇用契約期間が六カ月以内であるから、年賃金はあまり意味がない。幸運にも一年働けるとすれば、年賃金は税引き二四五万二〇三二円である。これから、加入率九八・二％（注4の資料、5ページ）の雇用保険料や地方税などが引かれると、ワーキングプアに近くなる。そして、不況になると、真っ先に解雇され、失業者、ホームレスに転落する。〇八年末から〇九年初めの「年越し派遣村」や〇九年から一〇年初めの「官製年越し派遣村」は、その象徴である。不安定雇用は、労働者本人の雇用や生活が不安定であるばかりでなく、社会の不安定であり、また将来の不安定である。〇八年六月八日七人死亡の秋葉原事件はその象徴である。

また、高卒、大卒予定の若者は就職難である。厚生労働省二〇一〇年三月一二日の発表によれば、二〇一〇年三月卒業予定の大学生の就職内定率は、二〇一〇年二月一日時点で八〇・〇%であり、前年同期を六・三ポイント下回り、過去最悪である。高校生は一月末時点で八一・一%であり、六・四ポイント下回る。「就職氷河期の再来」と言われている。五人に一人が就職できない若者に明るい未来はなく、そういう社会にも明るい未来がない。

過去において加速的蓄積が行われてきた先進資本主義諸国において、労働需要が加速的に増大し失業が少ないとみえるが、逆に失業率は高い。

アメリカの失業率は、図8―4のように、一九六六―六九年の三%台（三・五―三・八%）を除いて、高い。七九年から上昇に転じ、八二年に過去最悪の九・七%を記録した。ＩＴバブルの最後の年の二〇〇〇年には四%と低くなるが、〇一年のＩＴバブルの崩壊とともに上昇し、〇三年に六%に達する。以後下がったが、今回の金融恐慌・過剰生産恐慌の影響を強く受けて、失業率は〇八年一月から急上昇し、とうとう〇九年一二月には一〇%に達する。この急増を月別でみよう。

図8―5にみられるように、失業率は、〇八年の一月の四・九%から三月に五%台にのる。八月以降六%台、七%台、八%台、九%台へと急上昇し、〇九年一二月には過去最高の一〇・〇%に達する。二〇一〇年一月は九・七%で、〇・三ポイント下がった。

アメリカの失業の定義は、①仕事がない、②これまでの四週間に活動的に仕事を探してきた、③いますぐに仕事につける、の三条件を満たすことである。一時的にレイオフされた者も失業者に入る。先の日本の定義よりゆるやかである。このためアメリカの失業率が高く出るとも考えられる。

表8—2にみられるように、加速的蓄積が進んできた先進資本主義諸国においては、失業率は日、米、欧ともに軒並み高い。今度の金融恐慌・過剰生産恐慌の影響を色濃く受けているのはもちろんである。

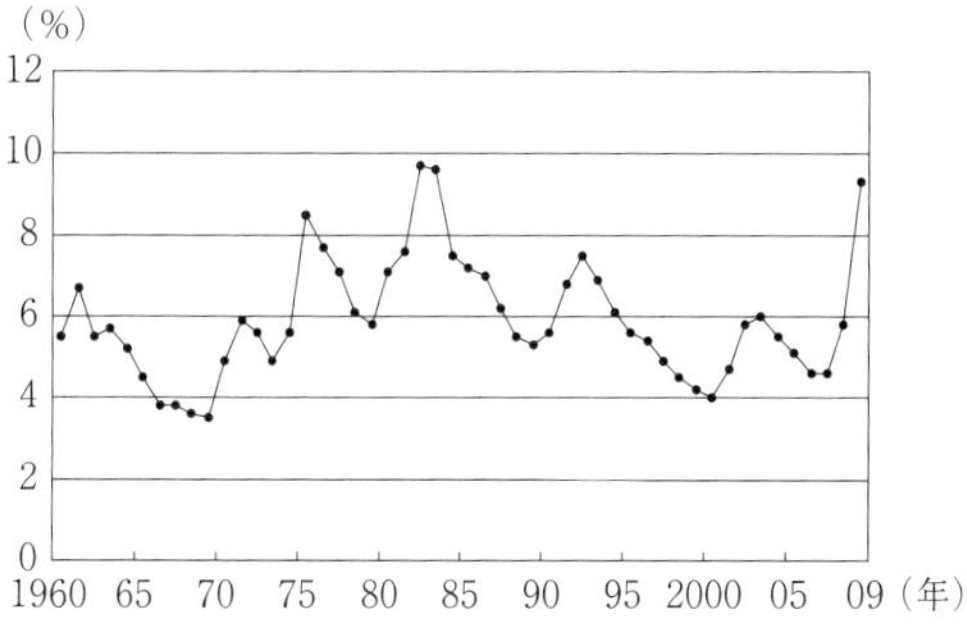

図8－4　アメリカの失業率

（出所）U. S. Department of Labor, Bureau of Labor Statistics, *Economic Report of the President*, 2010, Appendix B-42. より作成。

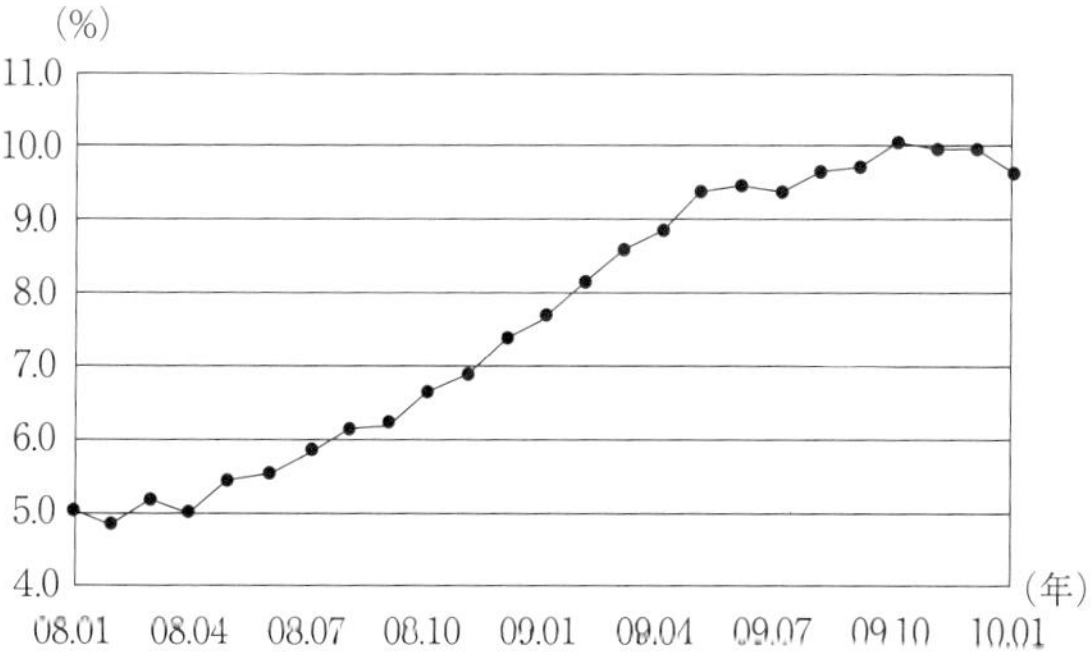

図8－5　アメリカの08年1月以降の失業率の上昇

（出所）U. S. Department of Labor, Bureau of Labor Statistics（2010年2月5日発表、ホームページ）より。季節調整済み。

表8－2　先進資本主義諸国の高い失業率（2009年）

日　本	アメリカ	ドイツ	フランス	イギリス	スペイン	ユーロ通貨圏16カ国
5.1%	10%	7.5%	9.4%	7.8%	18.1%	9.4%

注　アメリカとイギリスは09年12月。

（出所）アメリカは図8－4に同じ、日本は「労働力調査」、ドイツ以下はEurostat。

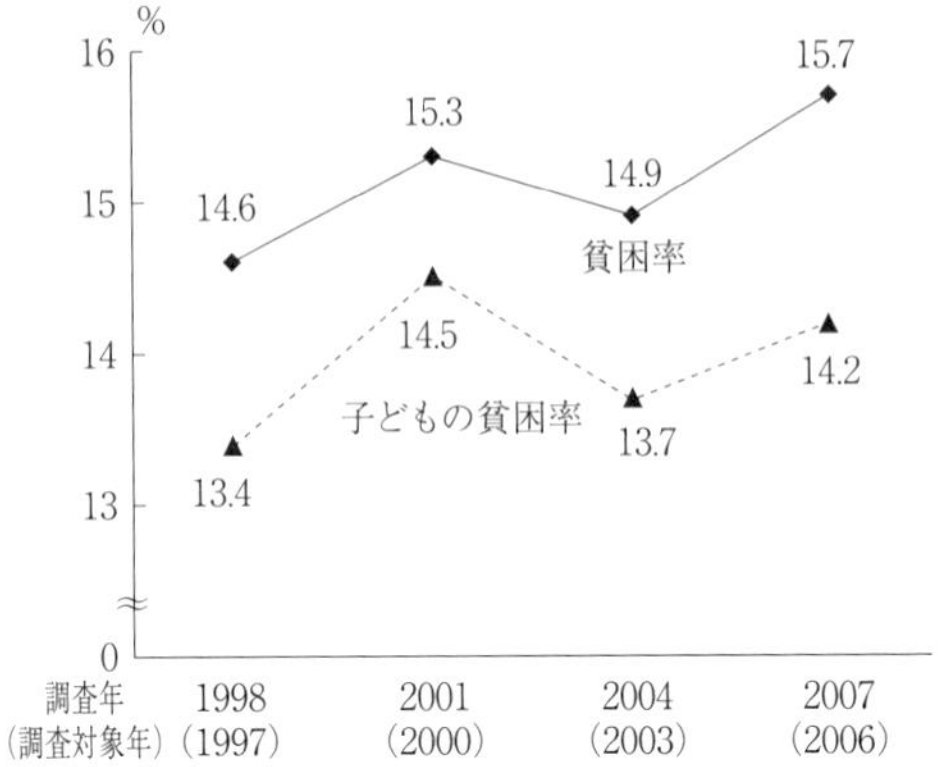

図8－6　日本の相対的貧困率の上昇

（出所）厚生労働省、2009年10月20日発表（ホームページ）。

2　現代の貧困

加速的蓄積が進んできた先進資本主義諸国においては、その加速的蓄積のおかげで、貧困は存在しないか、あるいは少ないとみえる。しかし、事実は逆である。これも失業と同じく現代資本主義の矛盾であり、パラドックスである。まず、現代日本の貧困をみよう。

相対的貧困率は、図8―6のように、〇四年の一四・九%から〇七年の一五・七%に上昇し、九八年以降最も高くなった。一七歳以下の子供の相対的貧困率も一三・七%から一四・二%に上昇し、九八年以降最も高くなった。相対的貧困率とは、可処分所得を高いものから順番に並べ、その真ん中の中央値をとり、その中央値の半分の所得以下の世帯員数を全世帯員数で割ったものである。可処分所得とは、就労所得、財産所得、仕送り等、公的年金、その他の現金給付を全部足した所得から所得税、住民税、社会保険料、固定資産税を差し引いた額である。〇七年には、中央値は二五四万円であり、その半分の一二七万円が貧困線である。この一二七万円ではわずか月一〇万円余りしかならず、生活するのに困難である。このような貧困線以下の人が一五・七%おり、国民六人に一人が相対的貧困者である。子供は七人に一人が相対的貧困者である。

また、厚生労働省の二〇〇七年調査（〇九年一一月二三日発表）によれば、母子家庭や父子家庭の相対

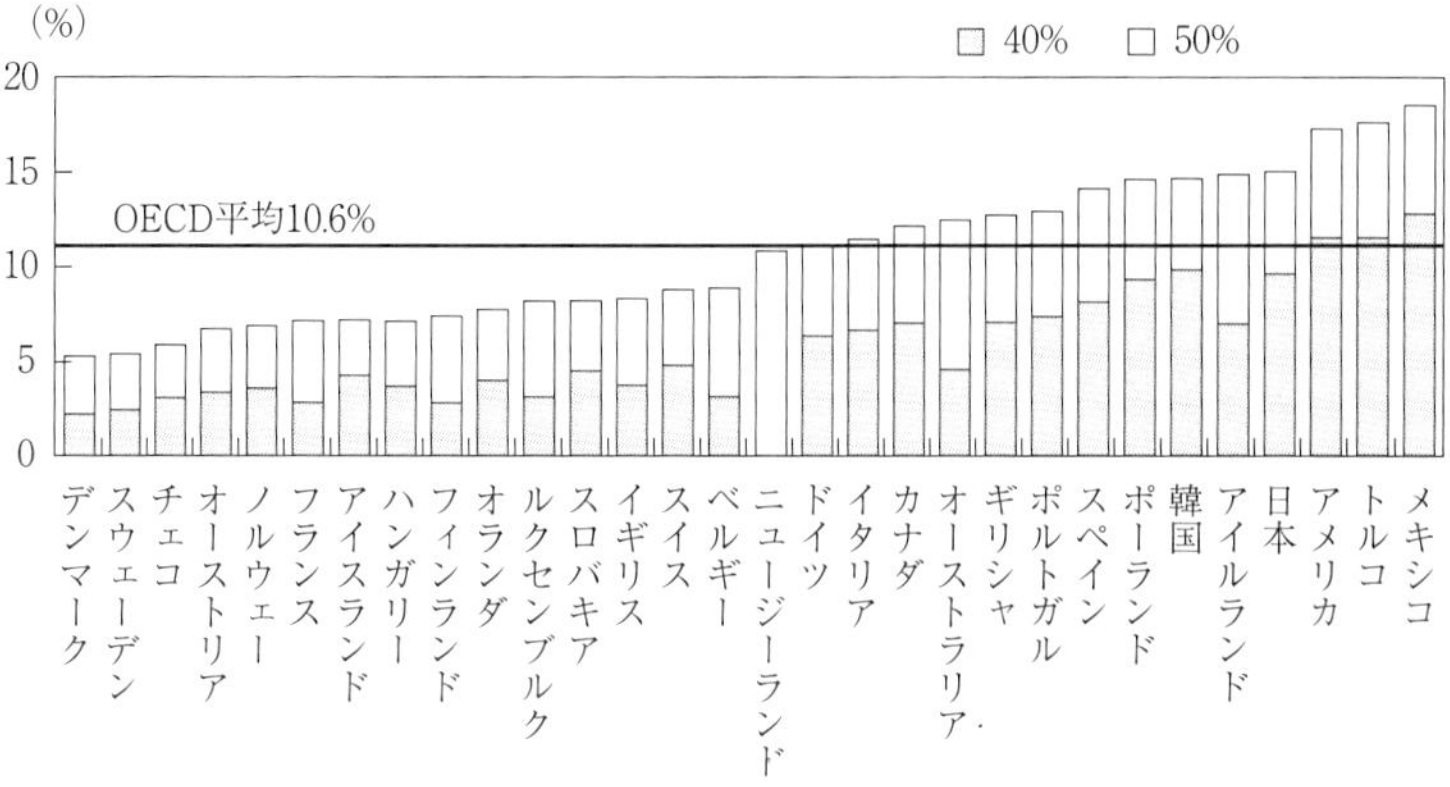

図8－7　OECD加盟30か国の相対的貧困率（2000年代半ば）

（出所）OECD, *Growing Unequal?, Income Distribution and Poverty in OECD Countries*, 2008, p. 127.

的貧困率は、五四・三％に上る。二人に一人が貧困なのである。[6]

しかも、図8―7にみられるように、ＯＥＣＤ加盟国三〇カ国の相対的貧困率の平均は、二〇〇〇年代半ばに一〇・六％であるが、日本の相対的貧困率は一四・九％であり、メキシコ（一八・四％）、トルコ（一七・五％）、アメリカ（一七・一％）に次いで、四番目に高い。メキシコは、第1章第Ⅶ節第4項で述べたように、ＮＡＦＴＡ（北米自由貿易協定）で農民の貧困化が進んでいるから、貧困率が高い。しかし、世界第一位の経済大国アメリカと第二位の経済大国の日本が、三〇カ国のなかで三位と四位であるから、まさに「豊富の中の貧困」である。先進資本主義国のなかでは、一位と二位を占める。それだけ、貧富の格差が大きいのである。他方、ノールウェー、スウェーデン、デンマークなど、福祉国家は貧困率が低い。

上位一〇％（富裕層）の所得と下位一〇％（貧困層）の所得を比べると、平均で約九倍である。この平均を上

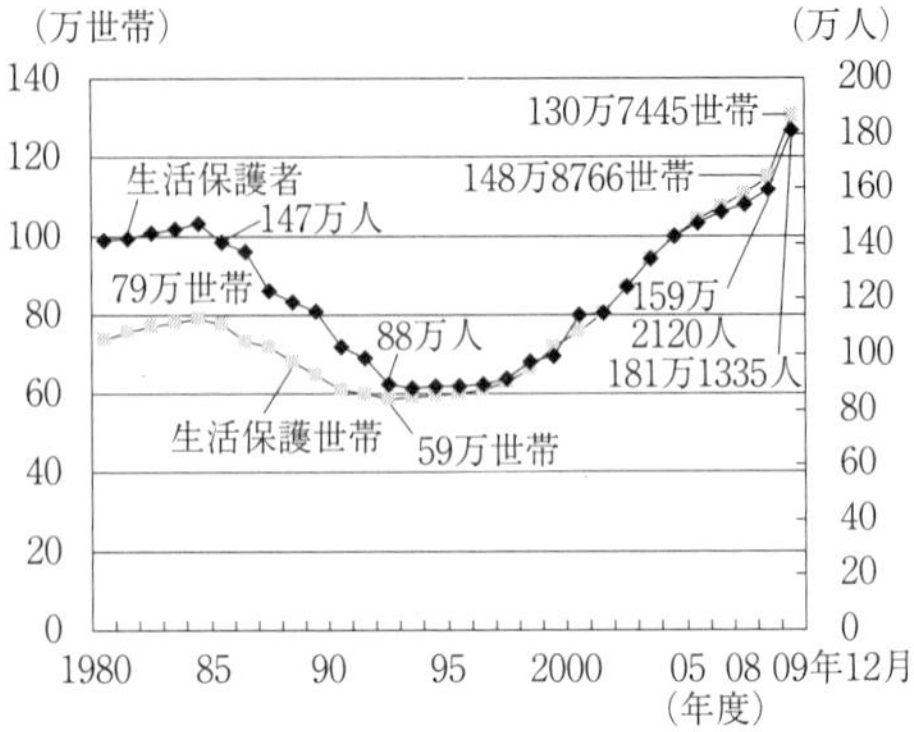

図8－8　生活保護を受けている人と世帯の数（1カ月平均）

（出所）厚生労働省「平成20（2008）年度社会福祉行政業務報告」2009年10月7日発表、「福祉行政報告（09年12月分）」2010年3月14日発表。

回った国は、メキシコ（二五倍を超える）、トルコ、アメリカ、ポーランド、ポルトガル、イタリア、韓国、日本、ニュージランド、スペインである[7]。超大国アメリカ、GDP世界第二位の経済大国日本は、また格差大国でもある。

　日本の生活保護を受けている世帯や人員は、前節第6項でみた受救貧民に入る。図8―8にみられるように、GDP世界第二位の経済大国の日本で、生活保護を受けている世帯や人員が、最近の不況による失業や生活苦によって一九九三年以降急激に増えている。〇九年三月までの〇八年度には、生活保護（生活扶助、医療扶助、住宅扶助、介護扶助、その他）を受けている世帯（高齢者世帯、障害者世帯、傷病者世帯、母子世帯、その他）は一一四万八七七六世帯であり、前年度と比べると四万三四九一世帯増えた。三・九％の増加である。保護を受けている実人員は一五九万二六二〇人であり、前年度と比べると四万二九九人増えた。三・二％の増加である。

　〇九年一二月には生活保護受給者数は一八一万一三三五人、生活保護世帯数は一三〇万七四四五世帯に達した。一一年一一月には生活保護受給者数は二〇七万九七六一人、生活保護世帯数は一五〇万七九四〇世帯に増えた。生活保護費総額は一〇年度で三兆二二八九億円に達する。

図8－9　全国のホームレス数（人）

（出所）厚生労働省「ホームレスの実態に関する全国調査」2009年3月、ホームページより。

受救貧民は、前節第6項でみたように、相対的過剰人口のいちばん底の沈殿物であるが、ホームレスは、そのまだ下の沈殿物の割れ目に落ち込んだ貧民である。ホームレスは、人間の否定であり、資本主義の恥部である。

ホームレスは、図8—9によれば、〇九年に一万五七五九人おり、女性が四九五人もいる。前年と比べると、総数でわずかに減っている。最も多かったのは大阪府四三〇二人で、次いで東京都三四二八人であり、この二つで全国の約半分を占める。悲しき「二都物語」である。居住場所は、都市公園二九・二%、河川二九・一%、道路一六・七%、駅舎四・九%、その他となっている。二〇〇二年八月に「ホームレスの自立の支援等に関する特別措置法」が成立したが、まだ一万五〇〇〇人ものホームレスがいるのが実情である。

仕事があっても、生活保護以下の賃金しか得ていない労働者をワーキングプアという。産業革命期には、イギリスではレイバーリングプア（labouring poor）と呼ばれた。国税庁「民間給与実態統計調査」二〇〇九年九月発表によれば、一年を通じて勤務した男女計給与所得者四五七八万人のうち二〇〇万円以下の者は、一〇〇〇万人を超えている（一〇六七・五万人）。全体の給与所得者四五七八万人の二三・三%を占める。

二〇〇万円以下の所得者は〇四年には九六三万人だったのが、〇六年から一〇〇〇万人を超えた。女性だけをみると、二〇〇万円以下の所得者は〇八年に七八九・二万人であり、男女計全体一〇六七・五万人の七四%を占める。女性は低賃金ワーキングプアの約四分の三である。女性の給与所得者全体の四三・七%が二〇〇万円以下である。二〇〇万円以下では生活が苦しい(8)。

この国税庁の調査では、正規、非正規労働者の区別がわからない。注5の「労働力調査」表6によれば、〇九年平均で男性の正規労働者の「年間収入」は、三〇〇―三九九万円が二〇・二%と最も高い。次いで四〇〇―四九九万円が一七・一%、二〇〇―二九九万円が一五・四%である。他方、非正規労働者は一〇〇―一九九万円が三〇・六%と最も高く、次いで一〇〇万円未満が二五・九%である。両者合わせると、二〇〇万円以下の非正規は五六・五%にも上る。非正規労働者はワーキングプアである。女性でみると、正規労働者は二〇〇―二九九万円が二八・四%と最も高く、次いで三〇〇―三九九万円が二五・九%である。しかし、非正規は一〇〇万円未満が四八・一%と最も高く、次いで一〇〇―一九九万円が三七・二%となる。結局、二〇〇万円以下の非正規女性労働者は計八五・三%と非常に高率になる。まさにワーキングプアである。週労働時間三五時間未満の労働者が二八六万人おり、前年と比べて八〇万人増えていることも（図14）、低賃金の一原因である。

アメリカでは、前述日本のように、相対的貧困率ではなく、農務省の食料用予算や家庭の食料品支出と食料品価格でもって貧困ライン（しきい値, threshould）を決め、それ以下の人々を貧困者とする。この貧困者を総人口で割った値が貧困率である。貧困ラインまたは貧困基準は、毎年変わる。〇八年は六五歳以上の一人で一万三三二六ドル（一〇年二月二三日の一ドル＝九二・二円換算で九五万二〇五七円）、一八歳

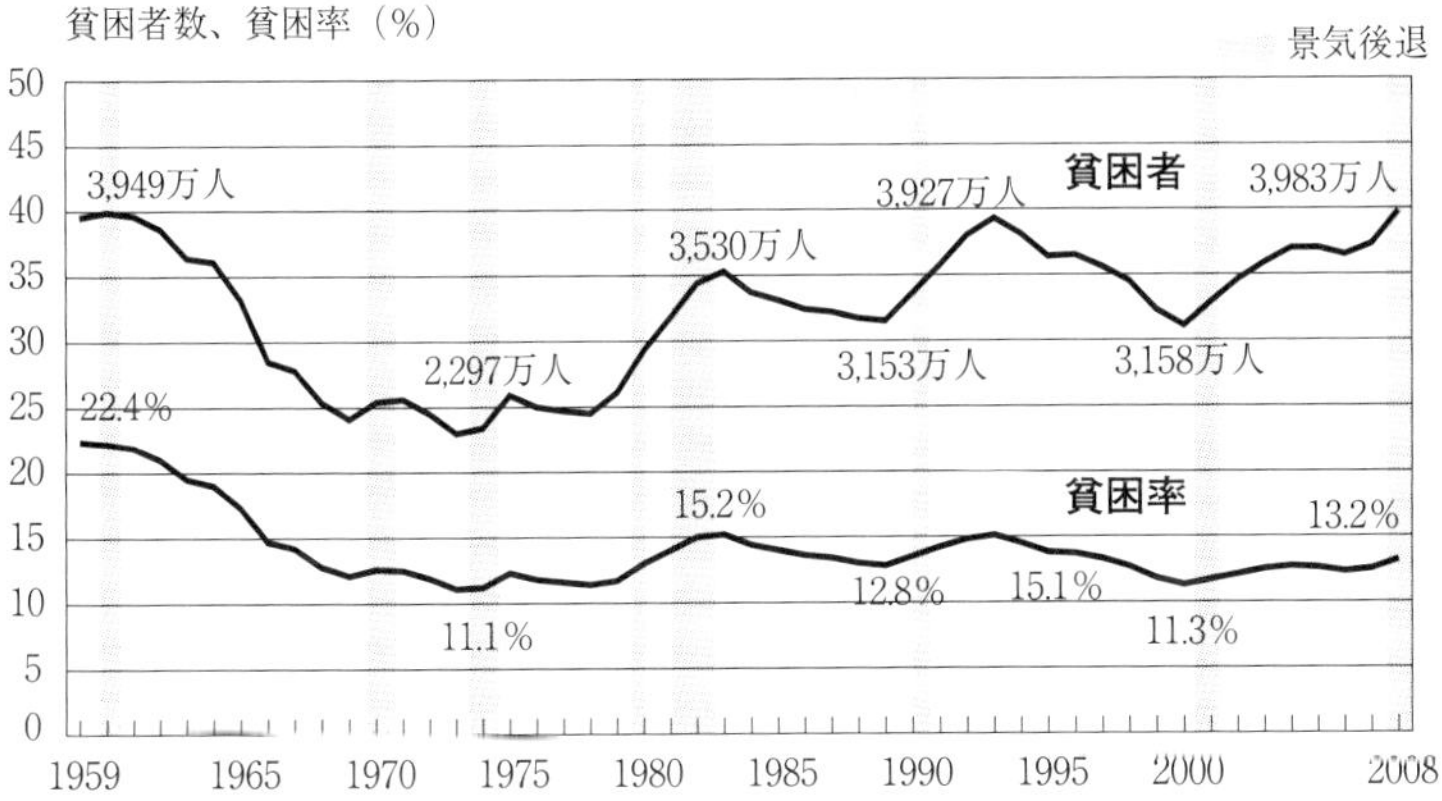

図8-10　アメリカの貧困（1959―2008年）

（出所）U. S. Census Bureau, *Income, Poverty and Health Insurance Coverage in the United States: 2008*, September 10, 2009, p. 13, Fig 3. 数値は p. 44, Apndix B-1 による（ホームページより）。

未満の子供が二人いる四人家族で二万一八三四ドル（二〇一万三〇九円）である。年に二〇一万円、月一六・八万円ではかなり苦しい。

図8―10にみられるように、貧困統計を取り始めた一九五九年には、貧困者数は三九四九万人であり、貧困率は二二・四％とともに高かった。その後七〇年代に両者はともに低下し、一九八一―八二年の景気後退期に上昇した。二〇〇〇年のITバブルのピークに三一五八万人、一一・三％とともに減った。しかし、〇一年のバブル崩壊とともに、貧困者数と貧困率はともに上昇する。〇七年一二月から始まった今回の景気後退によって、二〇〇八年には貧困者数は三九八三万九〇〇〇人、貧困率は一三・二％に上った。アメリカ人の七―八人に一人が貧困者である。〇七年は三七二七万六〇〇〇人、一二・五％であった。〇八年の貧困者数三九八三万人は、一九五九年の貧困者数三九四九万人を上回る過去最大である。

この貧困は黒人などに重くのしかかっている。全体

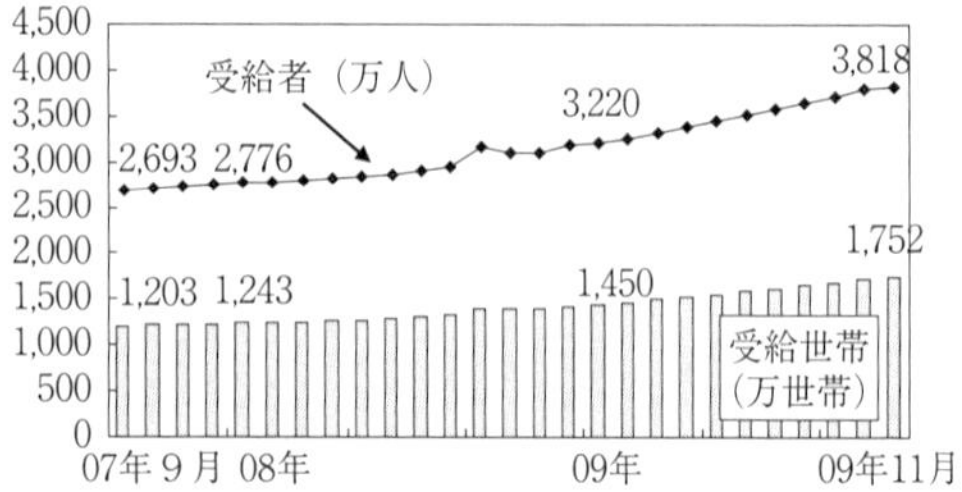

図8-11　アメリカのフードスタンプ受給者と受給世帯（2007年9月―2009年11月、月別）

（出所）U. S. Department of Agriculture, Food and Nutrition Service, February 1, 2010.

の貧困率は〇八年に一三・二%であるが、非ヒスパニック白人は八・六%と低く、他方ヒスパニック（ラテン系）は二三・二%、黒人は二四・七%と高い。アジア人は一一・八%である。母子家庭は二八・七%と黒人以上に高い。

アメリカには、日本のような生活保護がない。その代わりに、酒代に化けないようにということか、低所得者向けの食料購入補助制度フードスタンプがある。食料品店で使える。このスタンプを受ける人や世帯が今度の不況で激増している。

米国農務省の統計によると、二〇〇七年九月に受給者二六九三万人、受給世帯一二〇三万世帯だったのが、一〇月に二七一八万人、一二一五万世帯に増えた。〇八年四月には受給者が二八一六万人と増え、二八〇〇万人台に突入した。七月には受給者が二九〇六万人、受給世帯が一三〇五万世帯に上り、九月に受給者が三一五九万人、受給世帯が一四〇九万世帯に達した。〇九年になると、さらに激増し、一一月に受給者が三八一八万人、受給世帯一七五二万世帯に達した。この月の一人当たりの受給額は一三三・七五ドルであり、約一万二三三二円である。

ＩＬＯの「国際労働研究所」が二〇〇八年に出版した『金融的グローバリゼーションの時代の所得不平等』[9]の冒頭で、「金融救済のコストはすべての人の負担になるが、他方、以前の拡張期の利益の分け前は不均等であった」（p. ix）と述べる。拡張期の利益を一人占めした金融資本が、金融危機に陥ると、一般大衆の税金によって救済を受けるのである。

図8—12にみられるように、アメリカをはじめとする先進資本主義諸国やアジアにおいて、総所得に占める賃金の割合が減少した。利益の割合が高くなったのである。

また、図8—13にみられるように、上位一〇％と下位一〇％の賃金稼得者（earner, 賃金を稼ぐ者）の

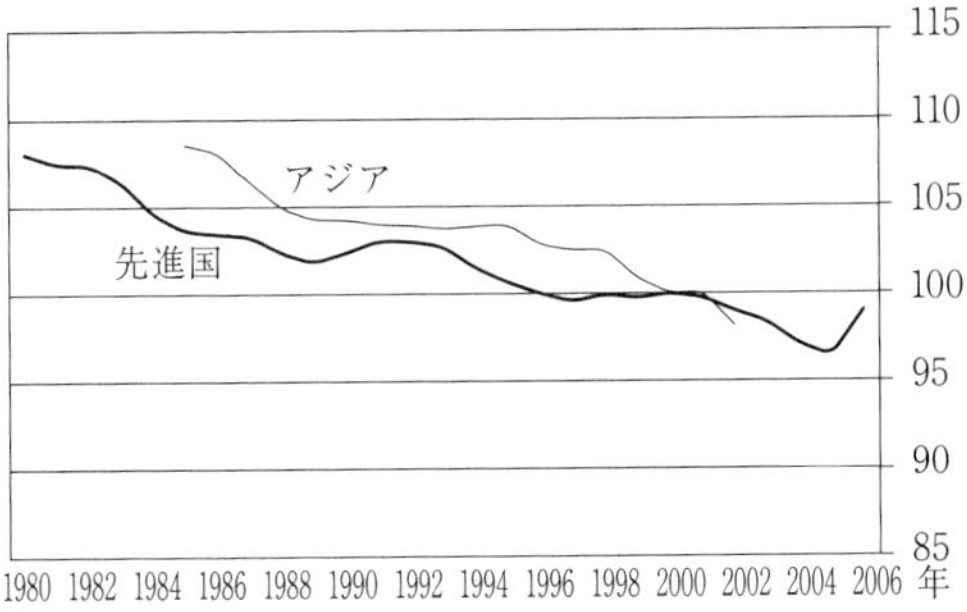

図 8 -12　総所得に占める賃金シェアの低下（2000年－100）

（出所）ILO, World of Work Report 2008, *Income Inequalities in the Age of Financial Globalization*, 2008, p. 6.

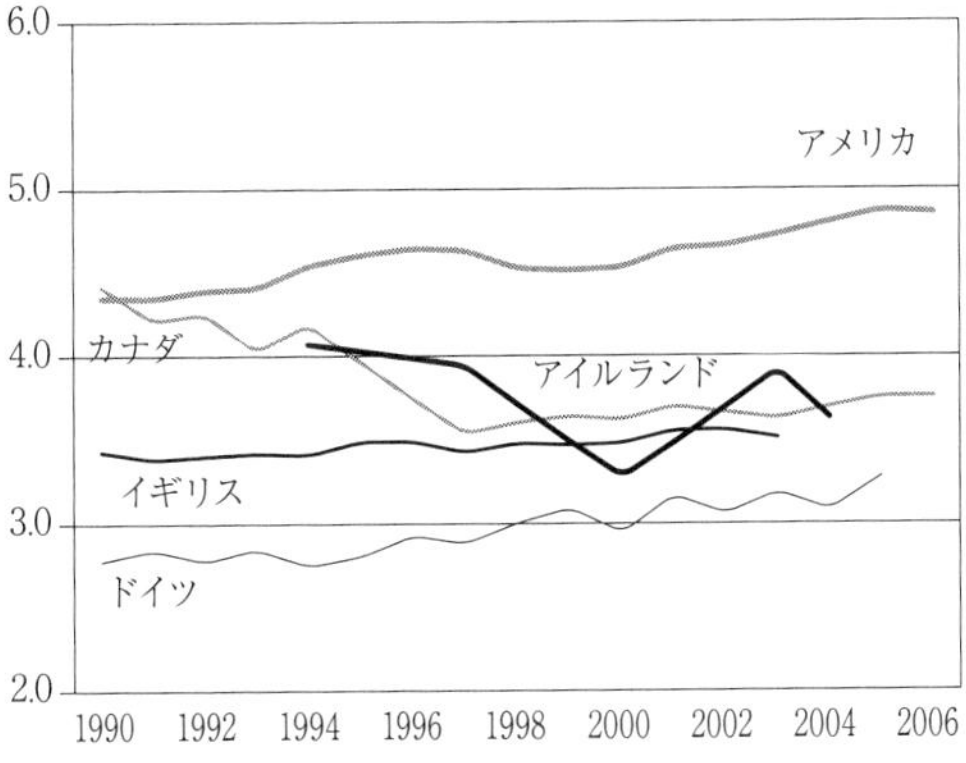

図 8 -13　下位10％の所得稼得者に対する上位10％の所得稼得者の比率

（出所）図 8 -12に同じ、p.13.

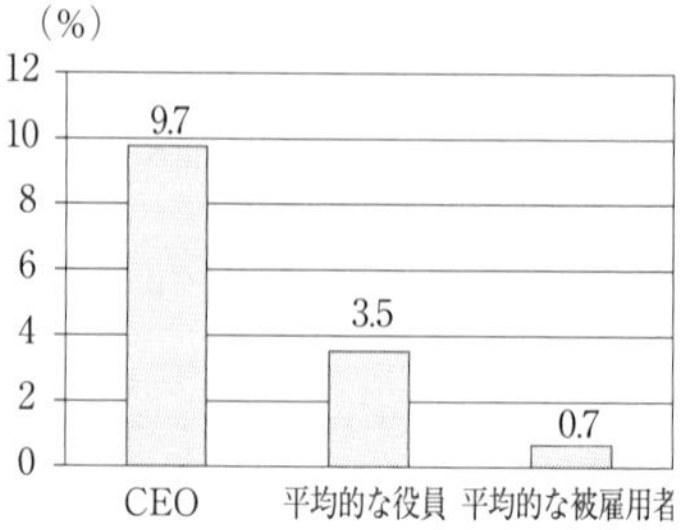

図 8 -14　アメリカのCEOと役員と被雇用者の所得の年平均伸び率（2003―2007年、インフレ調整済み）

（出所）図8 -12に同じ、p.18。

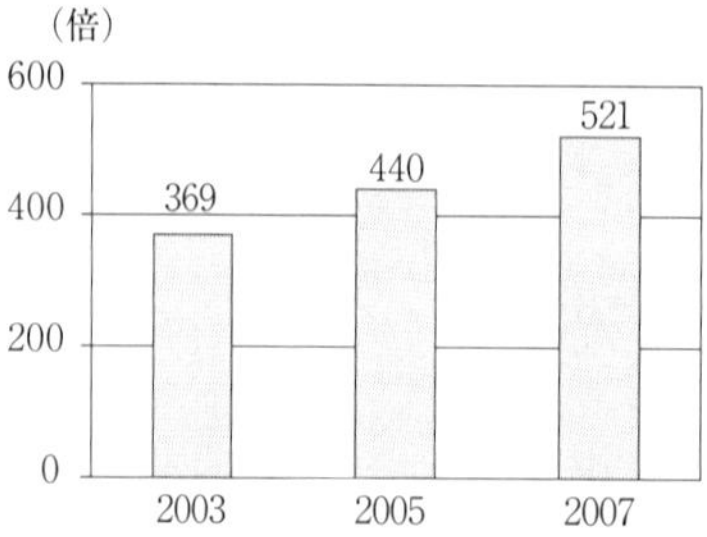

図 8 -15　アメリカの平均的な被雇用者の賃金に対するCEOの報酬の比率

（出所）図8 -12に同じ、p.18。

所得格差は拡大した。アメリカの格差の増大は大きい。イギリスやドイツでも格差は拡大している。この格差拡大は、経営者と平均的な被雇用者の所得の伸び率の差に基づく。次の図がその証拠である。

図8―14にみられるように、アメリカのCEO（最高経営責任者）の所得の伸び率は九・七％と最も高い。毎年一〇％ほど伸びているのである。〇八年秋に破綻したリーマンブラザーズのリチャード・ファルドCEOは、〇八年一〇月六日の下院監視・政府改革委員会の公聴会で、二〇〇〇年以降に四億八〇〇〇万ドル（約四八〇億円）という巨額の報酬を得ていたことが明らかになった。年平均所得は約七〇億円にも上る。次に、平均的な役員の所得の伸び率は三・五％である。それに比べて、平均的な被雇用者の伸びはわずかに〇・七％にすぎない。所得の不平等は明らかである。

図8―14で見たように、年々CEOの報酬が急上昇するのに反して、平均的な被雇用者の賃金はほとんど伸びないから、当然、両者の格差は拡大する。図8―15にみられるように、CEOの報酬は、被雇用者の賃金に対して〇三年の三六九倍から〇

七年の五二一倍に跳ね上がった。

このような所得の不平等は金融グローバリゼーションがもたらしたものである。「金融のグローバリゼーションが不平等の主要な推進力である。」(p. x)「金融のグローバリゼーションがGDPのうちの賃金のシェアの低下に導いてきた」のであり、「金融のグローバリゼーションは所得の不平等の増大に導いてきた」(p. 39) のである。また、所得の不平等は、労働組合の組織率や闘争力の弱体化にもよる（第3章）。先進国において過去一五年間に増大した非正規雇用 (non-standard employment)、すなわちパートタイム雇用と派遣などの一時的雇用 (temporary employment) は、この組合の弱体化をもたらし、また、所得の不平等そのものの原因でもある（第4章）。

注

(1) 松石勝彦『コンピュータ制御生産様式と巨大独占企業』青木書店、一九九八年、松石勝彦編著『情報ネットワーク経済論』青木書店、一九九八年、第3章を参照。
(2) 内閣府経済社会総合研究所『経済財政白書』二〇〇九年版による。
(3) 厚生労働省「二〇〇八年派遣労働者実態調査結果の概要」(二〇〇九年八月五日発表) の一五ページの表16による（ホームページ）。
(4) 厚生労働省「非正規労働者の雇止め等の状況について」(二〇一〇年三月二日発表) の四ページ（ホームページ）。
(5) 総務省「労働力調査（詳細集計）二〇〇九年平均（速報）結果の概要」二〇一〇年二月二三日発表（ホームページ）。
(6) 厚生労働省「子どもがいる現役世帯員の相対的貧困率の公表について」二〇〇九年一一月二三日発表（ホームページ）。

（7）労働政策研究・研修機構「海外労働情報」二〇〇八年一一月（ホームページ）。
（8）国税庁「民間給与実態統計調査」二〇〇九年九月、第14表による。
（9）ILO, World of Work Report 2008, *Income Inequalities in the Age of Financial Globalization*, 2008.

（松石勝彦）

編著者紹介

松石勝彦（まついし・かつひこ）第１章、第２章、第８章執筆。
現在、一橋大学名誉教授、中国河南大学名誉教授、カリフォルニア大学バークレィ、ケンブリッジ大学留学。経済学博士。
〔著書〕
『独占資本主義の価格理論』新評論、1972年。『資本論研究』三嶺書房、1983年。『資本論の基本性格』大月書店、1985年。『資本論の方法』青木書店、1987年。『現代経済学入門』青木書店、1988年。『マルクス経済学』青木書店、1990年。『現代経済学入門』第２版、青木書店、1991年。『資本論の解明』青木書店、1993年。『コンピュータ制御生産と巨大独占企業』青木書店、1998年。『新版　現代経済学入門』青木書店、2002年。『「資本論」と産業革命』青木書店、2007年。
〔編著〕
『経済原論講義』有斐閣、1982年。『情報ネットワーク社会論』青木書店、1994年。『情報ネットワーク経済論』青木書店、1998年。
〔共訳〕
W.ミッチェル『景気循環』新評論、1972年。D.ハーヴェイ『空間編成の経済理論――資本の限界』上・下、大明堂、1989，1990年。
ほかに共著・論文多数。

執筆者紹介（50音順）

飯塚　務（いいづか・つとむ）第３章、第４章執筆。

1965年生。

一橋大学大学院経済学研究科博士後期課程退学。法政大学兼任講師。

〔主要論文〕

「不換銀行券の基本性質」『マルクス・エンゲルス・マルクス主義研究』第31号、1997年。


柴田　努（しばた・つとむ）第５章、第６章執筆。

1980年生。

一橋大学大学院経済学研究科博士後期課程単位修得退学。工学院大学、埼玉工業大学、都留文科大学非常勤講師を経て、2012年４月より、岐阜大学地域科学部助教。

〔主要論文〕

「日本における株主配分の増加と賃金抑制構造― M&A 法制の規制緩和との関わりで」経済理論学会編『季刊 経済理論』第46巻第３号、2009年10月。


永田　瞬（ながた・しゅん）第７章執筆。

1980年生。

一橋大学大学院経済学研究科博士課程修了。博士（経済学）。福岡県立大学人間社会学部専任講師を経て、高崎経済大学経済学部准教授。

〔主要論文〕

「トヨタ生産システムは構想と実行の『再結合』か？―労働者の『熟練』化の批判的検討をつうじて」経済理論学会編『季刊 経済理論』第43巻第２号、2006年７月。「日本企業の経営戦略の変化と非正規労働者―労働問題の政治経済学」（博士論文）、2009年３月。「非正規労働と労働者保護―均等待遇政策の検討」経済理論学会編『季刊 経済理論』第46巻第２号、2009年７月。

現代《げんだい》の経済学入門《けいざいがくにゅうもん》

2010年4月15日発行
2021年3月15日第6刷

編著者　松《まつ》石《いし》勝《かつ》彦《ひこ》
発行者　山脇由紀子
印　刷　藤原印刷㈱
製　本　協栄製本㈱

発行所　東京都千代田区飯田橋4-4-8
（〒102-0072）東京中央ビル　㈱同成社
TEL　03-3239-1467　振替　00140-0-20618

ISBN978-4-88621-516-1 C3033